改訂
増補

実践
一般社団法人・信託
活用ハンドブック

相続贈与 資産管理 事業承継対策 に役立つ！

大阪勉強会グループ

税理士 白井一馬・内藤忠大・村木慎吾
濱田康宏・岡野　訓

司法書士 北詰健太郎

清文社

は し が き

　本書の初版である「実践　一般社団法人・信託活用ハンドブック」を出版したのは2013年12月13日です。このときは、実務家の勉強仲間が大阪に集まって、一般社団法人と信託の可能性を提案し、実務家に広く知ってもらうために著者メンバーが議論をして勉強しながら、いくつかの項目については手探りで執筆しました。それから5年が経過し、一般社団法人は広く認知され数多く設立されるようになりました。いわゆる民事信託はまだまだ一般に普及しているとはいえませんが、教育資金一括贈与信託などの制度は一般に馴染みとなり、信託に可能性を感じる実務家が増えてきたことを実感します。

　税務の否認事例や悪用事例も公表されるようになり、民事信託に関する金融機関等のスタンスも徐々に明らかになりつつあります。平成30年度税制改正では、同族理事が支配する一般社団法人と一般財団法人には、理事死亡時に相続税が課税されることになり、今後の実務の方向性を定めることになりました。また、類書も多数出版され、「知識」に関しては横並びとなっています。このような状況の下、改訂増補版を出版するにあたっては、「なぜ今改訂するのか」を執筆陣で自問自答しました。その答は、実務の最新論点を検討し、これまで積み重ねてきた議論が実務でどのように具体化しているのか、これを筆者の経験・価値観を交えて紹介しようということになりました。自分が実務で直面したらどうするか。常にこの視点で原稿を進めていきました。今回の改訂増補版では、「収益不動産の信託実務〜最新の実務論点を検討する〜」というテーマで座談会形式の原稿を巻頭に追加し、最新の信託の実務と専門家の議論を取り上げました。

　平成30年度税制改正で創設された事業承継税制の特例制度では、雇用維持要件が事実上廃止されるなど、納税猶予維持要件のうちリスクの高いも

のが緩和され、今後活用件数が飛躍的に増加することが予想されます。しかし、事業承継税制を選択した後継者には、5年の経営継続や、その後も打切り要件に該当しないための制約が課されるようになります。これに対し、一般社団法人や信託は、経営者や資産家の実情に沿った多様な活用が可能な制度です。とくに、高齢の親の財産管理や、同族会社の持ち株会などが保有する株式の受け皿としての利用が期待できます。税理士などの専門家に求められる知識は税務申告や節税の提案だけに限りません。資産の運用を工夫し、予測できなかった事態が生じた場合に柔軟な対応が可能になります。

　一般社団法人は、登記のみで誰にでも設立できます。持分の定めがなく、出資者が存在しないことが大きな特徴ですが、この個性が利用価値を生み出します。最新の実務家の議論や登場し始めた実例、文書回答事例など新たに公表された課税当局の資料を紹介しています。また、平成30年度税制改正により創設された一般社団法人の純資産への相続税課税の内容とその対処法にも踏み込んで検討しています。

　信託は、信じて託すという委託者と受託者の信頼関係を前提とした財産管理制度です。民法を前提とする従来の手法は信託でも代替できるうえ、従来為し得なかったことも信託では実現できます。幼い孫への現金贈与や成年後見制度に代わる財産管理として利用されています。

　巷間、制度全体を解説する書籍や課税関係を網羅的に解説する書籍は数多く見受けられますが、実務家にとって重要なのは現場で実践するための知識です。本書は、一般社団法人と信託の特徴を活かした事例について法制と税制の両面に付き踏み込んで検討していることが特色です。北詰健太郎司法書士の参加により、実際に経験した登記実務や契約書について最新の情報を織り込むことができました。どの項目についても実務の実感を大事にしています。

大阪、京都、愛知、広島、熊本の税理士と司法書士が大阪で定期的に集まり勉強会を開催している「大阪勉強会グループ」のメンバーが、自らの経験と最新の実務情報を交換し、議論した延長で原稿にしたものです。勉強会の臨場感を活かすために、Q&Aを会話形式によって書き進めました。そして、その前提となる基礎知識を第1編でコンパクトにまとめています。本書が、税理士を中心とした実務家にとって、一般社団法人と信託の実践的知識の一助になれば幸いです。

　平成30年12月

（大阪勉強会グループ）

税理士　白井　一馬

税理士　内藤　忠大

税理士　村木　慎吾

税理士　濱田　康宏

税理士　岡野　訓

司法書士　北詰健太郎

目次

特別編 巻頭収録

収益不動産の信託実務～最新の実務論点を検討する～　2

1　信託の目的と組成前の検討ポイント ……………………………3

2　当事者 ……………………………………………………………6

3　信託財産 …………………………………………………………7

4　その他の組成上の注意点 ………………………………… 11

（1）　受託者を残余財産受益者・帰属者とすることの可否

（2）　信託の撤回可能性と後見監督開始（成年後見信託とのバッティングの問題）

（3）　大規模修繕と信託損失利用規制の問題

（4）　収益受益権と元本受益権とへの複層化の可否

5　信託契約締結とその後の手続 ………………………………… 18

（1）　契約書の締結

（2）　登記

（3）　税務署への手続

第1編 制度基礎解説

1　一般社団法人　　24

1　法務 ·· 24
- （1）　一般社団法とは
- （2）　公益法人制度改革と一般社団法人
- （3）　機関設計

2　登記 ·· 27
- （1）　一般社団法人と登記
- （2）　登記に関する法令
- （3）　設立の登記
- 【設立登記申請書】
- 【一般社団法人の登記事項証明書】
- （4）　登録免許税

3　定款記載例 ·· 35
- 【全所得課税型に関する定款の記載例】
- 【非営利徹底型に関する定款の記載例】
- 【共益型に関する定款の記載例】
- 【基金の記載例】
- 【会員に関する事項】
- 【相続税法第66条第4項の適用を受けないための役員要件等の記載例】

4　会計 ·· 42
- （1）　一般社団法人の会計帳簿と計算書類

(2)

(2)　計算書類のひな型

　(3)　会計処理上の注意点

5　税務 ……………………………………………………………… 46

　(1)　一般社団法人の分類

　(2)　一般社団法人の課税関係の基礎

　(3)　一般社団法人特有の税法上の取扱い

　(4)　設立時の課税関係

　(5)　解散した場合の課税関係

　(6)　一般社団法人の消費税

2　平成30年度税制改正による一般社団法人に対する相続税課税制度の創設　59

1　同族理事死亡時の一般社団法人に対する相続税課税 …………… 59

2　一般社団法人に対する相続税課税制度 ……………………………… 60

　(1)　概要

　(2)　相続税課税の対象外となる法人

　(3)　納税義務者は一般社団法人

　(4)　課税されるのは同族理事の死亡時

　(5)　課税対象は一般社団法人の純資産

3　一般社団法人が相続税を負担するのはなぜか ………………… 62

4　純資産額の具体的計算方法 ……………………………………… 63

5　同族理事の範囲 …………………………………………………… 64

6　理事交代時の贈与税課税がないのはなぜか …………………… 65

7　適用時期と経過措置 ……………………………………………… 66

8　課税区分を変更する場合の課税関係 …………………………… 67

3　信託　69

1　法務 ………………………………………………………………… 69

　(1)　信託とは

　(2)　信託法

(3)

(3)　信託の登場人物と信託の類型

2　登記 …………………………………………………………… 71

　(1)　概要

　(2)　共同申請

　(3)　登記事項

　【登記事項証明書（信託の設定）】

　【信託目録】

　(4)　添付書類

　【信託の登記申請書（信託の設定）】

　【登記原因証明情報（信託の設定）】

　(5)　登録免許税

3　会計 …………………………………………………………… 77

　(1)　受託者の会計帳簿の作成の必要性

　(2)　受託者が作成する計算書類等

　【信託の計算書】

　(3)　会計帳簿の作成

4　税務 …………………………………………………………… 85

　(1)　受益者等課税信託

　(2)　集団投資信託、退職年金等信託、特定公益信託

　(3)　法人課税信託

(4)

第2編 実践Q&A

1 一般社団法人の設立と運営　　96

1　一般社団法人の設立 ……………………………………… 97
- (1)　一般社団法人の設立手続
- (2)　株式会社の設立との異同
- (3)　その他の設立手続
- (4)　税務関係の届出書類
- (5)　設立時役員報酬の決定

2　一般社団法人の運営 ………………………………………104
- (1)　運営スケジュール
- (2)　決算報告
- (3)　会計帳簿と日常仕訳
- (4)　社員管理
- (5)　役員改選
- (6)　社員総会の決議
- (7)　事業譲渡・合併
- (8)　解散清算
- (9)　残余財産の扱い
- (10)　理事死亡時の相続税課税

2 任意団体の法人化　　116

1　一般社団法人となることができる団体 ………………116

(5)

2　一般社団法人を利用した場合のメリット ……………………117

　　(1)　法人制度を利用できない団体・組織の場合

　　(2)　法人制度を利用できる団体・組織の場合

　3　一般社団法人を利用した場合のデメリット ………………121

　4　人格のない社団の課税上の問題点 …………………………126

　5　一般社団法人とする手順と設立時の税務上の手続 ………128

3　従業員持株会の代替的手段としての一般法人　　131

　1　従業員持株会の機能と問題点 ………………………………132

　　(1)　かつては相続税対策の定番だった従業員持株会～分散の時代

　　(2)　従業員持株会の問題点

　2　代替的手段としての一般社団法人の利用 …………………134

　　(1)　一般法人はオーナーのいない法人

　　(2)　自社株式買取法人としての一般法人の個性の使い方

　3　一般社団法人を用いる際の問題点 …………………………137

　　(1)　課税類型の選択～法制上は2階建てだが、税制上は3階建て

　　(2)　2階の非営利徹底型法人

　　(3)　2階の共益型法人

　4　一般社団法人の運営と資金調達手段 ………………………141

　　(1)　出捐として寄附する

　　(2)　基金として拠出する

　　(3)　借入金として拠出する　(ただし(2)以外)

　5　一般法人保有株式を配当還元方式で評価することの是非につ

　　いて …………………………………………………………………143

　　(1)　配当還元方式での取得が許される株主

　　(2)　法人税法施行令第4条第6項のみなし規定が問題になった事例

　　(3)　特別の利益供与がないことについての配慮が必要

　　(4)　実務では最低でも2階法人で、慎重を期すならプラスアルファで

　　　の実行を

(6)

目次

6 「自社株式買取り法人」を２階の法人にするためには
２層の共益型法人が１つの方法 ……………………………154

(1) １階の法人でなく２階の法人を選択する趣旨

(2) 自社株式買取りだけでは、２階の法人にはなれない～共益
型が唯一の選択肢

(3) 共益型の組織設計～一例としての従業員福利厚生団体とそ
の問題点

(4) ２層の共益型法人～非社員たる会員と社員たる会員との２
層設計

4 遺言代用信託の活用法 160

1 遺言代用信託の利用価値 ………………………………………161

(1) 遺言代用信託とは

(2) 遺言信託との違い

(3) 事業承継の為の遺言代用信託

(4) すべての財産を撤回不能信託とするのはリスク

(5) 遺留分との関係

2 遺言代用信託の手続 ……………………………………………172

3 遺言代用信託の課税関係 ………………………………………174

(1) 信託設定時

(2) 当初委託者死亡時

(3) 信託終了時

(4) 税務署への提出書類

4 登記 …………………………………………………………………179

5 子供への贈与・名義預金対策としての信託の利用 182

1 子供への贈与の問題点 …………………………………………183

(1) 名義預金といわれるリスク

(2) 幼い子の意志能力の問題

(7)

	2	信託による問題のクリア	188
	3	信託の手続実例	189
	4	従来実務との整合性	199

6 子供や孫のための信託 200

	1	教育資金一括贈与信託	201
	(1)	教育資金一括贈与信託とは	
	(2)	教育資金一括贈与信託の仕組みと手続きの流れ	
	2	結婚・子育て支援信託	218
	3	特定障害者扶養信託	218
	4	使えそうな信託商品に注目	220
	5	放蕩息子信託	224

7 受益者連続型信託はどこまで使えるか 226

	1	制度の概要	227
	2	活用事例	229
	3	遺留分の減殺請求	231
	4	受益者連続型信託の課税関係	232
	5	信託の手続	235
	6	受益者連続型信託の問題点とその解決策	236

8 不動産管理会社としての一般社団法人と信託の活用事例 239

	1	法人設立のメリットと注意点	240
	2	一般社団法人の利用	242
	3	不動産を移転する際の流通税の節税	245
	4	移転不動産の時価について	247
	5	その他の注意点	248
	6	流通税を節約する方法	249
	7	受益権の譲渡契約書	253

目次

8 信託の手続 ………………………………………………260

9 議決権を確保するための一般社団法人と信託の組合せ 262

1 信託と事業承継 ……………………………………………263

(1) 事業承継と議決権の確保

(2) 議決権を確保するための信託

(3) 自己信託による議決権の確保

(4) 課税関係

(5) 信託による節税効果

2 一般社団法人を受託者にする ……………………………274

(1) 個人が受託者になる場合のリスクと法人受託者

(2) 従業員の雇用を守るための信託

(3) 平成30年度税制改正の影響はない

3 事例検討 ……………………………………………………279

(1) 株式分散してしまっている会社での信託の利用

(2) 実例の検討

4 出口戦略 ……………………………………………………282

(9)

```
────────────────── 凡 例 ──────────────────

一般社団法…一般社団法人及び一般財団法人に関する法律
一般社団規…一般社団法人及び一般財団法人に関する法律施行規則
認　定　法…一般社団法人及び一般財団法人に関する法律及び公益社団法人及び
　　　　　　公益財団法人の認定等に関する法律の施行に伴う関係法律の整備等
　　　　　　に関する法律
認　定　規…一般社団法人及び一般財団法人に関する法律及び公益社団法人及び
　　　　　　公益財団法人の認定等に関する法律の施行に伴う関係法律の整備等
　　　　　　に関する法律施行規則

法　　法…法人税法　　　　　　　　　相基通…相続税法基本通達
法　　令…法人税法施行令　　　　　　財基通…財産評価基本通達
法基通…法人税基本通達　　　　　　　措　法…租税特別措置法
所　　法…所得税法　　　　　　　　　措　令…租税特別措置法施行令
所　　規…所得税法施行規則　　　　　措　規…租税特別措置法施行規則
所基通…所得税基本通達　　　　　　　措　通…租税特別措置法関係通達
消　　法…消費税法　　　　　　　　　登　法…登録免許税法
消　　令…消費税法施行令　　　　　　不登法…不動産登記法
消基通…消費税基本通達　　　　　　　不登令…不動産登記法施行令
相　　法…相続税法　　　　　　　　　印　法…印紙税法
相　　令…相続税法施行令　　　　　　地　法…地方税法
相　　規…相続税法施行規則　　　　　自治法…地方自治法
```

※本書は、平成30年12月1日現在において公表されている法令・通達等によっています。

（注）　本書では、適用期間等につき原則として法令に基づき和暦で表記しています。
　　　　2019年（平成31年）5月以後は改元されますので、適宜読み替えをお願いします。

特別編

巻頭収録

特別編　巻頭収録

収益不動産の信託実務
～最新の実務論点を検討する～

Question

　信託法改正とそれにともなう平成19年の信託税制抜本改正から既に10年以上が経過しました。信託実務も徐々に広がりつつありますが、最新の論点を教えて下さい。

Answer

　いわゆる民事信託で実務的に最も多いのは収益不動産の信託です。また、実務的な論点も集約されていると思います。多くの家族信託では、認知症対策として、長男・長女を受託者とする賃貸用不動産の信託を行っている例が多く見受けられます。この場合の税務を中心とした実務論点について検討します。

ポイント

(1)　成年後見制度では高齢者本人の意思とは違う財産管理になることが考えられる。

(2)　成年後見制度の硬直的運用を避けるために信託が活用されることが多い。

(3)　いわゆる信託内借入や受益権の複層化など、税務上、未解決の議論がある。

収益不動産の信託実務

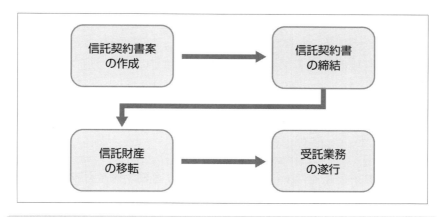

1 信託の目的と組成前の検討ポイント

濱田●まずは、信託の組成までです。信託組成前に注意すべき点が何かありますか。

村木●信託の目的、当事者、信託財産の把握が中心になりますが、それぞれについて確認してみましょう。

内藤●信託の目的について、まずは認知症対策での収益不動産の管理・処分ということが中心になるのでしょうね。

白井●大規模修繕などは管理の中に入るのでしょうね。物件売却が処分ということになります。では、現在の物件をより有利な物件に組み替える、つまり、運用ということもあり得るのでしょうね。

北詰●実際の信託契約書では、管理・運用・処分とセットで入れていることが多いと思います。

岡野●税理士実務でよく聞かれるのは、委託者である父親が認知症になった後も贈与ができるように、信託の目的に子や孫への贈与を入れることができないか、というものです。

特別編　巻頭収録

北詰●成年後見制度を利用してしまうと贈与はできません。あくまでも被成年後見人の利益にかなう行為以外はできません。贈与を実行して裁判所から贈与取消を要求された事例も既に生じています。

白井●収益不動産を所有している本人が、認知症になっても贈与を続けたいと希望している。これを前提とすると、成年後見制度はデメリットが大きいと言わざるを得ません。

村木●医療技術の発達による長寿化や高齢者が多額の財産を所有しているという現状から、認知症対策としての相談はさらに増えてきそうですね。認知症などでなくても、判断能力がないと判断されれば、その方は一切の法律行為ができなくなってしまうのですよね。

北詰●そうですね。有効に意思表示をする能力があるかどうかですが、その有無は、行為ごとに個別に判断されます。一般的には、幼児や泥酔者、重い精神病や認知症になっている者には、意思能力がないとされるようです。

村木●このような場合には成年後見制度を利用すればいい、という声をよく聞きますね。

　一方で、実際に成年後見制度を利用した場合「融通が利かなくて困っている」という声もよく聞きます。

内藤●まず、成年後見制度には、法定後見制度と任意後見制度があります。法定後見制度は、本人の意思判断能力が低下したときに、家庭裁判所が後見開始の決定を行い、支援する制度です。一方で、任意後見制度は、判断能力が低下する前から任意後見人を定めておくものです。つまり、法定後見制度は、現在、既に判断能力がない者をどのように援助するかという制度であるのに対し、任意後見制度は、現在は判断能力があるが、将来において判断能力が低下した場合に備えて、あらかじめ後見人となる者を決めておこうという制度です。

村木●要するに、いずれの制度も家庭裁判所が関与するというところは共

通しており、裁判所の関与が開始する際の入り口の違いだけだと理解できますね。また、「融通が利かなくて困っている」という声は、この制度の趣旨が原因でしょう。

岡野●そうですね。この成年後見制度の趣旨は「被後見人の保護」です。当然ですが、その趣旨に従い、後見人は、被後見人の財産の保全と管理を行います。

白井●ということは、贈与のように被後見人の財産を減らすような行為は、もってのほかということですね。そうなると、被後見人が創業し、その子供たちが経営する会社に貸し付けをしたり、孫の教育資金を負担してあげることもできないのですね。

濱田●また、関与税理士としては、相続税対策のための支出が制限されてしまうことが大きいですね。いくら相続税が下がるといっても、相続税の負担が減るのは相続人であって、相続財産の評価額が下がることは被後見人にとって必ずしも有益な行為とはいえませんしね。

白井●そこで、信託を利用した場合ですが、法務上は生前贈与を信託目的に入れることそのものは問題が生じないのでしょうか。

北詰●あまりお勧めはできませんが、入れられないとまでも言いにくいところですね。ただ、実際、ダメだという見解を述べている司法書士もいます。下記の参考資料では、意思能力喪失後の暦年贈与を行う受託者権限の記載が可能かについて、受託者に処分権限があっても、忠実義務違反になるだろうと述べています。そして、処分権限があるというだけでなく、たとえ暦年贈与をすることが信託目的であっても、受託者が民法上の贈与者になれるかという論点があるとも指摘し、受益者以外の者に無償で財産を渡すことを結論不可としています。

（参考）
○家族信託Q&A［ケース編］第6回　信託の変更、信託を使った暦年贈与　回答：一

特別編　巻頭収録

般社団法人家族信託普及協会　監修：宮田浩志（司法書士）（家族信託実務ガイド 2018年8月号（日本法令））

濱田●これを踏まえて、課税リスクがあるかどうか、という話になるわけですね。法務リスクの段階で危ない以上は、実務的には避けたいところです。

2　当事者

内藤●次に、信託契約の当事者についてです。収益不動産の信託の場合、通常は委託者兼受益者が父親、受託者が息子か娘ということになります。

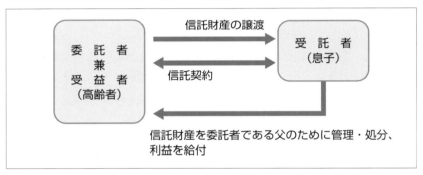

白井●これで、財産の所有権は、高齢者から受託者である息子に移りますね。今後の財産管理は、受託者が行えるので、その後、高齢者の意思能力に問題が生じた場合でも、成年後見人をつける必要がありません。信託財産が賃貸物件であれば、受託者である息子が、自己の名義で、入居者の募集や建物の修繕などを行えます。

内藤●また、受益者が高齢者のままなので、税務上は財産の移転が生じないため、消費税も含め課税されることはありませんしね。

濱田●例えば、成年後見制度の利用では考えられなかった、生活援助として孫の学費の負担、投資として子供の経営する会社への資金貸付や相続税対策としての投資も、高齢者本人の意思により、予め信託契約に織り

込んでおくことができます。

北詰●当然のようですが、信託契約時点で、この父親に意思能力がないと信託契約が成立しません。認知症の診断書が出ているともうアウトです。

白井●受託者である息子はサラリーマンだったりしますから、自分では受託者としての業務が何もできないということも多々あります。その場合には、外部の業者や専門家に信託事務を委託するということになります。

村木●ところで、信託監督人や受託者の行為への同意者を付けるかどうかについてはいかがでしょう。受託者の暴走を止める意味で有効であると主張している人達もいます。

岡野●税理士がなってくれと言われたらどうするかについても議論があります。税理士が受託者になって親族が信託監督人になる場合、逆に、親族が受託者になって税理士が信託監督人になることを期待される場合があるのでしょう。

北詰●私自身が組成した例では、基本的に付けていません。かえって煩雑になり身動きがとれなくなりますから。そして、そもそも家族間でそのような緊張関係があるのであれば、信託組成そのものがどうなのかという疑問が湧きます。

内藤●確かにそうですね。報酬を貰って専門家が継続的に支援すればよいではないかという意見もあるようですが、税理士には荷が重いと思います。確定申告時に継続的にコミットして助言するというのが税理士にできる支援ではないかと思います。

3 信託財産

濱田●そして、信託財産についてですが、当然、収益不動産そのものが信託財産になります。

特別編　巻頭収録

北詰●ただし、実務上は、預金も信託財産に入れないと、手続上、身動きがとれなくなりますので、これも信託財産に設定します。

村木●預金を信託財産にするということは、信託口での預金口座を作るかどうか、作れるかどうかという話になりますね。以前、お客さんの実務で取り扱ってくれる金融機関を探しましたが、ほとんどの金融機関が対応できないとの話でした。ある都銀が対応してくれただけです。

岡野●当時よりは対応してくれる金融機関も増えてきたと思います。信用金庫も城南信用金庫を筆頭に、かなり積極的に対応してくれるところも増えてきた印象です。

北詰●そうですね。ただ、実務的に言えば、受託者の破産の可能性を心配して信託を利用する事例は少ないと思いますし、信託口に拘泥する必要はないと思うんです。仮に信託口になっていたとしても、金融機関内でのコード管理で識別されていなければ、そもそも倒産隔離機能がどれだけ働くかも疑問ですし。

内藤●ところで、収益不動産と言えば、預り敷金がつきものですね。これも、信託財産として管理できるようになるのでしょうか。

北詰●債務については、信託法上、マイナス財産は信託財産にはなりません。ただし、預り敷金も、当然、信託財産とともに受託者が管理する必要がありますので、実務上は、賃貸人の地位を引き継ぐという条項を入れてあります。とは言え、若干不明確なので、個別に債務引受けを行うのがより無難な処理なのかもしれませんね。

濱田●ところで、債務と言えば、借入金も同じことですね。

村木●父親のローンを息子が受託者として債務引受けするということになります。ただ、この点については、相続税における債務控除の問題が生じると主張する人達がいるようです。

収益不動産の信託実務

　したがって、信託内借入でその書式をそのまま使用して受託者に融資してしまうと「受託者本人」への融資となり受益者への融資になりません。金融機関は、書類や手続きに瑕疵や問題がない限り、ローン契約書に基づいて融資をしてくれますが、それはお客様が考えている信託口への融資なのかどうかは別問題ということです。

　以前、ある士業の方から家族信託で受託者（子ども）向けに融資をしてもらう予定だという話を聞きましたが、ローン契約の内容を聞く限りでは受託者本人に対する融資になっており、受益者（親）の債務として控除できないような内容でした。つまり、相続税対策にはならず、むしろ子どもの資金で母親名義のアパートを建ててしまうことになり、見方によっては贈与となる可能性があります。

　信託契約の中に「受託者は受益者のために信託財産を担保提供して銀行から融資を受けることができる」との内容が入っていても、実際のローン契約書が「借入人＝受託者」であれば意味がないということです。

出典：家族信託実務ガイド2016年5月号　P18（日本法令）

「特集　家族信託と各業界の取組み②商事信託会社」鈴木真行（スターツ信託株式会社営業開発部長）

北詰●実際、税理士さんからこの件について聞かれたこともあります。ローン契約書の名義が受託者（息子）ではダメなのでしょうか。

白井●そんなバカな。ありえません。そもそも、信託法における財産と債務との関係を、税制にそのまま持ち込んでいるところが勘違いでしょう。

内藤●その通りです。相続税法第９条の２第６項ですね。

特別編　巻頭収録

> **【相続税法第９条の２（贈与又は遺贈により取得したものとみなす信託に関する権利）】**
> 6　第１項から第３項までの規定により贈与又は遺贈により取得したものとみなされる信託に関する権利又は利益を取得した者は、当該信託の信託財産に属する資産及び負債を取得し、又は承継したものとみなして、この法律（第41条第２項を除く。）の規定を適用する。

　相続税法では、信託財産に属する「資産及び負債」との表現をとっています。つまり、マイナスの信託財産として負債を定義していることになります。この点、信託法では、信託財産はあくまでもプラスの財産だけであり、債務をマイナスの信託財産とする税法の考え方とは根本的に異なっています。

濱田●ただ、長男名義の債務引受けにおいて、重畳的債務引受けでなく、免責的債務引受けをやっていると、気分的にどうなのかと思いますが。

村木●うーん、どうなのでしょうね。信託が続いている限りは、問題なさそうですが、信託が中途解約された場合、債務が受託者の元から委託者に戻らなければ、そこで贈与課税がありそうです。

白井●なるほど、一応、理屈上は大丈夫な筈ですが、場合によっては債務引受け時に課税すると言われることもあり得ないではないでしょう。実務的には疑惑を持たせるような信託は避けたいですね。

北詰●そもそも、ローンの名義は父親のままで、返済事務だけを受託者に委任すれば足りるので、そうしている例も多いです。

岡野●その場合、収益受益権に質権設定するのでしょうね。

北詰●更に、そもそも論ですが、信託設定で勝手に不動産名義変更をすると、ローンの期限の利益喪失条項に該当してしまいますので、事前に金融機関の同意を得て協力関係のもとで進めていかなければ大問題になり

ます。

4 その他の組成上の注意点

(1) 受託者を残余財産受益者・帰属者とすることの可否

白井●その他の組成上の注意点について、確認していきましょう。

岡野●最近、一部の司法書士さんが、受託者を残余財産受益者・帰属者にすることは税務上危険だという趣旨のセミナー解説等をしていると聞きました。本当であれば、ほとんどの信託がアウトですが、そんなことがあるのでしょうか。

北詰●私も小耳に挟みました。そんなことになると大事件です。本当のところを確認しておきたいです。

村木●ここで確認しておきたいのは、税法上の受益者として、受益者を拡張している特定委託者と呼ばれる概念についてです。特定委託者については、相続税法第9条の2第5項で定義しています。

> 5　第1項の「特定委託者」とは、信託の変更をする権限（軽微な変更をする権限として政令で定めるものを除く。）を現に有し、かつ、当該信託の信託財産の給付を受けることとされている者（受益者を除く。）をいう。

濱田●受益者でない者であっても、信託の変更権限を有しており、信託財産の給付を受ける者については、受益者等として、税法上は受益者扱いするという条文です。ただし、軽微な変更権限については、ここでいう変更権限にはあたりません。

白井●これって、権限の持たせ方によっては、委託者を受益者等とみなすべき場合があるために定められた規定ですよね。受託者に対して課税しようという趣旨ではないと思いますが。

特別編　巻頭収録

岡野●私も、当然そうだと思うのですが。ただ、そのセミナーでは、相続税法第9条の2が委任している政令では、受託者の権限として信託目的に反しないことが明らかな場合のみを特定委託者から除外すると定めていると（相令1の7）。なので、このような文言を信託契約で定めている場合に限り、帰属権利者でもある受託者への信託設定時の課税が起きないと述べているようです。

> **【相続税法第9条の2（贈与又は遺贈により取得したものとみなす信託に関する権利）】**
> 　5　第1項の「特定委託者」とは、信託の変更をする権限（軽微な変更をする権限として政令で定めるものを除く。）を現に有し、かつ、当該信託の信託財産の給付を受けることとされている者（受益者を除く。）をいう。
> **【相続税法施行令第1条の7（信託の変更をする権限）】**
> 　法第9条の2第5項に規定する政令で定めるものは、信託の目的に反しないことが明らかである場合に限り信託の変更をすることができる権限とする。
> 　2　法第9条の2第5項に規定する信託の変更をする権限には、他の者との合意により信託の変更をすることができる権限を含むものとする。

白井●それって、信託法の理解不足なのではないですか。そもそも、受託者に可能な信託変更権限というのは、信託法第149条にあるように、「信託の目的に反しないことが明らかであるとき」に可能なだけです。同じ言葉を税法の条文上でも使っている以上、基本的に、受託者は単独で信託の変更ができないことを前提としているのは、税法条文上明らかです。

> **【信託法第149条（関係当事者の合意等）】**
> 　信託の変更は、委託者、受託者及び受益者の合意によってすることができる。この場合においては、変更後の信託行為の内容を明らかにしてしなければならない。
> 　2　前項の規定にかかわらず、信託の変更は、次の各号に掲げる場合には、当該各号に定めるものによりすることができる。この場合において、受託者は、第一号に掲げるときは委託者に対し、第二号に掲げるときは委託者及び受益者に対し、遅滞なく、変更後の信託行為の内容を通知しなければならない。

一　信託の目的に反しないことが明らかであるとき　受託者及び受益者の合意
二　信託の目的に反しないこと及び受益者の利益に適合することが明らかである
　とき　受託者の書面又は電磁的記録によってする意思表示

北詰●そうですね。信託法の理解はそれでよいと思います。

内藤●つまり、受託者を帰属権利者とする信託で、仮に信託設定時に課税が起きるとすれば、それは受託者が受益者等とみなされるからではないですね。課税されるとすれば、受託者が勝手に変更できるような信託として設計されている場合ですが、これは、信託契約としてあり得ない脱法的な信託だと理解する方が素直なのだと思います。

村木●そのような場合に課税が起きるのは信託税制以前に当たり前のことです。であれば、信託契約に一定の文言を入れなければ、原則として信託設定時に受託者が課税されるというのは、まさに誤解というべきですね。税法は、あくまでも、経済実態に対して課税するということを明確化しているだけです。

岡野●さらに言えば、この特定委託者の規定は、そもそも受益者が存しない場合に、法人課税信託にならないようにするセーフティとしての意味もあると理解しています。課税庁も気を遣ってくれている規定なので、曲解すべきではないでしょう。

(2) 信託の撤回可能性と後見監督開始（成年後見信託とのバッティングの問題）

村木●法定成年後見の硬直性を避けるために、意思能力がある間に信託契約を行うのが信託の利用法なのですが、信託と成年後見制度が衝突することがあります。

濱田●例えば、父親が委託者兼受益者となり、息子を受託者にして、父親の希望に沿った柔軟な財産管理を期待する信託をスタートさせたところ、

特別編　巻頭収録

受益者の親族によって認知症になった父親にかかる成年後見の申立てが行われると信託はどうなるのかという問題ですね。

岡野●「認知症対策のための信託」のつもりが、認知症になったら成年後見人によって終了させられる可能性があります。

白井●父親の希望としては、自分が亡くなったら信託を終了し、長男を残余財産受益者にするはずだった。信託が途中で終了してしまったら、このような予定も当然なかったことになります。

濱田●実務では、信託契約だけではカバーできない部分があります。信託契約と任意成年後見と組み合わせるとの話はありますが、法定成年後見が申し立てられると、信託は終了させられるのでしょうか。

内藤●信託契約を締結した時点では、父親は成年被後見人ではなかったわけですから、その時点で締結された信託契約については一応尊重するべきという考えを成年後見人は持つと考えられます。

北詰●しかし、成年後見人は、被後見人にあまりにも不利な信託は終了させる必要があるでしょう。仮に、受託者の判断で高額な孫の大学の授業料や下宿代などを支出することを認める信託内容になっているとします。成年後見人はこれを知ったら信託を終了しようと判断するでしょう。裁判所への報告や、本人の相続後に他の親族から訴えられる可能性を考えたら当然の行動です。

村木●信託は、委託者と受益者の合意によりいつでも終了することができます（信託法164）。ただし信託の終了事由が信託契約で決めてあればその規定に従います（信託法164③）。また、信託の目的が達成できなくなったり、受託者が１年間欠ける場合などの事由でも終了します。

白井●後見人としては、いずれかの終了事由に該当すると主張して信託を終了させるのでしょう。簡単に終了させられるとは限らないわけですが、

このような場合に備えて、さらに信託を終了できる事由をあらかじめ限定しておく対策が考えられます。

濱田●たとえば、委託者や受益者は、終了の合意に参加できない信託内容にします。さらに「受託者及び残余財産受益者の合意があるときや、残余財産受益者が先に死亡したときを除いては終了できない」というような表現で定めておきます。そうすれば、単に「受託者及び残余財産受益者の合意で終了する」と定めるよりも、終了させることが難しくなります。

北詰●この話は、特に珍しいものではなく、実務ではよくあります。受託者の懸念として、委託者兼受益者である親の判断能力に不安があるからこそ信託をするのであり、簡単に終了させられるようでは、親が機嫌を損ねたり、他の親族からそそのかされた場合も終了させられる可能性があるからです。

濱田●このような条項は認められるのですか。

北詰●条文上は少なくとも制限されていないようです（信託法164条③）。ただ、そのような定め方は受益者を害する可能性があるから無効であると主張される方もいらっしゃいます。判例や通説があるようにも聞かないので、あくまで信託の目的等に照らしてケースバイケースといったら身も蓋もないですが、実務家としては「もし自分が成年後見人であればこの信託を取り消すか。」という視点や「他の親族にこの信託の無効を主張する人がいるか。」などの視点はどこかに持つべきでしょう。

⑶　大規模修繕と信託損失利用規制の問題

白井●収益不動産を信託する場合に、不利益が生じかねないのが信託損失の利用規制です。詳細は、第1編　制度基礎解説「**3**信託**3**⑶④」（P84）を確認して下さい。

15

岡野●実務的には、大規模修繕がもう必要だという物件であれば、信託を設定する前に実行してしまうのが安全策なのでしょうね。

内藤●どうしてもとなれば、信託契約を解除して大規模修繕を行うしかないかもしれません。

村木●その場合でも、大規模修繕が終わり次第、再度信託契約を全く従前と同じ形で行うのは少し躊躇しますね。やるなら、従前とは信託契約の内容を見直しておかないと、租税回避行為と見られそうな気がします。

(4) 収益受益権と元本受益権とへの複層化の可否

濱田●信託受益権の複層化について、一部コンサルタントが提案しているという話があるそうです。

白井●収益不動産について、信託受益権を複層化して設定し、収益受益権を委託者である自分が保有し、元本受益権を子供に贈与します。当然、その時点で贈与税課税が生じるわけですが、元本受益権の評価額を極力落としてしまいます。

北詰●そのようなことが可能なのですか。

岡野●計算上は、収益受益権の利回りが高くなれば、価値のほとんどが収益受益権に偏る格好になります。

【財産評価基本通達　202（信託受益権の評価）】

信託の利益を受ける権利の評価は、次に掲げる区分に従い、それぞれ次に掲げるところによる。（平11課評2-12改正）

（略）

(3) 元本の受益者と収益の受益者とが異なる場合においては、次に掲げる価額によって評価する。

　　イ　元本を受益する場合は、この通達に定めるところにより評価した課税時期における信託財産の価額から、ロにより評価した収益受益者に帰属する信託の利益を受ける権利の価額を控除した価額

ロ　収益を受益する場合は、課税時期の現況において推算した受益者が将来受けるべき利益の価額ごとに課税時期からそれぞれの受益の時期までの期間に応ずる基準年利率による複利現価率を乗じて計算した金額の合計額。

村木●このようにして、元本受益権だけを子に先渡ししておいて、信託期間が終了すれば、その時点では収益受益権の価値はゼロになるので、事実上、低く抑えられた元本受益権の課税のみで済む。節税が可能だと喧伝しているわけです。

濱田●そんな安易な手法でいいのですか。

白井●安易といえば安易なのですが、なかなか否認の理屈は難しい部分があります。中途解約されれば、その時点で、残余利益部分が元本受益者に課税されるというのが、相続税法基本通達逐条解説で説明されているのですが、信託期間の終了時まで行ってしまうと、理屈として、収益受益権に残っている経済的利益部分の額はない筈ですから。

内藤●株式や国債については、元本受益権と収益受益権とに分ける複層化というのは、かなり以前から実務として存在してきました。ただ、これは、両者の区分が計算上も容易であり、区分の問題がなかったからですね。

岡野●収益不動産、特に建物を念頭に置けば、建物の取得費については元本受益権者、減価償却費の計上は収益受益権者ということが、そもそも可能なのか、という論点がありますね。

村木●できなくはないと思います。収益受益権者が損益計算書部分を計上して、元本受益者が将来の譲渡所得における取得費部分を計上できる、という整理です。ただ、これで何の問題もないという趣旨ではありません。

特別編　巻頭収録

> **【所得税法施行令第52条（信託財産に属する資産及び負債並びに信託財産に帰せられる収益及び費用の帰属）】**
>
> 4　法第13条第1項に規定する受益者（同条第2項の規定により同条第1項に規定する受益者とみなされる者を含む。以下この項において同じ。）が2以上ある場合における同条第1項の規定の適用については、同項の信託の信託財産に属する資産及び負債の全部をそれぞれの受益者がその有する権利の内容に応じて有するものとし、当該信託財産に帰せられる収益及び費用の全部がそれぞれの受益者にその有する権利の内容に応じて帰せられるものとする。

濱田●そうですね。この場合、収益受益権と元本受益権は、水面下で繋がっているので、どちらかで計上すればいいだろうということですか。ただ、そうすると、先の元本受益権の贈与段階ではどうなのでしょうね。

白井●所得課税の段階では、両者は繋がっており、不即不離だと言いつつ、贈与段階では、収益受益権と元本受益権は区分できるので、元本受益権だけの贈与が可能だという主張は矛盾だろうというわけですね。私もそう思います。

内藤●既に実行されている実務も一部あるようですので、ここで確定的な結論は避けますが、矛盾する課税関係をどう整理するのか、当事者が悩むことになるのは間違いないでしょう。

北詰●司法書士としては、勧めない方がよさそうですね。

5　信託契約締結とその後の手続

(1)　契約書の締結

岡野●今回の信託では、次のような信託契約書が考えられますね。信託財産である賃貸不動産の管理を、受託者である子に任せる信託です。実務的には、登記が必要ですから、司法書士に相談しながら作成すべきでし

ようね。

信託契約書の一部

　白井二郎を委託者、村木明を受託者として、委託者が所有する末尾記載の不動産を次の条項によって信託する。

第1条　信託の目的
後記の賃貸不動産を信託財産として管理及び処分し、受益者の安定した生活の支援を確保すること。

第2条　信託期間
委託者である白井二郎及び配偶者が死亡したときまで。ただし、委託者である白井二郎の死亡時に、配偶者が死亡していたときは、信託は終了する。

第3条　受益者
本信託の受益者は、委託者生存中は、委託者である白井二郎とし、委託者死亡後は、委託者の配偶者とする。

第4条　信託終了の際の帰属権利者
信託終了の際の帰属権利者は、受益者の相続人とする。

内藤●信託契約書の印紙は200円ですので、特別なコストも発生しませんね（印法別表1⑫）。

村木●この場合、高齢者が死亡したときのことを考えておく必要はないですか？

白井●そうですね。委託者の死亡で信託が終了するケースが多いと思いますが、信託を継続するのであれば、委託者死亡後の受益者についてあらかじめ定めておく遺言代用信託とすべきでしょう。

特別編　巻頭収録

(2)　登記

村木●次に、必要となるのは、不動産の信託譲渡ですね。

北詰●不動産を信託する場合、信託設定による不動産移転登記と信託登記の2つの登記が必要になります。これらの登記は、司法書士に依頼すればとくに問題ないと思います。

岡野●ここでは、不動産取得税と登録免許税の論点がありますが、信託設定による不動産移転登記時には、ともに課税はありません。しかし、信託登記時には、以下の登録免許税が課されます。

■**不動産の信託登記**

	建物	土地
登録免許税	0.4%	0.4%※
不動産取得税	—	—

※土地については、平成31年3月31日までの間に受ける登記の申請について、0.3%税率の軽減措置が適用されます（措法72①二）。

村木●ところで、信託財産である賃貸不動産にすでに入居している賃借人などとの契約関係はどうなりますか？

北詰●賃貸不動産を受託者に信託した場合、借家契約も自動的に移転するため（借地借家法31①）、問題がない場合には契約の巻き直しまでは不要ですが、少なくとも、家賃の振込先変更などの通知は必要ですね。

白井●ところで、信託後は受託者である息子が、信託財産の固定資産税や修繕費の支払義務者となりますので、受託者のリスク回避として、火災保険などに加入しておかないといけませんね。

内藤●委託者が加入していた保険をスライドすることもできると思いますので、その手続は忘れずにしておきたいですね。

(3) 税務署への手続

村木●あとは、税務署への手続ですね。

岡野●はい、まずは受託者がする手続です。受託者である子供は、信託の効力が生じた日の翌月末日までに、受託者の事務所等の所在地の所轄税務署長に対して「信託に関する受益者別（委託者別）調書」とその「合計表」を提出しなければなりません（相法59③、P85参照）。ただ、自益信託の場合は不要です。

村木●で、毎年の作業として、受託者は信託の計算書を提出しないといけないのですよね。

濱田●そうです。信託会社以外の受託者は、毎翌年1月31日までに「信託の計算書」とその合計表を受託者の事務所等の所在地の所轄税務署長に提出しないといけません（所法227、P79参照）。

内藤●ただし、信託財産に帰属する収益の額が3万円以下（計算期間が1年未満の場合には1万5,000円以下）の場合には、この計算書の提出は不要です（所規96②）。ただし、確定申告不要を選択できる配当所得などが収益に含まれている場合には、収益の額にかかわらず、計算書を提出しなければいけません（所規96②）。

村木●で、毎年の受益者の所得税の申告となるわけですね。

白井●ここでゴールです。信託財産は、受益者である高齢者が所有したものとして所得税を計算すればいいので、直接保有していた場合と同じように計算・申告すればいいだけです。ただし、以下の事項を記載した明細書を申告書に添付する必要がありますが（措令26の6の2⑥、措規18の24）。

　①　総収入金額…当該組合事業又は信託から生ずる不動産所得に係る賃貸料その他の収入の別

特別編　巻頭収録

　②　必要経費……当該組合事業又は信託から生ずる不動産所得に係る
　　　　　　　　　減価償却費、貸倒金、借入金利子及びその他の経費
　　　　　　　　　の別

岡野●これは、信託により生じた不動産所得の損失については、組合税制
と同様に、制限が課されているからですね（措法41の４の２）。（P 88参
照）

村木●また、賃貸物件から生じる不動産所得は、高齢者自身に帰属します
ね。その場合、やはり信託報酬は受託者である息子に支払うのでしょう
か。

岡野●支払うのはかまわないのですが、その報酬が必要経費になるかどう
かは疑問ですね。このケースでは、単純に信託財産の管理だけでなく、
高齢者の生活の支援もしている実態があると思います。そのような状況
での報酬が、全額必要経費となるとは思えません。

第1編

制度基礎解説

第1編　制度基礎解説

1 一般社団法人

1　法務

(1)　一般社団法人とは

　一般社団法人を理解するためのイメージは、紳士クラブです。

　クラブなので、構成員の決議で組織の運営について自由に決めることになります。また、解散することも自由に決定できます。

　人の集まりに法人格を持たせた一般社団法人には、構成員である社員が経費を負担する義務を定款で定めることができます（一般社団法27）。株主に経費の負担を求めることができない株式会社にはない特徴です。

　一般社団法人は、登記のみで設立することができます（一般社団法22）。社員が最低2人で設立が可能であり、社員となる資格には制限はなく、誰でも社員になることができます。

　また、株式会社と異なり資本制度を持たないことから、資本金の払込みを要せず、設立に際して金銭の拠出も必要としません。財産的基盤強化に資する趣旨で、基金制度が設けられていますが、任意の資金調達制度であるため強制されることはありません（一般社団法131）。

　そして、一般社団法人の一番大きな特徴は、持分がない、つまりオーナーのいない法人だということです。株式会社制度が、株主を通じた法人所有財産の間接支配という性格を帯びているのに対して、一般社団法人の所有する財産は、構成員たる社員の所有に属するわけではありません。

　その意味で、一般社団法人では、社員に剰余金又は残余財産の分配を受ける権利を与える旨の定款の定めは無効です（一般社団法11②）。一般社団法人には出資持分が存在しないので当然の規定ともいえますが、わざわ

24

ざ条文が設けられた趣旨として、社員が、剰余金の分配を受けることを目標に、一般社団法人を運営すると、株式会社と同じになってしまうからです。このように、剰余金の分配を目的としない個性を非営利といいます。決して金儲けをしてはならないという意味ではありません。

　しかし実は、法の趣旨に反して、一般社団法人に蓄積した内部留保は、最終的に、社員に引き渡すことが可能です。解散により残余財産を誰に帰属させるかは、定款において定めることができますが、定款に定めがなければ、社員総会で決議します。この場合には、社員に残余財産を引き渡す決議も認められるので、仮に節税目的で設立した一般社団法人が蓄積した財産も、最終的には取り戻すことも可能というわけです。

(2)　公益法人制度改革と一般社団法人

　主務官庁の許可によって設立された旧民法の公益法人についての抜本改革として公益法人制度改革が行われ、平成20年12月1日、以下の3つの法律が施行されました。

・「一般社団法人及び一般財団法人に関する法律」
・「公益社団法人及び公益財団法人の認定等に関する法律」
・「一般社団法人及び一般財団法人に関する法律及び公益社団法人及び
　公益財団法人の認定等に関する法律の施行に伴う関係法律の整備等に
　関する法律」

　これらの法律に基づき公益社団法人、公益財団法人、一般社団法人、一般財団法人の設立、管理、運営等が規律されています。

　公益社団法人、公益財団法人はそれ自体を設立するのではなく、一般社団法人、一般財団法人が公益認定を受けることにより公益社団法人、公益財団法人となります。

　公益認定を受けない場合については、法人の目的には制限がなく、違法でない限りどのような事業を営むことも可能です。したがって、事業承継、家族の財産管理や節税対策への利用にも一切制限はありません。

(3) 機関設計

　一般社団法人の最低限の機関設計は、社員総会に加え、業務執行機関としての１人の理事です（一般社団法60）。社員は設立時には２人必要ですが、設立後は１人になってもかまわないとされています（一般社団法148四）。定款に定めることで、理事会、監事又は会計監査人を置くことができます。

　理事会を設置する場合と会計監査人を設置する場合には、監事を置かなければなりません（一般社団法61）。なお、大規模一般社団法人は、会計監査人を置かなければなりません（一般社団法62）。

　一般社団法人の機関設計は、会計参与の制度がないことを除くと株式会社と同じと考えていいでしょう。社員総会と、１人の理事による最低限の機関構成は、株式会社の株主総会と取締役１人という旧有限会社型の機関設計に対応しています。

　したがって、仮に夫婦で親族の財産管理を目的とする一般社団法人を設立するのであれば、旧有限会社型の機関設計で充分だといえます。

　そして、理事会を設置する場合には、３人の理事と１人の監事が必須になります（一般社団法65③）。これは、取締役会を設置する場合に監査役の設置が必要な株式会社と同様です。

　ただし、株式会社のように定款で定めることで任期の伸張ができる制度設計にはなっていないため（一般社団法66、67）、少なくとも理事改選により２年ごとに登記が必要となる点には注意が必要です。

■株式会社との比較による一般社団法人の機関設計

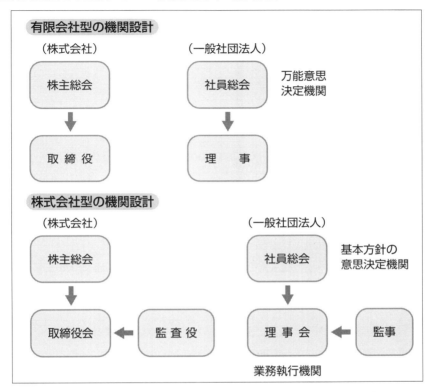

2　登記

(1)　一般社団法人と登記

　一般社団法人は登記によって成立し、株式会社と同様に登記事項について変更があった場合には、変更登記の後でなければ善意の第三者に対抗できないとされていることから、設立後も役員変更登記など所要の登記手続を行っていく必要があります（一般社団法299①）。登記懈怠についても株式会社と同様に過料の制裁が定められているので注意が必要です。（一般社団法342一）。

　一般社団法人の登記事項は「■一般社団法人の登記事項一覧」のとおり

第1編　制度基礎解説

です。これらの事項に変更が生じた場合には、変更が生じた日から2週間以内に登記を行う必要があると認識しておいてください（一般社団法303）。

■一般社団法人の登記事項一覧

1	目　的
2	名　称
3	事務所の所在場所
4	存続期間又は解散事由について定款に定めがあるときは、その定め
5	理事の氏名
6	代表理事の氏名及び住所
7	理事会設置一般社団法人であるときは、その旨
8	監事設置一般社団法人であるときは、その旨及び監事の氏名
9	会計監査人設置一般社団法人であるときは、その旨及び会計監査人の氏名又は名称
10	一時会計監査人を置いたときは、その氏名又は名称
11	役員等の責任の免除について定款に定めがあるときは、その定め
12	非業務執行役員等が負う責任の限度に関する契約の締結についての定款の定めがあるときは、その定め
13	決算書類のインターネット開示をする場合には、そのウェブページのＵＲＬ
14	公告方法
15	公告方法が電子公告であるときはそのウェブページのＵＲＬ及び予備公告方法についての定款の定めがあるときは、その定め

28

1 一般社団法人

(2) 登記に関する法令

① 一般社団法

　一般社団法人の登記に関する実体的規律は、一般社団法の「第6章　雑則」の「第4節　登記（299〜330条）」において登記の効力、登記事項、登記すべき場合、登記期間等が一括して規定されています。株式会社も、会社法「第7編　雑則」の「第4章　登記（907条〜938条）」に、登記の効力等について一括して規定しており、登記に関する規律の仕方は類似しているといえます。

② 一般社団法人等登記規則

　一般社団法人の登記手続に関する細目については、一般社団法人等登記規則（平成20年8月1日法務省令第48号）に規定されています。一般社団法人等登記規則では、第3条において、株式会社についての登記手続の細目を定めている商業登記規則を大幅に準用しており、申請書の記載や印鑑の届出等登記に関する細目についても株式会社と同様に考えることができます。

③ 基本通達

　一般社団法施行に伴い登記に関する基本通達として「一般社団法人及び一般財団法人に関する法律等の施行に伴う法人登記事務の取扱いについて（通達）」が発出されました（平成20年9月1日民商2351号通達）。この通達は、一般社団法人の登記手続について詳細を定めるものですが、登記事項証明書の記載例が多く掲載されるなど、一般社団法人制度を理解するうえで有用なものです。

29

(3) 設立の登記

① 設立の流れ

　一般社団法人の設立登記手続は、おおむね次のような流れで設立します。

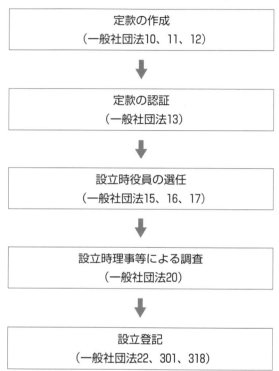

株式会社の設立手続もこの流れとほぼ同様です。

1 一般社団法人

【設立登記申請書】

一般社団法人設立登記申請書

1. 名　　　　称　　　一般社団法人加藤財産管理
1. 主たる事務所　　　東京都千代田区○○一丁目1番1号
1. 登記の事由　　　　平成30年4月1日設立手続終了
1. 登記すべき事由　　別紙のとおり
1. 登録免許税　　　　金6万円
1. 添付書類　　　　　定款　　　　　　　　　　　　　1通
　　　　　　　　　　　設立時社員の同意又は一致があった
　　　　　　　　　　　ことを証する書面　　　　　　　1通
　　　　　　　　　　　設立時代表理事の選定に関する書面　1通
　　　　　　　　　　　設立時理事、設立時代表理事及び設立時監事
　　　　　　　　　　　の就任承諾書　　　　　　　　　4通
　　　　　　　　　　　設立時理事の印鑑証明書　　　　1通
　　　　　　　　　　　委任状　　　　　　　　　　　　1通

上記のとおり、登記の申請をする。
平成30年4月○日

　　　　　　　　　　　　　　　東京都千代田区○○一丁目1番1号
　　　　　　　　　　　　　　　申請人　一般社団法人加藤財産管理
　　　　　　　　　　　　　　　東京都千代田区○○一丁目1番1号
　　　　　　　　　　　　　　　代表理事　加藤太郎
　　　　　　　　　　　　　　　東京都港区赤坂一丁目1番○号
　　　　　　　　　　　　　　　上記代理人　司法書士佐藤　太郎　印
　　　　　　　　　　　　　　　連絡先　03－○○○○－○○○○

東京法務局御中

第1編　制度基礎解説

【一般社団法人の登記事項証明書】

現 在 事 項 全 部 証 明 書

東京都千代田区○○一丁目1番1号
一般社団法人加藤財産管理

会社法人等番号	０１○○－０○－０１○○○○
名称	一般社団法人加藤財産管理
主たる事務所	東京都千代田区○○一丁目1番1号
法人の公告方法	官報に掲載する方法による
法人成立の年月日	平成30年4月1日
目的等	当法人は、加藤太郎およびその一族の繁栄のため、加藤太郎の財産を信託財産として受託し、加藤太郎を受益者、その死後においては受益権の相続人を受益者として次の事業を行うことを目的とする。 1　信託財産の管理、運用、処分 2　信託財産である株式について、議決権等各種株主権の行使 3　各号に附帯関連する一切の事業
役員に関する事項	理事　　　　加 藤 太 郎
	理事　　　　加 藤 次 郎
	理事　　　　加 藤 三 郎
	東京都中央区八重洲一丁目5番○号
	代表理事　　加 藤 太 郎
	監事　　　　佐 藤 花 子
解散の事由	信託財産をすべて売却したとき
理事会設置法人に関する事項	理事会設置法人
監事設置法人に関する事項	監事設置法人
登記記録に関する事項	設立 　　　　　　　　　　　　　　平成30年　4月　1日登記

これは登記簿に記載されている現に効力を有する事項の全部であることを証明した書面である。
　　　　平成30年 5月10日
　　　　東京法務局
　　　　登記官　　　　　　　　　法務　太郎　　　　印

整理番号　　　セ4○○○　　　＊ 下線のあるものは抹消事項であることを示す。

② 定款の作成及び認証

　一般社団法人を設立する者は、２人以上の設立時社員が定款を作成し、公証人による定款認証を受けなければなりません（一般社団法10①、13）。定款認証を依頼する公証人は、一般社団法人の主たる事務所の所在地を管轄する法務局に所属する公証人に依頼します。例えば、東京都千代田区を主たる事務所の所在地とする一般社団法人であれば、東京都内の公証人に依頼することになります。定款認証には、予約が必要になりますから、申し込みから定款認証まで一週間くらいの期間が必要であると認識しておいた方がいいでしょう。現在ではほとんどの場合、電子定款という形で定款の作成・認証が行われます。定款認証に必要な書類としては、設立時社員の市区町村長の作成にかかる印鑑証明書（発行から３か月以内）、定款の情報を記録するＣＤ－Ｒ等の記録媒体、代理人に委任する場合には委任状が必要になります。定款認証に必要な費用は５万円から６万円ほどです。

■一般社団法人の定款の絶対的記載事項（一般社団法11①各号）

1	目的
2	名称
3	主たる事務所の所在地
4	設立時社員の氏名又は名称及び住所
5	社員の資格の得喪に関する規定
6	公告方法
7	事業年度

③ 添付書類

　一般社団法人の設立登記の添付書類は次のとおりです。定款でどこまでの事項を決定しているかによって、添付書類は異なります。

【定款】

　認証を受けた定款を添付します。

第1編　制度基礎解説

【代表理事の選定書】

　非理事会設置一般社団法人の場合における代表理事の選定書はその選定方法によりⅠ定款、Ⅱ設立時理事の互選書のいずれかを、理事会設置一般社団法人の場合には、設立時理事の過半数の一致を証する書面を添付します。なお、これらの書面に決議の参加者が記名押印する場合においても、押印に用いる印鑑に制限はなく、いわゆる認印でも差し支えありません。

【役員等の就任承諾書】

　役員等の就任承諾書について、非理事会設置一般社団法人は理事が、理事会設置一般社団法人のときは代表理事が、個人の実印で押印します。その他の役員等については認印で差し支えありません。

【印鑑証明書】

　理事または代表理事は、就任承諾書に押印した実印についての印鑑証明書を添付します。原則として期限はありませんが、その印鑑証明書を印鑑届書の添付書面としても兼用する場合には作成後3か月以内のものが必要です。なお、印鑑証明書を添付しない理事等は、別途運転免許証などのコピーを添付する必要があります。

【設立時社員の同意書等】

　主たる事務所の具体的所在場所や設立時役員等を、定款で直接定めるのではなく、設立時社員過半数の一致で決定したときに必要となります。なお、これらの書面に決議の参加者が記名押印する場合においても、押印に用いる印鑑に制限はなく、いわゆる認印でも差し支えありません。

【委任状】

　設立登記を司法書士等に委任する場合、委任状には代表理事が法務局に届出をして、法人の実印とする印鑑を押印します。

【印鑑届書】

　設立登記申請と同時に一般社団法人の実印とする印鑑を届け出ます。印鑑届書には、法人の実印と代表理事の個人の実印を押印します。

1 一般社団法人

(4) 登録免許税

設立登記の登録免許税は一律6万円です（登法別表1、24号㈠ロ）。ちなみに、株式会社の場合は、資本金の額に1,000分の7をかけた金額であり、その金額が15万円未満の場合は、15万円となります（登法別表1、24号㈠イ）。

3 定款記載例

ここでは、一般社団法人の定款の記載例を一般社団法人の類型に応じて掲載します。

一般社団法人の類型は「5 税務」（P46〜）で解説しています。なお、定款の条文番号はあくまで目安ですので、この番号でないと認められないものではありません。

【全所得課税型に関する定款の記載例】

一般社団法人加藤財産管理定款

第1条総則

（名称）
第1条　　当法人は、一般社団法人加藤財産管理と称する。

一般社団法人は、名称中に「一般社団法人」という文字を用いなければなりません。そのため単に「加藤一族会」「加藤財産管理」のみの名称は認められません（一般社団法5①）。これは株式会社と同様です（会社法6）。

（事務所）
第2条　　当法人は、主たる事務所を東京都中央区に置く。

定款には「所在地」を記載すれば足り、実務上も「所在地」のみの記載が一般的です。「所在地」とは最小行政区画のことであり、市区町村及び東京都の特別区のことをいいます。登記簿に記載されるのは「所在場所」として「一丁目1番1号」まで具体的に特定した住所ですが、定款に「所在場所」を記載すると隣のビルに移転するような些細な移転でも定款変更が必要になるため、実務上一般的ではありません。

35

第1編　制度基礎解説

> （目的）
> 第3条　　当法人は、加藤太郎の財産を信託財産として受託し、加藤太郎の生存中においては加藤太郎を受益者として、その死後においては相続人のうち指定されたものを受益者として次の業務を行う。
> 　　　　１．受託財産の管理運用
> 　　　　２．受託財産のうち株式については、各種議決権の行使
> 　　　　３．その他前各号に附帯関連する一切の事業

　一般社団法人の目的は、株式会社と比較すると多様な目的を記載することができ、営利目的ではない単なるボランティアなどの目的も可能です。

〜中　略〜

> （剰余金）
> 第31条　　当法人は、剰余金の分配を行うことができない。

　一般社団法人は、一般社団法上剰余金の分配をすることができないとされています（一般社団法11②）。全所得課税型の場合には、必ずしも記載する必要のない任意的な記載事項であり、必須の記載事項ではありません。

〜以下省略〜

36

1　一般社団法人

【非営利徹底型に関する定款の記載例】

一般社団法人東京環境美化の会定款

第1章総則

（名称）

第1条　当法人は、一般社団法人東京環境美化の会と称する。

（事務所）

第2条　当法人は、主たる事務所を東京都中央区に置く。

（目的）

第3条　当法人は、東京の環境の美化を図ることにより、社会の健全な発展と都民の心豊かな生活を応援するため次の事業を行う。

　　　1．東京都内の清掃活動

　　　2．都民に対する啓蒙活動

　　　3．その他前各号に附帯関連する一切の事業

～中　略～

（剰余金）

第31条　当法人は、剰余金の分配を行うことができない。

　全所得課税型の場合には必ずしも記載する必要のない任意的な記載事項ですが、非営利徹底型の場合には、定款に剰余金の分配を行わない旨の定めを記載することが必須となります（法令3①一）。

～中　略～

（残余財産の帰属）

第34条　当法人が清算をする場合において有する残余財産は、社員総会の決議を経て、公益社団法人及び公益財団法人の認定等に関する法律第5条第17号に掲げる法人又は国若しくは地方公共団体に贈与するものとする。

　非営利徹底型の場合には、定款に残余財産の帰属先として国・地方公共団体や一定の公益的団体に贈与する旨の定めを記載することが必須となります（法令3①二）。

～以下省略～

37

第1編　制度基礎解説

【共益型に関する定款の記載例】

一般社団法人大阪の歴史を楽しむ会定款

（名称）
第1条　当法人は、一般社団法人大阪の歴史を楽しむ会と称する。
（事務所）
第2条　当法人は、主たる事務所を大阪市に置く。

（目的）
第3条　当法人は、大阪の歴史の研究を通して会員相互の交流と連携を図り、
　　　　大阪の歴史の国内及び海外への発信を行い、会員に共通する利益の向
　　　　上に貢献することを目的とし次の事業を行う。
　　　　　1　大阪の歴史の研究及び成果の公開
　　　　　2　大阪の歴史に関する研究会及び講習会、講演会の開催
　　　　　3　会員相互の交流及び情報交換
　　　　　4　内外の諸団体との交流及び連携
　　　　　5　その他当法人の目的を達成するために必要な事業

　共益型の場合には、会員に共通する利益を図る活動を行うことを目的としていることが要件とされています（法令3②一）。

〜中　　略〜

（会費）
第6条　会員は、入会金及び会費を納めなければならない。入会金及び会費の
　　　　額は、社員総会において定める。

　共益型の場合には、定款に会費の定めがあることが要件とされています（法令3②二）。

〜中　　略〜

（剰余金）
第31条　当法人は、剰余金の分配を行うことができない

　共益型の場合には、定款に特定の個人又は団体に剰余金の分配を行うことを定めていないことが要件とされています（法令3②四）。非営利徹底型と異なり、「定めていないこと」が要件ですので、任意的な記載事項といえますが、実務上定められている例が多いようです。

38

1 一般社団法人

～中　略～

（残余財産の帰属）

第34条　当法人が清算をする場合において有する残余財産は，社員総会の決議
　　　　を経て、同種の団体に贈与することができる。

　共益型の場合には、解散したときにその残余財産を特定の個人又は団体に帰属
させることを定款に定めていないこととされています（法令3②五）。なお、非
営利徹底型と異なり共益型の要件としては「定款に定めていないこと」となって
おり、残余財産の帰属については必ずしも記載しなくてもよい任意的な記載事項
といえます。

～以下省略～

【基金の記載例】

　一般社団法人は、全所得課税型、非営利徹底型、共益型を問わず定款に
定めるところにより基金の募集をすることができます（一般社団法131）。

第5章 基 金

（基金の拠出）

第29条　当法人は、社員又は第三者に対し、一般社団法第131条に規定する基金
　　　　の拠出を求めることができるものとする。

（基金の募集）

第30条　基金の募集、割当て及び払込み等の手続については、社員総会の決議を
　　　　経て理事が決定するものとする。

（基金の拠出者の権利）

第31条　拠出された基金は、基金拠出者と合意した期日までは返還しない。

（基金の返還の手続）

第32条　基金の拠出者に対する返還は、返還する基金の総額について社員総会に
　　　　おける決議を経て、理事が決定する。

39

第1編　制度基礎解説

【会員に関する事項】

　広く一般社団法人の活動を広めたい場合や、会費収入を増やしたい場合には、会員制度を用いることが考えられます。会員を全て社員にすると、社員総会の開催などに支障が出るため、正会員や賛助会員などの会員資格を複数設けて、正会員のみを社員とするなどの方法も考えられます。会員制度は、全所得課税型、非営利徹底型、共益型を問わず導入することができますが、共益型は会員制度があることが前提であるため、その意味で会員についての定めは必須といえます。

第2章 会 員

（種別）

第9条　当法人の会員は、次の2種とし、当法人の正会員となる者は、当法人の社員となるものとする。

　　　　正会員 当法人の目的に賛同して入会した個人又は団体

　　　　賛助会員 当法人の事業を賛助するため入会した個人又は団体

（入会）

第10条　正会員となること希望する者は、所定の方式により当法人に申込を行い、理事会の承認をもって正会員となる。

　　2　賛助会員となることを希望する者は、正会員2名以上の推薦をもって、所定の方式により当法人に申込を行うことにより賛助会員となる。

（入会金及び会費）

第11条　正会員は、社員総会において別に定める入会金及び会費を納入しなければならない。

　　2　賛助会員は、社員総会において別に定める賛助会費を納入しなければならない。

〜以下、省略〜

1 一般社団法人

【相続税法第66条第４項の適用を受けないための役員要件等の記載例】

　平成30年度税制改正において、相続税法66条第４項の規定における贈与税等の不当減少要件についての明確化がはかられ、非営利型に該当しない一般社団法人（「５　税務」参照）については、定款に、親族役員の制限や残余財産の帰属についての記載がない場合は、一般社団法人に対して贈与があった場合、不当減少があったものと扱う改正がありました（Ｐ51「(4)設立時の課税関係」参照）。不当減少の認定を避けるためには次のような条項を設ける必要があります（相令33④）。

> 第○条（親族等の制限）
> 　当法人の役員等のうち、親族等の数がそれぞれの役員等の数のうちに占める割合は、いずれも３分の１以下であるものとする。本項にいう「役員等」とは、相続税法施行令第32条の定義に従い、「親族等」とは、相続税法施行令第33条第３項１号の定義に従うものとする。
>
> 第○条（残余財産の帰属）
> 　当法人が清算をする場合において有する残余財産は、社員総会の決議を経て、国若しくは地方公共団体に帰属するものとする。

41

第1編　制度基礎解説

4　会計

(1)　一般社団法人の会計帳簿と計算書類

　一般社団法人の会計は、その行う事業に応じて、一般に公正妥当と認められる会計の慣行に従うものとされています（一般社団法119）。また、正確な会計帳簿の作成が義務づけられ（一般社団法120①）、その会計帳簿に基づき計算書類（貸借対照表及び損益計算書）を各事業年度ごとに作成しなければなりません（一般社団法123②、一般社団規29②）。

　一般に公正妥当と認められる会計の慣行、つまり会計基準については、特に適用すべきものは明示されていませんが、法人税法第22条4項でいう「一般に公正妥当と認められる会計処理の基準」と同様と理解することができますので、一般的には企業会計によった会計処理を行えばよく、それは法人税法の要請にも合致することになります。そこで、会計帳簿の作成は、株式会社に準じて行えばよいといえます。

　なお、公益法人会計基準によることもできます。公益法人会計基準は、平成20年4月11日付けで内閣府公益認定等委員会から出された会計基準で、平成20年12月1日の公益法人制度改革関連三法に対応したものです。ただし、公益法人に移行を目指す一般社団法人以外の一般社団法人は、公益法人会計基準の適用は強制されませんし、後述する税制上の1階の一般社団法人（P47）が適用する積極的な理由はありません。

　このように、1階の一般社団法人の会計帳簿の作成は株式会社のそれに準じて行えばよいことから、市販の会計ソフトで十分実務に対応できます。

(2)　計算書類のひな型

　貸借対照表は企業会計と同様に資産の部、負債の部及び純資産の部で構成されます（一般社団規30①）。最初に述べたとおり（P24参照）、一般社団法人には出資者の持分はありません。そこで、一般社団法人の純資産の部は、企業会計でいえば利益剰余金のみから成ると考えることができます。

ただし、出資に代えて資金の受け入れを行う基金があります。この基金の総額は純資産の部に計上します（一般社団規31①）。基金は本来外部負債ですが、一般債務の弁済に劣後することと財産的基盤の確保の視点から、純資産の部として表示されます。

また、基金の返還をした場合に計上される代替基金も純資産の部に計上します。代替基金は、その金額の取崩が許されないとの意味で、利益準備金のような役割を果たします。

基金の返還は、前事業年度末の貸借対照表上の純資産の額が、次の金額の合計額を超える場合において、その超える部分の金額を限度として行うことができます。

> ① 基金（代替基金を含みます）の総額
> ② 資産の時価評価益の額

代替基金は法人内に拘束すべき利益準備金と同様の性格があること、また、評価益は返還原資に含めるのは適切ではないことから、控除することとされています。基金の返還限度額計算は、株式会社の分配可能額計算と同じようなものと理解できます。

一方で、代替基金は取り崩すことができず（一般社団法144②）、また、上記のとおり代替基金は基金の返還限度額の計算で基金同様に扱われ、拠出受入額を拘束する役割を担っています。次の図でいえば、基金を10,000返還しても、当初の基金の30,000相当額は純資産の部に表示され、法人内に留まることになります。

〈基金10,000を返還した場合の仕訳例〉

基　　　　金	10,000	現 金 預 金	10,000
利 益 剰 余 金	10,000	代 替 基 金	10,000

■貸借対照表の純資産の部の記載例

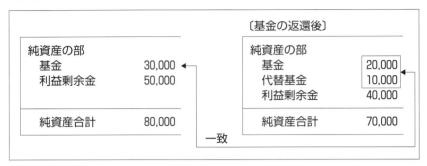

　ここで、基金は、上記のとおり会計上純資産として取り扱われますが、法人税法上は資本金等又は利益積立金には該当せず（法令8、9）、債務としての性格から預り金同様と解されます。したがって、法人税申告書別表5(1)のⅡ（資本金等の額の計算に関する明細）には資本金等の額としての残高はゼロになります。

　なお、代替基金は、利益剰余金を原資としていますので、法人税法上は、利益積立金を構成することになります。

(3) 会計処理上の注意点

　2階の一般社団法人（P47）は、法人税法上公益法人等として扱われるため（法法2六、別表第2）、法人税の納税義務は収益事業を行う場合に限られ、収益事業から生じた所得以外の所得については法人税が課されません（法法4①、7）。このことは、収入及び費用を収益事業に係るものと非収益事業（収益事業以外の事業）に区分する必要があることを意味します（法令6）。具体的には次のように経理します（法基通15-2-5）。

① 収益事業について直接要した費用の額又は収益事業について直接生じた損失の額は、収益事業に係る費用又は損失の額として経理する。
② 収益事業と非収益事業とに共通する費用又は損失の額は、継続的に、資産の使用割合、従業員の従事割合、資産の帳簿価額の比、収入金額の比その他当該費用又は損失の性質に応ずる合理的な基準により収益事業と非収益事業とに配賦し、これに基づいて経理する。

なお、資産及び負債についても収益事業に係るものと非収益事業に係るものに区分します（法基通15-2-1）。一の資産が収益事業と非収益事業に共用されており、それぞれの事業ごとに専用されている部分が明らかでない場合は、非収益事業に属する資産とします（法基通15-2-1注書）。例えば、収益事業と非収益事業で共用される車両は、非収益事業に属する資産とします。この場合の減価償却費その他の車両に係る費用は、合理的基準により収益事業に係る費用と非収益事業に係る費用とに区分します。

費用又は損失の配賦の基準としては、資産の使用割合、従業員の従事割合、資産の帳簿価額の比、収入金額の比などが考えられますが、全ての費用又は損失について選択した一つの基準を適用するということではなく、費用又は損失の性質に応じて適当な基準を使うことになります。例えば、減価償却費は資産の使用割合、人件費は従業員の従事割合を使うのが一般的には合理的基準といえましょう。

なお、確定申告書に添付する貸借対照表等の書類には、収益事業に係るものだけでなく、非収益事業に係るものも添付することにも留意します（法法74③、法規35、法基通15-2-14）。

また、損益計算書等は、事業収益又は事業収入について事業の種類ごとに収益又は収入を区分し、勘定科目は事業の内容に見合ったものとします。

第1編　制度基礎解説

■収益事業と非収益事業との区分処理

項目	区分	会計処理時	法人税申告書に添付する計算書類での表示
収益	収益事業	収益事業	収益事業
	非収益事業	非収益事業	非収益事業
費用	収益事業	収益事業	収益事業
	共通（注1）	共通	
	非収益事業	非収益事業	非収益事業
資産・負債	収益事業	収益事業	収益事業
	共通（注2）	非収益事業	非収益事業
	非収益事業		

（注1）共通費は最終的には配賦計算を行い、収益事業と非収益事業とに割り振る。
（注2）共通費が発生する元の資産は、収益事業と非収益事業とに区分せず、非収益事業として経理する。

5　税務

(1)　一般社団法人の分類

　一般社団法人は、法制上は、公益認定を受けた公益社団法人と公益認定を受けていない一般社団法人の二類型に分類されます。税制上は、法制上の分類のほか、公益認定を受けていない一般社団について、さらに非営利型法人と普通法人の2つに分類されます。税制上の非営利型法人とは、次のいずれかの法人です。

　　①非営利徹底型………剰余金の分配を行わない旨が定款において定められているなど特定の者に利益を与えない法人
　　②共益型………………法人の会員共通の利益を図る活動を行う法人
　税制上の分類は次の図のようなイメージとなります。

1 一般社団法人

■一般社団法人の税制上・法制上の分類

3階	公益社団法人	
2階	特定の者に利益を与えない法人 （非営利徹底型）	会費により共益的活動を図る法人 （共益型）
1階	法人税法上の普通法人に該当する一般社団法人	

【法人税法第2条（定義）】

　この法律において、次の各号に掲げる用語の意義は、当該各号に定めるところによる。

　九の二　非営利型法人　一般社団法人又は一般財団法人（公益社団法人又は公益財団法人を除く。）のうち、次に掲げるものをいう。

　　イ　その行う事業により利益を得ること又はその得た利益を分配することを目的としない法人であってその事業を運営するための組織が適正であるものとして政令で定めるもの

　　ロ　その会員から受け入れる会費により当該会員に共通する利益を図るための事業を行う法人であってその事業を運営するための組織が適正であるものとして政令で定めるもの

【法人税法施行令第3条（非営利型法人の範囲）】

1　法第2条第9号の二イ（定義）に規定する政令で定める法人は、次の各号に掲げる要件の全てに該当する一般社団法人又は一般財団法人（清算中に当該各号に掲げる要件の全てに該当することとなったものを除く。）とする。

　一　その定款に剰余金の分配を行わない旨の定めがあること。

　二　その定款に解散したときはその残余財産が国若しくは地方公共団体又は次に掲げる法人に帰属する旨の定めがあること。

　　イ　公益社団法人又は公益財団法人

　　ロ　公益社団法人及び公益財団法人の認定等に関する法律（平成18年法律第49号）第5条第17号イからトまで（公益認定の基準）に掲げる法人

　三　前2号の定款の定めに反する行為（前2号及び次号に掲げる要件の全てに該当していた期間において、剰余金の分配又は残余財産の分配若しくは引渡し以外の方法（合併による資産の移転を含む。）により特定の個人又は団体

47

第1編　制度基礎解説

　　　に特別の利益を与えることを含む。）を行うことを決定し、又は行ったこと
　　　がないこと。
　四　各理事（清算人を含む。以下この号及び次項第7号において同じ。）について、
　　　当該理事及び当該理事の配偶者又は3親等以内の親族その他の当該理事と財
　　　務省令で定める特殊の関係のある者である理事の合計数の理事の総数のうち
　　　に占める割合が、3分の1以下であること。

2　法第2条第9号の2ロに規定する政令で定める法人は、次の各号に掲げる要件
　の全てに該当する一般社団法人又は一般財団法人（清算中に当該各号に掲げる要
　件の全てに該当することとなったものを除く。）とする。
　一　その会員の相互の支援、交流、連絡その他の当該会員に共通する利益を図る
　　　活動を行うことをその主たる目的としていること。
　二　その定款（定款に基づく約款その他これに準ずるものを含む。）に、その会
　　　員が会費として負担すべき金銭の額の定め又は当該金銭の額を社員総会若し
　　　くは評議員会の決議により定める旨の定めがあること。
　三　その主たる事業として収益事業を行っていないこと。
　四　その定款に特定の個人又は団体に剰余金の分配を受ける権利を与える旨の定
　　　めがないこと。
　五　その定款に解散したときはその残余財産が特定の個人又は団体（国若しくは
　　　地方公共団体、前項第2号イ若しくはロに掲げる法人又はその目的と類似の
　　　目的を有する他の一般社団法人若しくは一般財団法人を除く。）に帰属する
　　　旨の定めがないこと。
　六　前各号及び次号に掲げる要件の全てに該当していた期間において、特定の個
　　　人又は団体に剰余金の分配その他の方法（合併による資産の移転を含む。）
　　　により特別の利益を与えることを決定し、又は与えたことがないこと。
　七　各理事について、当該理事及び当該理事の配偶者又は3親等以内の親族その
　　　他の当該理事と財務省令で定める特殊の関係のある者である理事の合計数の
　　　理事の総数のうちに占める割合が3分の1以下であること。

(2)　一般社団法人の課税関係の基礎

　1階の普通法人に該当する一般社団法人は、株式会社と同様に法人が稼
得する全ての所得に対して法人税が課税されます。2階の非営利型の一般
社団法人は、法人が営む事業のうち、収益事業についてのみ法人税が課税

されます。収益事業とは、「販売業、製造業その他の政令で定める事業で、継続して事業場を設けて行われるものをいう。」と定義されており（法法２十三）、その他の政令で定める事業とは、次の34業種とされています（法令５①）。

---

①物品販売業、②不動産販売業、③金銭貸付業、④物品貸付業、⑤不動産貸付業、⑥製造業、⑦通信業、⑧運送業、⑨倉庫業、⑩請負業、⑪印刷業、⑫出版業、⑬写真業、⑭席貸業、⑮旅館業、⑯料理店業その他の飲食店業、⑰周旋業、⑱代理業、⑲仲立業、⑳問屋業、㉑鉱業、㉒土石採取業、㉓浴場業、㉔理容業、㉕美容業、㉖興行業、㉗遊技所業、㉘遊覧所業、㉙医療保険業、㉚技芸教授業、㉛駐車場業、㉜信用保証業、㉝無体財産権提供業、㉞労働者派遣業

３階の公益認定を受けた一般社団法人も２階の法人と同様に収益事業についてのみ法人税が課税されます。ただし、公益認定法上の公益目的事業に該当する事業は、たとえ上記の34業種に該当しても収益事業には該当しないものとされるため、法人税が課税されません（法令５②一）。

また、３階の法人は、みなし寄附金制度の適用があります（法法37⑤）。みなし寄附金制度とは、公益法人等が法人税法上の収益事業に属する資産のうちから、公益目的事業のために支出した金額を収益事業に係る寄附金とみなして、一定額の損金算入を認める制度です。

３階法人は、法制上、収益事業に係る所得の50％以上を公益目的事業に対して繰り入れることが強制されていることから（公益法人認定法18四、公益法人認定規24）、収益事業に係る所得金額の50％相当額は、寄附金として無条件に損金に算入されます（法令73①三イ）。公益目的事業に支出した場合であれば、確定申告書に明細を記載することを要件に支出額全額が損金に算入されます（法令73の２①）。ただし、みなし寄附金は公益目的事業の赤字額が上限とされていますので、青天井に損金算入が認められる訳ではありません。

なお、２階の非営利型法人には、３階の公益社団法人のようなみなし寄附金の適用はありません。

３階の公益社団法人が、利子や配当等の支払いを受ける場合には、源泉

第1編　制度基礎解説

所得税及び復興特別所得税が課されないものとされています（所法11①）。

　最後に地方税の取扱いについても簡単に触れておきます。まず、1階の法人は、法人事業税・地方法人特別税及び法人住民税の法人税割について、普通法人と同様に、全所得課税及び全所得に係る法人税額に課税がされます。法人住民税の均等割については、資本金等の額と従業員数によって算出されることになっていますが、一般社団法人には資本又は資本制度がありませんので、何階の法人であっても、原則として最低税率が適用されることになります。

　2階の法人に対する法人事業税・地方法人特別税及び法人住民税の法人税割については、収益事業により生じた所得及び収益事業に係る法人税額に課税されます。

　3階の法人についても基本的には2階法人と同様の課税関係となっていますが、収益事業であっても公益目的事業については、法人事業税・地方法人特別税及び法人住民税の法人税割の課税対象から除かれます。収益事業を行わない3階法人は、自治体の条例によって法人住民税の均等割が免除となる場合があります。

(3)　一般社団法人特有の税法上の取扱い

　一般社団法人は、資本金がないという特徴があるため、資本金を基準とする税法上の規定について、下記のような取扱いがされることになります。

①　設立初年度は消費税の納税義務者にならない（消法12の2）。

②　交際費課税について、純資産※の60％を資本金の額として判定が行われる（措令37の4）。

③　投資促進税制や特別償却などの租税特別措置法による中小企業の優遇税制の適用可否については、常時使用する従業員数が1,000人以下であれば中小企業者と判定する（措令27の4⑫）。

④　資本金1億円超となれば、事業税の外形標準課税の適用対象となるが、一般社団法人は適用なし（地法72の2①一イ）。

⑤　一般社団法人は同族会社ではないため、留保金課税の適用がない（法

50

法67)。

そのほか、一般社団法人は非同族会社に該当するため、非常勤役員に年一で給与を支払うような場合でも、事前確定届出給与に関する届出書を提出する必要がありません。

※　この純資産は貸借対照表上の純資産であり、税務上の純資産でないことに留意してください。

【租税特別措置法通達　61の4(2)-2（交際費等の損金不算入額を計算する場合の総資産の帳簿価額等）】

措置法令第37条の4第1号に規定する「総資産の帳簿価額」、「総負債の帳簿価額」、「利益の額」又は「欠損金の額」は、その事業年度終了の日における貸借対照表に計上されているこれらの金額によるのであるから、税務計算上の否認金があっても、当該否認金の額は、これらの額に関係させないことに留意する。

---

(4)　設立時の課税関係

株式会社であれば、資本金の払込みが必須とされていますが、一般社団法人では、資本金が存在しないため、財産の受入手段として基金の募集が任意で認められています（一般社団法131）。

基金とは、一般社団法人に拠出された財産であり、一般社団法人が拠出者に対して、定款の定めに従い返還義務を負うものです。会計基準では、基金は純資産の部に計上しなければならず、負債の部に計上することはできません（一般社団規31）。法人税法上は、法人税法施行令において資本金等の額には列挙されていないため（法令8）、負債として扱われます。

1階の一般社団法人が基金以外の財産の拠出を受けた場合には、贈与を受けたものと扱われ、法人税法上の益金になります（法法22②）。財産の拠出者が法人の場合には、法人税法第22条第2項と第37条第1項により譲渡益課税が生じた上で寄附金課税がなされ、財産の拠出者が個人の場合には、法人に対し、時価による資産の譲渡があったものとみなして所得税が課せられます（所法59①）。ただし、公益活動を奨励する観点から、3階

第1編　制度基礎解説

法人と２階法人のうち非営利徹底型法人に対して、個人が一定の要件を満たす寄附を行った場合には、譲渡がなかったものとみなされる租税特別措置法上の特例措置があります（措法40①）。

　また、一般社団法人に対し財産の贈与又は遺贈があった場合には、法人税等だけでなく、一般社団法人を個人とみなして贈与税又は相続税課税が行われる場合があります（相法66④）。ただし、この規定が適用されるのは、贈与者の親族等の贈与税又は相続税の負担が不当に減少する場合に限ります。もし、この規定が適用された場合には、法人税と贈与税又は相続税が二重に課税されることになるため、法人の受贈益に対する法人税等は、贈与税又は相続税から控除されることになっています（相令33①）。

　では、どのような場合に贈与税又は相続税の負担が不当に減少したことになるのでしょうか。この点につき、平成30年度税制改正では不当減少要件の明確化がはかられています。まず、従来からの取り扱いとして、相続税法施行令第33条第３項では、「次に掲げる要件を満たすときは、…負担が不当に減少する結果となると認められないものとする」としており、いわばセーフティゾーンを定めています。

　具体的には次のような場合です。

【相続税法施行令第33条第３項】
① 運営組織が適正であるとともに、寄附行為、定款又は規則において、役員等のうち親族関係を有する者及び特殊関係者の数がそれぞれの役員等の数のうちに占める割合が、いずれも３分の１以下とする旨があること（運営組織の適正性要件）
② 財産の贈与若しくは遺贈をした者、法人の設立者、社員若しくは役員等又はこれらの者の親族等に対し、施設の利用、余裕金の運用、解散した場合における財産の帰属、金銭の貸付け、資産の譲渡、給与の支給、役員等の選任その他財産の運用及び事業の運営に関して特別の利益を与えないこと（特別の利益供与の不存在要件）
③ 定款又は規則において、法人が解散した場合に残余財産が国若しくは地方公共団体又は公益社団法人若しくは公益財団法人その他の公益を目的とする事業を行う法人（持分の定めのないものに限る。）に帰属する旨の定めがあること（残余財産帰属規定要件）

④　法人につき法令に違反する事実、帳簿書類に取引の全部又は一部を隠ぺいし、又は仮装して記録又は記載をしている事実その他公益に反する事実がないこと（仮装隠ぺい等の不存在要件）

　以上の４つの要件の全てを満たしている場合には不当減少がないとされてきたわけですが、満たさない項目があるからといって直ちに不当減少に該当するわけではなく、総合的な実質判定が必要です。平成30年度税制改正では、一般社団法人について、第３項による総合的な実質判定の前に、以下の明確化された不当減少要件を判定し、贈与又は遺贈により財産を取得した一般社団法人（公益社団法人や非営利型法人を除きます。）が、次に掲げる要件のいずれかを満たさないときは、直ちに不当減少に該当するものとされました（相令33④）。

【相続税法施行令第33条第４項】
①　その贈与又は遺贈の時におけるその定款において次の定めがあること
　イ　その役員等のうち親族関係を有する者及び特殊関係者の数がそれぞれの役員等の数のうちに占める割合は、いずれも３分の１以下とする旨の定め
　ロ　その法人が解散した場合にその残余財産が国若しくは地方公共団体又は公益社団法人若しくは公益財団法人その他の公益を目的とする事業を行う法人（持分の定めのないものに限る。）に帰属する旨の定め
②　その贈与又は遺贈前３年以内にその一般社団法人等に係る贈与者等に対し、施設の利用、余裕金の運用、解散した場合における財産の帰属、金銭の貸付け、資産の譲渡、給与の支給、役員等の選任その他財産の運用及び事業の運営に関する特別の利益（以下「特別利益」といいます。）を与えたことがなく、かつ、その贈与又は遺贈の時におけるその定款においてその贈与者等に対し特別利益を与える旨の定めがないこと
③　その贈与又は遺贈前３年以内に国税又は地方税（地方税法に規定する地方団体の徴収金（都及び特別区のこれに相当する徴収金を含みます。）をいう。）について重加算税又は地方税法の規定による重加算金を課されたことがないこと

　また、相続税法第66条第４項についての個別通達（贈与税の非課税財産（公益を目的とする事業の用に供する財産に関する部分）及び持分の定めのない法人に対して財産の贈与等があった場合の取扱いについて　平成30

第1編　制度基礎解説

年7月3日付　課資2-9改正）も、改正に応じて不当減少についての判定規定が変更されています。

　この新設された第4項が適用されるのは1階の一般社団法人と一般財団法人のみであることに注意が必要です（個別通達14(2)）。2階・3階法人や医療法人、学校法人など一般社団法人等以外の持分のない法人については、従来どおり第3項のみで不当減少要件の該当性を判定します（個別通達14(1)）。一般社団法人は設立が容易で私的な支配が可能であることから、第4項の要件が付加されたものです。

　さて、ここで第3項と新設された第4項の関係が重要です。まず、新設された第4項によって判断し、一つでも抵触するとその時点で不当減少に該当するものと判定されます。この要件を全て満たした場合に、第3項の規定による不当減少要件の該当性の判定を行います。ここでも要件を全て満たしていれば、不当減少に該当しないものとされますが、該当しない項目がある場合には、不当減少に該当するかを総合的に判断します。

　両者にはよく似た規定があるため、わかりづらいかもしれません。新設された不当減少要件では時期や期間が明示されていることに着目して下さい。

　例えば、2階法人であれば従来通り第3項のみで判定しますので、仮に贈与時においては定款要件を満たさなくても、申告までに定款を変更すれば、不当減少には該当しないものとする余地があります（個別通達17）。しかし1階法人の場合は第4項の判定において贈与等の時に定款の定めがなければ、不当減少に該当することになります（個別通達17の2(1)）。

　また別の事例として、同族理事の3分の1以下要件については、第4項では贈与の時に定款に記載されていればよいのですが、第3項では時期についての言及はありません。贈与直前に定款を変更したような場合にそれが租税回避だと認定されると第4項は満たしても、第3項で不当減少に該当すると認定されることが考えられます。

1 一般社団法人

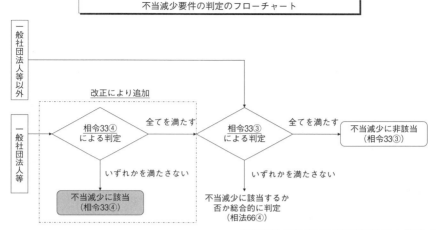

（財務省「平成30年度税制改正の解説」）

　第4項については、贈与等の時において親族役員の割合を3分の1以下とし、残余財産を国等に帰属される旨の定款記載が必要とされていることに注意が必要です。つまり贈与時において定款に積極的なこれらの記載がなければ、一般社団法人への贈与は直ちに不当減少に該当することになります。また、過去3年以内に重加算税が課されたことがないことが要件とされています。特定医療法人では従来から重加算税が課されたことがないことが承認要件でした。また、認定医療法人の移行計画の認定要件における「公益に反する事実」には重加算税が課されるような仮装隠ぺいが含まれると解されています。同様の要件が第4項において具体的に規定されることになったものです。

　この改正に伴い実務の取扱いに次の変更が生じています。すなわち、従来は財産の贈与者の親族や特殊関係者が誰も社員や役員になっていなければ、運営組織の適正性を満たさない場合であっても、特別の利益供与がなく、残余財産の国等への帰属に関する定款規定があり、仮装隠ぺい等の不存在が満たされていれば、不当減少はないものとする取扱いがありました（旧個別通達14）。平成30年の改正によって、この取扱いは一般社団以外の持分なし法人にのみ適用され、一般社団法人には適用されなくなりまし

55

第1編　制度基礎解説

た。贈与者の親族や特殊関係者が現実に誰も社員や役員になっていないとしても、同族理事を3分の1以下とする旨が定款に記載されていない場合は第4項に抵触することになるからです（個別通達14（注））。

　2階の法人が財産の拠出を受けた場合には、原則として法人税が課税されません。なぜなら、2階の法人は34業種の収益に対してのみ課税されますが、贈与による受贈益は34業種の所得ではないからです。ただし、2階の法人であっても、贈与者の親族等の贈与税又は相続税の負担が不当に減少する場合であれば、1階の法人と同様に、一般社団を個人とみなして贈与税が課税されますので、注意が必要です。つまり、2階の法人は、法人税については収益事業課税が行われますが、相続税法上の要件を満たさない限り、贈与税は課税されることがあり得るということになります。

(5)　解散した場合の課税関係

　1階の法人が解散した場合の課税関係は株式会社の場合と同様です。つまり、解散後は通常の全所得課税が行われ、残余財産がないと見込まれれば、清算中の事業年度において期限切れ欠損金が使えることになります（法法59③）。

　残余財産の帰属者に対して、不動産等の現物により残余財産の引き渡しをする場合には、現物財産の譲渡損益課税が行われます。ただし、対価性のない財産の引き渡しであるため、消費税の対象になることはありません。

　次に残余財産帰属者の課税関係を整理してみます。一般社団法人が解散した場合には、その残余財産の帰属は定款の定めに従うことになります（一般社団法239①）。もし、定款に定めがなければ、社員総会の決議によって定めることになります（一般社団法239②）。社員に残余財産の引渡しを受ける権利を与える定款の定めは無効となります（一般社団法11②）が、社員総会決議にはそのような制限がありません。よって、社員総会の決議によれば、残余財産を社員に分配することが可能になります。残余財産帰属者については、出資持分を有しているわけではありませんので、配当所得課税が行われることはなく、個人の場合には、一時所得課税とされるもの

56

と考えられます。残余財産帰属者が普通法人の場合には、益金として法人税が課せられます。

次に、２階の非営利徹底型法人が解散した場合には、その残余財産が国若しくは地方公共団体又は公益社団等に帰属することとする定款の定めに従って残余財産の分配がされます。もし、定款を変更して、残余財産を特定の者に帰属させることにした場合には、非営利徹底型の要件を満たさないことになるため、定款変更時に１階の法人に転落することになります。１階の法人に転落してしまうと、これまで課税されずに内部留保されてきた所得に対して一気に法人税が課されてしまうことになりますので、十分な注意が必要です（法法64の４①）。

(6)　一般社団法人の消費税

一般社団法人の消費税については、基本的に株式会社等の普通法人と同様に、本則課税又は簡易課税により税額が計算されます。ただし、一般社団法人の特徴として、特定収入がある場合の仕入れ税額控除の調整が必要になる場合があります（消法60④）。特定収入とは、資産の譲渡等の対価に該当しない収入のうち、例えば、次のような収入が該当することになります（消基通16-2-1）。

① 　租税
② 　補助金
③ 　交付金
④ 　寄附金
⑤ 　出資に対する配当金
⑥ 　保険金
⑦ 　損害賠償金
⑧ 　資産の譲渡等の対価に該当しない負担金、他会計からの繰入金、会費等、喜捨金等

一般社団法人が、会費収入や補助金収入を得て、その収入により資産を購入した場合には、課税売上は生じないにも関わらず、仕入税額控除のみ

第1編　制度基礎解説

の適用を受けることになり、消費税の還付を受けることが可能になります。このような不合理を調整するために、「特定収入がある場合の仕入控除税額の調整」という制度があります。この仕入控除税額の調整が必要になるのは、本則課税により仕入控除税額を計算している場合で、特定収入割合が5％を超える場合とされています（消令75③）。特定収入割合は次の算式により計算されます。

$$特定収入割合＝\frac{特定収入の額}{（資産の譲渡等の対価の額＋特定収入の額）}$$

　例えば、課税売上高が5億円以下で課税売上割合が95％以上である一般社団法人の「特定収入がある場合の仕入控除税額の調整」は、次のようになります。

課税仕入等の税額－特定収入に係る課税仕入等の税額

　すなわち、全額控除方式による場合には、特定収入に係る課税仕入れ等の税額は次の(1)と(2)の合計額とされます。

(1)　課税仕入れ等に係る特定収入の額$\times\frac{6.3}{108}$（注）

(2)　（通常の課税仕入れ等の税額－(1)の金額）×調整割合

　　（注）消費税率変更後は次のとおり。10%→$\frac{7.8}{110}$

　(1)の計算は、特定収入のうち、契約関係等により資金使途が課税仕入れ等に係ることが明らかな金額を仕入税額控除額から除外するためのものです。

　次に、使途不特定の特定収入で賄われた課税仕入れ等に含まれる税額を求め（通常の課税仕入れ等税額－(1)の金額）、これに調整割合を乗じて使途不特定の特定収入で賄われた課税仕入れ等に含まれる税額を求めます。調整割合とは、その課税期間における以下の算式で求めた割合のことです。

$$調整割合＝\frac{使途不特定の特定収入}{\left(\begin{array}{c}税抜課税\\売上高\end{array}＋\begin{array}{c}非課税\\売上高\end{array}＋\begin{array}{c}免税\\売上高\end{array}＋\begin{array}{c}使途不特定の\\特定収入\end{array}\right)}$$

2 平成30年度税制改正による一般社団法人に対する相続税課税制度の創設

1 同族理事死亡時の一般社団法人に対する相続税課税

　一般社団法人は、資産管理会社として個人の資産を保有させることで相続税の軽減効果が生じるとして、制度創設当初から過剰な節税への利用が実務家によって提案されてきました。

　専門書籍や専門家のブログなどで紹介されてきただけでなく、一般向けの経済誌でも節税利用が可能な法人として盛んに喧伝されてきました。実際に新設される法人格のなかで一般社団法人の増加率が最も高くなっています。

　平成30年度税制改正では、一般社団法人に財産を保有させ、一族で代々、実質的な資産の承継が行われ得るような法人に相続税を課税する仕組みとして、同族理事の死亡を課税時期として、一般社団法人に相続税を課税する制度が創設されました。なお、本書では一般社団法人を前提としますが、改正には一般財団法人も含まれます。

　家産財団に対して30年周期で相続税を課税するドイツの制度に近い何らかの改正があるのではないかとの指摘は以前からありました。以下で解説するように本制度は税法条文としては大ざっぱな制度ですが、節税を許さないという課税当局の方針を明らかにするため暫定的な租税回避防止規定を創設したと捉え、条文の隙を突いた節税は控えるべきです。これからは節税事例が出る度に改正が行われるかもしれません。消費税の免税制度の悪用とそれを防ぐ改正の繰り返しによく似た状況になることが考えられます。今後は、同族理事を半分以下に、可能であれば非営利型法人で運用できるかが実務の課題になるでしょう。

59

第1編　制度基礎解説

2　一般社団法人に対する相続税課税制度

(1)　概要

新設された相続税法第66条の2の要件は以下のようになっています。

> 　一般社団法人等（公益社団法人、非営利型法人などを除く。）の理事である者（当
> 該一般社団法人等の理事でなくなった日から5年を経過していない者を含む。）が
> 死亡した場合において、その一般社団法人等が特定一般社団法人等（次に掲げる要
> 件のいずれかを満たす一般社団法人等をいう。）に該当するときは、その特定一般
> 社団法人等が、その被相続人の相続開始の時における当該特定一般社団法人等の純
> 資産額をその時における同族理事の数に1を加えた数で除して計算した金額に相当
> する金額を被相続人から遺贈により取得したものとみなして、当該特定一般社団法
> 人等に相続税を課する。
>
> 　1　相続開始の直前における同族理事数の総理事数に占める割合が2分の1を超
> 　　えること。
> 　2　相続開始前5年以内において、同族理事数の総理事数に占める割合が2分の
> 　　1を超える期間の合計が3年以上であること。

(2)　相続税課税の対象外となる法人

　公益社団・財団法人、あるいは法人税法施行令第3条における非営利型
法人になれば、今回の相続税課税の対象にはなりません。非営利型法人に
は、非営利を徹底したタイプ（非営利徹底型）と会員相互の共益目的のタ
イプ（共益型）があります。これらはいずれも収益事業にのみ法人税が課
税される優遇措置があります。特定の個人からの独立性が高い法人である
ことから相続税の節税に利用されることは想定されないとして今回創設さ
れた制度の対象外とされています。今後新設する一般社団法人は非営利型
にするというのが実務の基本となります。

(3) 納税義務者は一般社団法人

　同族理事が過半数を占める一般社団法人が相続税課税の対象です。条文では「特定一般社団法人等」と定義されています。判定は理事のみで行い、社員や監事は含まれません。また、同族理事の相続直前に親族外の理事を入れて、特定一般社団法人等を外す租税回避を防止しています。具体的には相続開始5年以内に同族理事が支配する期間がトータルで3年以上だったら課税対象です。5年縛りが設けられていることになるわけですが、要するに同族支配をしてきた一般社団法人が同族理事を2分の1以下にしても、そこから3年以内に相続があれば特定一般社団法人等に該当するということです。

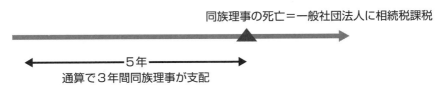

　家族で支配する一般社団法人に対する相続税課税を避けるためには、①法人税法施行令第3条の非営利型法人にするか、②同族理事の割合を半分以下にして特定一般社団法人等に該当することを回避するかのいずれかです。なお、同族支配の一般社団法人が非営利型法人になれば相続直前であっても制度の対象から外れますが、同族理事を2分の1未満にするのであれば、相続前の5年縛りが発動します。

(4) 課税されるのは同族理事の死亡時

　相続税が課税されるタイミングは同族理事の死亡時です。これについても租税回避防止の取扱いがあります。たとえば相続直前に理事を辞任して相続税を逃れることが考えられますので、同族理事には、理事でなくなってから5年を経過していない者を含むことになっています。

第1編　制度基礎解説

(5)　課税対象は一般社団法人の純資産

　課税されるのは一般社団法人の純資産です。ある同族理事が死亡すると、純資産を同族理事の頭数で割って課税される金額を計算します。なお、条文では、この時の理事の頭数について、「同族理事の数に1を加えた数」と規定されています。相続開始時には被相続人は理事ではないわけですから、これを相続開始直前の理事の数に復元するための規定です。たとえば理事が5人でそのうち4人が同族理事だという一般社団法人で、同族理事に相続が発生した場合であれば、相続開始時の理事は3人になっていますから、1人を加えて4人として計算することになります。

　このとき一般社団法人は、死亡した理事の相続税申告書に納税義務者として登場します。一般社団法人の純資産は理事の遺産に加算され相続税の総額が計算されます。純資産は一般社団法人に遺贈されたものとみなすので、按分計算によって純資産に係る相続税は一般社団法人に割り振られます。一般社団法人は相続人ではありませんので、基礎控除の計算では相続人にカウントされませんし、いわゆる2割加算の適用があります。

　具体例として、夫婦が理事になっている一般社団法人について検討すると、夫婦いずれかの死亡時に課税されます。仮に純資産額が5,000万円であるとすると、2で除した2,500万円が相続税の対象になります。計算された相続税は一般社団法人が負担することになります。

3　一般社団法人が相続税を負担するのはなぜか

　今回の制度は、相続人が直接相続税を負担するわけではなく、納税義務者は一般社団法人であり、課税対象も一般社団法人の純資産という特徴的な課税の仕組みを採用しています。その意味で同族理事の死亡というのは課税の時期だけの問題です。

　ドイツには世襲を前提とした家産財団に対しては30年周期で一般社団法人に相続税を課税する制度があり、個人の死亡とは無関係に、法人が保有する財産を2名の子が相続したものと擬制して30年に1度法人に相続税を

62

2 平成30年度税制改正による一般社団法人に対する相続税課税制度の創設

課税する仕組みを採用しているとのことです（財務省「平成30年度税制改正の解説」）。これに対し、日本の制度は、法人の純資産への課税という点では同じですが、同族理事の死亡時に課税するということになります。

ではなぜ一般社団法人が遺贈で取得したものとみなして相続税を負担するのでしょうか。相続人が一般社団法人の純資産を遺贈で取得したものとみなして相続税を負担する制度も考えられるかもしれません。

これについては、一般社団法人では配当が禁じられているため、なんら経済的利益を受けていない理事に一律に同族理事の相続人に担税力を求めるのは無理があるからだと考えられます。相続人が実質的に一般社団法人の資産を私的に運用しているなど経済的利益を受けた部分に相続税を課税することも考えられますが、持分を擬制し財産価値を評価するには事実認定の問題が生じ、技術的にも困難です。これらの理由から一般社団法人が納税義務者になり相続税を負担する制度になっています。

4　純資産額の具体的計算方法

相続税の課税対象となる純資産額の具体的な計算方法は相続税法施行令第34条で規定されています。相続評価による純資産が基本となります（詳しくはＰ278参照）。相続開始前に納税義務が成立している未納税金や被相続人への死亡退職金、基金を控除すること、一般社団法人が信託の受託者になっている場合の純資産からの除外等が規定されています。

非上場株式における純資産方式と比較すれば、含み益に対する法人税相当額の控除に相当する取扱いはありません。また非上場株式だと類似業種比準方式が使えますが、一般社団法人にはそのような評価方法はありません。相続税法上、家族が支配する一般社団法人の資産は、個人が直接保有する場合により近いとみていることになります。

なお、一般社団法人の純資産がマイナスの場合、被相続人の本来の遺産からマイナスすることはできません。条文では資産から負債を控除した「残額」とされています。

63

5 同族理事の範囲

　特定一般社団法人等に該当することを回避するには、同族理事の割合を半分以下にすればよいので、同族会社のオーナーが一般社団法人を運営する場合であれば、同族会社の従業員を一般社団法人の理事に就任させ、同族による過半数支配を外すことが予想されます。しかしこのような行為は規制されています。

　同族理事の範囲には同族理事の親族や特殊関係人だけでなく、被相続人が役員となっている法人や被相続人が支配する同族会社の役員・従業員が同族理事に含まれます（相法66の2②二、相令34③）。

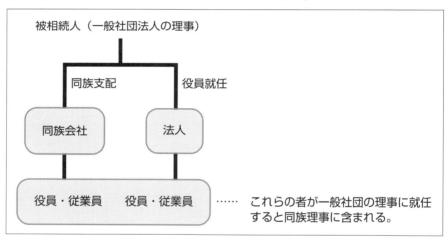

　そもそも理事だけで判定するのはどうしてでしょうか。社員や監事は判定対象者にはなりませんので、同族関係者は社員として一般社団法人を支配し、理事は全員を親族外にすれば、特定一般社団法人等には該当しません。

　これについては、すでに検討したとおり本制度では相続税を負担するのは一般社団法人であって、同族理事の死亡は課税のタイミングの問題でしかありません。その意味では判定対象は社員でも理事でも良いといえます。しかし、法人の基本方針を決議するだけの社員よりも、法人の経営を執行

する理事を判定対象にするのが馴染むのでしょう。また、法人税法施行令第３条の非営利型法人も理事のみの判定ですから従来の規定と取扱いを揃えたという側面もあると思われます。

そうすると同族オーナー家は社員として一般社団法人を支配し、同族会社の従業員３名を理事にすれば、特定一般社団法人等には該当しないことになります。同族オーナーが理事にならなければ従業員が同族理事に含まれることもないからです。本制度は租税回避防止税制ですから、実際に節税事例が登場すれば、将来的には社員も判定対象になるのかもしれません。ただ、社員も判定対象とする改正があれば、社員は田中家で、理事は山田家という一般社団法人では、社員と理事のいずれが亡くなっても相続税課税が起きることになります。

なお、非営利型法人の判定には、みなし理事の取扱いがあります。非営利型法人になるためには理事のうち同族理事が占める割合を３分の１以下とする必要がありますが、理事でない者でも一般社団法人の経営に従事している者（ただし職制上使用人としての地位のみを有する者はみなし理事の対象にはなりません。）は理事とみなされます（法令３③）。したがって理事とみなされた家族がいれば、非営利型法人の判定上、分母・分子にカウントされます。

これに対し、特定一般社団法人では法人税法施行令第３条第３項のような取扱いはありません。租税回避事例が生じることになれば、将来的にはみなし理事の規定が導入されるのかもしれません。

6　理事交代時の贈与税課税がないのはなぜか

本制度には課題がいくつか見受けられます。その１つが課税対象となる純資産の計算方法です。純資産を同族理事の数で均分しますので、同族理事を増やすとそれだけで課税額が薄められるのです。時価純資産１億円で理事が１名の一般社団法人でしたら、相続税の課税対象は１億円ですが、家族４人が追加して理事になれば課税対象は５分の１になります。

第1編　制度基礎解説

> 純資産１億円÷５人（同族理事の数）＝2,000万円（課税対象）

　また、理事の追加や交代時に贈与税の課税がありません。これには大ざっぱな制度との印象を持たざるを得ません。株式会社であれば生前に株式を子供などに譲るには売買や贈与が必要ですから税負担が生じます。

　例えば父親は早めに退任し、子、孫を順に理事にして理事の死亡が起きないようにすれば、相続税課税はいつまでも起きないことになります。余裕のある段階で理事を交代し５年縛りに抵触しないようにするのです。

　なぜ理事の交代時に贈与税を課税しないのでしょうか。仮に理事になった家族がすぐに病気で退任し別の家族が理事になったような場合に短期間で理事が交代する場合、その度に贈与税を課税するのは酷だと思います。贈与税を課さない制度にしたのはやむを得ないでしょう。

7　適用時期と経過措置

　本改正は平成30年４月１日以後の理事の死亡から適用されますが、経過措置がもうけられており、平成30年４月時点で存在する一般社団法人の場合は、平成33年４月以後の相続から適用されます。またこの場合、平成30年３月以前の期間は同族による過半数支配がなかったものとみなします。

> 　本改正は、平成30年４月１日以後の一般社団法人等の理事の死亡に係る相続税について適用する。ただし、同日前に設立された一般社団法人等については、平成33年４月１日以後の当該一般社団法人等の理事の死亡に係る相続税について適用し、平成30年３月31日以前の期間は同族理事割合が２分の１を超える期間に該当しないものとする。（附則第43条⑥）

66

2 平成30年度税制改正による一般社団法人に対する相続税課税制度の創設

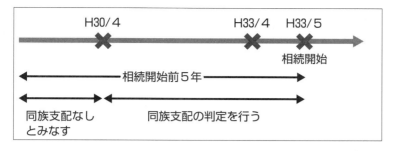

　一見分かりにくいですが、既存の一般社団法人に関しては、相続開始前の5年判定に関して平成30年3月31日以前は同族理事による支配がなかったものとみなします。たとえば、平成33年4月1日までの間に親族外の理事を追加するなどして同族支配を外しておけば、平成33年4月以後、相続が開始した時点で同族支配の期間は3年未満になります。改正の影響が大きいので、対策期間を3年間設けているのです。

8　課税区分を変更する場合の課税関係

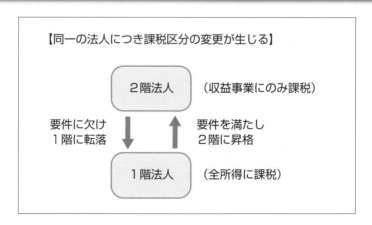

　今後は、相続税課税を避けるために1階法人が2階法人を目指すことが1つの課題となります。この時は課税区分が切り替わることに伴う課税関係が生じます。2階法人になると34業種のみの収益事業課税へと切り替わるため、法人税法上は解散と設立があったものとみなします。課税所得の範囲が変更するため、全所得課税時代の課税関係を清算する必要があるか

67

第1編　制度基礎解説

らです。貸倒引当金や特別勘定を取り崩し、一括償却資産の残存簿価を損金に算入するなどの処理を行います（法令133の2⑤）。また、青色欠損金は繰り越すことができず、繰戻し還付によって清算されます（法法10の3）。

　なお、固定資産について時価評価は行いません。移行後に固定資産を売却しても、そこで実現した利益は非営利活動や共益活動に供されることや、未実現所得への課税は適当でないことからです。

　また、2階の法人が特定の者に利益を与えるなどして1階に転落した場合は、収益事業課税時代に課税されなかった未課税の累積所得金額が益金に算入され、一括課税されることになります。累積欠損金額がある場合は損金に算入します（法法64の4①）。具体的には以下の算式で計算されます。

> 累積所得金額　＝資産の帳簿価額－（負債の帳簿価額＋利益積立金額）

> 累積欠損金額　＝（負債の帳簿価額＋利益積立金額）－資産の帳簿価額

資産	負債	
	利益積立金額 （課税済利益）	
	未課税部分	…… この部分に課税

68

3 信託

1 法務

(1) 信託とは

　信託とは、委託者が受託者に財産を譲渡し、受益者のために管理・運用・処分を行わせる行為です。

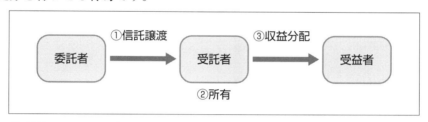

　典型的には、この信託譲渡は無償で行われます。それは信託目的に従って受託者が信託財産を管理・運用・処分することについて信頼関係があるからです。まさに委託者は受託者を信じて託すのです。

　注意すべきは、受託者は信託財産の所有者となりますが、それはあくまでも受益者のために管理・運用・処分をするための手段です。所有権があるからといって、受託者自身で随意に処分等できるわけではありません。

(2) 信託法

　信託法は、大正11年に制定されたのをその始まりとしますが、制定後はほとんど改正されることもなく、時代にそぐわないものとなっていきました。そこでさまざまな議論を経て平成18年12月に信託法の大幅な改正が行われ、信託法がより時代に即した制度になったのです。

　新しい信託法の中では、規定内容について現代語化を行った上で、受託

者の義務の内容を合理化し、受益者の権利行使の実効性・機動性を高めるための規定を整備しました。その他、多様な信託のニーズに対応するために、新たな類型の信託の制度を創設したなどの点で、大幅に利用者の使い勝手を高める改正といえます。

(3) 信託の登場人物と信託の類型

典型的な信託では、3人の登場人物がいます。元の財産を持っている委託者、委託者から財産を信託譲渡によって取得して、財産の管理処分など必要行為を行う義務を負う受託者、そして、受託者の行う信託行為によって利益を受ける受益者です。

このように、委託者＝受益者である信託のことを自益信託と呼びます。例えば、高齢化して判断能力が低下した場合に、自己の財産管理のために用いられる手法です。

第1類型と異なり、委託者≠受益者である信託のことを他益信託と呼びます。父が自分の財産を弁護士に託して、息子のために運用管理を任せるために用いることができる手法です。

税制上は、この第1類型（自益信託）と第2類型（他益信託）の区別が1つのポイントになります。

これまでの信託では、自分の財産を他人に託する行為、信託譲渡が前提となっていましたが、この第3類型では、委託者＝受託者となる信託であるため、信託譲渡がありません。ある時から、自分の所有する財産は他人のための所有であると宣言するもので、信託宣言あるいは自己信託と呼ばれます。

最後に、受益者が存在しない信託であり、目的信託といわれる類型です。

目的信託には受益者が存在しないため、受託者としては受益者の利益のためでなく、信託の目的に従って、管理、運用、処分を行っていくことになります。

これによれば、ペットのように権利能力がないため受益者となることができないもののためにも、信託を設定することが可能となります。

2 登記

(1) 概要

不動産を信託の目的として、受託者に信託した場合、委託者から受託者への信託を原因とする所有権移転登記と同時に、目的とされた不動産が信託財産である旨の信託の登記を行います（不登法98①）。

信託によって、委託者から受託者へ不動産の所有権は移転しますが受託

第1編　制度基礎解説

者固有の財産ではないため、債権者などの利害関係者にも判断がつくように
にする趣旨です。

　不動産に関する信託の登記の規律は不動産登記法の第97条から第104条
の2においてなされています。また通達として「信託法等の施行に伴う不
動産登記事務の取扱いについて（通達）」（平成19年9月28日付法務省民二
第2048号）」が発出されています。

　この通達は、登記簿の記載例が掲載されるなど信託の登記の理解をする
上で役立ちます。

(2)　共同申請

　不動産を信託の目的にした場合は、委託者（所有者）と受託者の共同申
請によって、所有権移転の登記を行うのと同時に、その所有権の移転が信
託である旨の信託の登記をします（不登法60、98①）。

　受託者が信託財産である金銭をもって不動産を購入した場合は、所有権
の移転を受けるのと同時に、受託者が単独で信託の登記をします。

　委託者が単独で行う自己信託（信託宣言）の場合も委託者でもある受託
者が単独で信託の登記を行います（不登法98②）。

(3)　登記事項

　信託の登記の登記事項は、次の「■信託の登記事項一覧」のとおりです。
これらの事項は、信託目録に記載され、信託に関する多くの情報が不動産
の登記事項証明書とともに、誰でも取得可能な情報として、一般に公示さ
れます。

　受益者の氏名または名称及び住所については、信託管理人や受益者代理
人を選任し登記したときは、登記を省略することができます（不登法97②）。
受益者が多数存在する場合や、受益者の情報をあまり積極的に公示したく
ない場合に利用することが考えられます。

　また信託目録中の「信託条項」の欄には信託契約のうちから、重要な事
項を司法書士が抽出して記載することになります。受益者が分配を受ける

72

金銭の額や割合を記載しなければならないというわけではありませんので、公示に馴染まないと判断する事項については事前に司法書士に要望を伝えておくといいでしょう。

■信託の登記事項一覧

1	委託者、受託者及び受益者の氏名または名称及び住所
2	受益者の指定に関する条件または受益者を定める方法の定めがあるときは、その定め
3	信託管理人があるときは、その氏名または名称及び住所
4	受益者代理人があるときは、その氏名又は名称及び住所
5	受益証券発行信託であるときは、その旨
6	受益者の定めのない信託であるときは、その旨
7	公益信託であるときは、その旨
8	信託の目的
9	信託財産の管理方法
10	信託の終了の事由
11	その他の信託の条項

※　上記の2から6のいずれかを登記をしたときは、受益者の氏名または名称及び住所の登記をすることを要しない。

【登記事項証明書（信託の設定）】

権　利　部（甲区）		（所有権に関する事項）	
順位番号	登記の目的	受付年月日・受付番号	権利者その他の事項
3	所有権移転	平成10年3月5日第1234号	原因　平成10年3月5日売買 所有者　東京都千代田区○○一丁目1番1号 　　　　加藤太郎
4	所有権移転	平成30年4月1日第4321号	原因　平成30年4月1日信託 受託者　東京都千代田区○○一丁目1番1号 　　　　一般社団法人加藤財産管理
	信託	余白	信託目録第123号

第1編　制度基礎解説

【信託目録】

信　託　目　録		調整	余白
番　　　号	受付年月日・受付番号	予　　　　備	
第123号	平成30年4月1日 第4321号	余白	
1　委託者に関する 　　事項	東京都千代田区○○一丁目1番1号 　加藤太郎		
2　受託者に関する 　　事項	東京都千代田区○○一丁目1番1号 　一般社団法人加藤財産管理		
3　受益者に関する 　　事項等	受益者　東京都千代田区○○一丁目1番1号 　加藤太郎		
4　信託条項	1　信託の目的 本信託の目的は、信託契約の定めに従い、受託者が信託財産を受益者のために管理、運用、処分することとする。 2　信託財産の管理方法 一　受託者は、本契約に別段の定めがある場合を除き、信託不動産の管理・運用につき受益者の指図に基づいて行うものとする。 二　受託者は、信託不動産に関する管理事務を受益者の同意を得て専門事業者に委託することができるものとする。 3　信託終了の事由 本信託は、次の各号のいずれかに該当したときは終了する。 一　信託期間（平成30年4月1日から平成40年3月31日まで）を経過したとき 二　信託不動産を売却したとき 4　その他の信託条項 一　本信託の受益権は、分割することができない。 二　受益者は、受託者の承諾を得なければ、受益権を譲渡または質入することができない。		

(4) 添付書類

　信託契約書に基づき司法書士が作成した登記原因証明情報、印鑑証明書
法人の場合であれば代表者事項証明書、住民票等、通常の売買や贈与の登
記と同じように添付書類が必要になります。信託の登記に特有の添付書類
として信託目録に記載すべき情報を記載した書面または情報を記録したＣ
Ｄ−Ｒを添付します（不登令別表第65参照）。

【信託の登記申請書（信託の設定）】

登記申請書

　登記の目的　所有権移転　信託

　原　　　因　平成30年4月1日信託

　権　利　者　東京都千代田区○○一丁目1番1号
　　　　　　　　一般社団法人加藤財産管理
　　　　　　　　（会社法人等番号　○○○○−○○−○○○○○○）
　　　　　　　　代表理事　　加藤太郎

　義　務　者　東京都千代田区○○一丁目1番1号
　　　　　　　　加藤太郎

添付書類
　登記原因証明情報　登記識別情報　印鑑証明書　住所証明書
　代理権限証書　信託目録

登記識別情報の通知について
　送付の方法により登記識別情報通知書の交付を希望します。
　送付先　代理人の事務所　東京都中央区○○町一丁目1番1号

平成30年4月1日申請　　東京法務局御中

　　　　　　　　　　　　　　代　理　人　東京都中央区○○町一丁目1番1号
　　　　　　　　　　　　　　　　　　司法書士　山田太郎　　㊞
　　　　　　　　　　　　　　　　　連絡先の電話番号　03−○○○○−○○○○

　課税価格　金○○円

　登録免許税　金○○円

不動産の表示
〜省　略〜

第1編　制度基礎解説

【登記原因証明情報（信託の設定）】

登記原因証明情報

１．登記申請情報の要項
(1)　登記の目的　　　　　　所有権移転及び信託

(2)　登記の原因　　　　　　平成30年4月1日 信託

(3)　当　事　者　　　　権利者　東京都千代田区○○一丁目1番1号
　　　　　　　　　　　　甲（受託者）　　一般社団法人　加藤財産管理

　　　　　　　　　　　　義務者　東京都千代田区○○一丁目1番1号
　　　　　　　　　　　　乙（委託者）　　加藤太郎

(4)　信託目録に記載すべき情報　　別紙「信託目録に記載すべき情報」記載のとおり

２．登記の原因となる事実又は法律行為
(1)　信託契約の締結
　　　平成30年4月1日、甲及び乙は本件不動産について管理又は処分を目的とする信託契
　　約を締結した。
(2)　所有権の移転
　　　(1)で締結した信託契約の規定により本件不動産の所有権は、同日信託を原因として乙
　　から甲へ移転した。

平成30年4月1日　　　　　東京法務局　御中
上記の登記原因のとおり相違ありません。

義務者　東京都千代田区○○一丁目1番1号
　　　　　　乙（委託者）　　加藤太郎　　　　　　印

３．不動産の表示
所　　在　　東京都千代田区○○一丁目
地　　番　　123番1
地　　目　　宅　地
地　　積　　123.12㎡

所　　在　　東京都千代田区○○一丁目123番地1
家屋番号　　123番1
種　　類　　居　宅
構　　造　　木造かわら葺2階建
床面積　　　1階　69.12㎡
　　　　　　2階　69.12㎡

76

登記原因証明情報としては、信託契約書そのものを登記原因証明情報として提出することもできます。しかし、利害関係人による添付書類等の閲覧制度が設けられている関係上、信託契約書そのものを提出すると、登記に無関係な信託に関する情報まで閲覧される恐れがあります（不登法121②）。この点司法書士が作成した登記原因証明情報を使用することにより、外部に出す情報を登記に必要なものだけに限定することができます。

(5)　登録免許税

　信託を原因とする不動産の移転登記については登録免許税は課されません（登法7）。ただし、移転登記と同時に行う信託の登記については不動産の価格の1,000分の4（土地の所有権に関しては、平成25年4月1日から平成31年3月31日までは、1,000分の3（措法72））が必要となります。信託受益権の譲渡についても、信託目録への受益者の変更登記を行えばよく、不動産1個につき登録免許税が1,000円課されるのみです（登法別表第一1⒁）。

3　会計

(1)　受託者の会計帳簿の作成の必要性

　信託において、受託者は、委託者から委託された財産を管理・運用し、受益者に対し受益権に基づき一定の利益を引き渡すことになります。このような受託者としての義務を果たすため、信託に係る会計帳簿を作成することが必要になります。また、信託における法制上の関係がそのまま税制上の関係とはならず、例えば受益者等課税信託（P86参照）に該当する信託から生ずる所得は税務上の受益者（以下「受益者等」といいます。）に帰属するものとみなされるため、課税の適正化を図るため、所得税法では、受託者に信託の計算書の提出を義務づけています。この計算書を作成する上でも会計帳簿の作成は不可欠です。

　なお、受託者が2以上の信託の受託者となっている場合は、その信託契

第1編　制度基礎解説

約ごとに信託帳簿を作成します。

　以下、受益者を個人とする受益者等課税信託を前提とし、一つの信託契約に係る計算書類等の取扱いとして説明します。

(2)　受託者が作成する計算書類等

①　信託法の計算書類

　受託者は、信託事務に関する計算並びに信託財産に属する財産及び受託者が信託財産に属する財産をもって履行する責任を負う債務、つまり信託財産責任負担債務の状況を明らかにするため、信託財産に係る帳簿その他の書類（「信託帳簿」）を作成しなければなりません（信託法37①、信託計算規則4①）。そして、毎年一回、一定の時期に、財産状況開示資料を作成し、受益者に報告する必要があります（信託法37②③、信託計算規則4③）。

　財産状況開示資料とは、貸借対照表、損益計算書、財産目録などの信託財産に属する財産及び信託財産責任負担債務の概況を明らかにするもので、信託帳簿に基づいて作成される必要があります（信託計算規則4④⑤）。

　信託帳簿は、一の書面その他の資料として作成することを要せず、他の目的で作成された書類をもって信託帳簿として転用することができます（信託計算規則4②）。

　限定責任信託や、全ての受益権に譲渡制限がなく、かつ、その信託の受託者が信託財産に属する財産のうち主要なもの等の売却等の権限を有している信託については、会計帳簿・計算書類等について信託計算規則にある程度の特別の定めがありますが、それ以外の信託については上記以外の信託帳簿・計算書類の作成上の決まりはありません。

　なお、信託帳簿の保存期間は、原則としてその作成の日から10年間です（信託法37④）。

3 信託

■受託者の作成すべき書類と提出先及び提出時期等（信託の事務年度が１月１日から12月31日の場合）

	作成・提出すべき書類	提出先	提出時期等
信託設定時	信託に関する受益者別（委託者別）調書及びその合計表（相法59③）	信託の業務を行う営業所等の所在地の所轄税務署長	信託設定の日の属する月の翌月末日
信託期間中の各年	信託の計算書及びその合計表（所法227）	受託者の事務所等でその信託に関する事務を取り扱うものの所在地の所轄税務署長	翌年１月31日まで
	信託の計算書の写し	受益者等	翌年３月15日の受益者等の確定申告に間に合うように
	貸借対照表・損益計算書等の信託帳簿（信託法37②③）	受益者	一定の時期
	信託に関する受益者別（委託者別）調書及びその合計表（受益者等が変更された場合又は信託に関する権利の内容に変更があった場合）（相法59③四）	信託の業務を行う営業所等の所在地の所轄税務署長	信託設定の日の属する月の翌月末日
信託終了時	信託に関する受益者別（委託者別）調書及びその合計表（相法59③）	信託の業務を行う営業所等の所在地の所轄税務所長	信託設定の日の属する月の翌月末日

② 信託の計算書（所得税法上の提出書類）

　受益者等課税信託の受託者は、その信託の計算書及びその合計表を、毎年翌年１月31日までに、その受託者の事務所、事業所その他これらに準ずるものでその信託に関する事務を取り扱うものの所在地の所轄税務署長に提出しなければなりません。信託の計算書は受益者等別に作成し、次に掲

79

第1編　制度基礎解説

げる事項を記載します（所法227、所規96①）。

① 　委託者及び受益者等の氏名又は名称及び住所等又は本店若しくは主たる事務所
の所在地
② 　その信託の期間及び目的
③ 　前年12月31日におけるその信託に係る資産及び負債の内訳並びに資産及び負債
の額
④ 　前年中におけるその信託に係る資産の異動並びに信託財産に帰せられる収益及
び費用の額
⑤ 　受益者等に交付した信託の利益の内容、受益者等の異動及び受託者の受けるべ
き報酬等に関する事項

「収益及び費用の明細」の「収益の内訳」及び「費用の内訳」並びに「収
益の額」及び「費用の額」の項は、各種所得の基因たる信託財産の異なる
ごとに収益及び費用の内訳並びに当該収益及び費用の額を記載します。「資
産及び負債の明細」の「資産及び負債の内訳」及び「資産及び負債の額」
の項には、各種所得の基因たる信託財産の異なるごとに区分してその信託
財産に属する資産及び負債の内訳並びに資産及び負債の額を記載します。

つまり、この信託の計算書は、受益者等の信託に係る所得を報告するも
のと理解できます。

なお、各人別の④に掲げる信託財産に帰せられる収益の額の合計額が
３万円（当該合計額の計算の基礎となった期間が１年未満である場合には、
１万５千円）以下であるときは、その信託に係る計算書は、提出不要です
（所規96②）。ただし、④の収益の額に確定申告を要しない配当所得（措
法８の５①二～四）の配当等が含まれる場合は提出不要とはなりません。

3 信託

【信託の計算書】

信 託 の 計 算 書

（自 平成30 年 1 月 1 日 至 平成30 年 12 月 31 日）

○番号欄に個人番号（12桁）を記載する場合には、右詰で記載します。

信託財産に帰せられる収益及び費用の受益者等	住所（居所）又は所在地	愛知県豊橋市〇〇〇		
	氏 名 又 は 名 称	内藤 太助	番 号	
元本たる信託財産の受 益 者 等	住所（居所）又は所在地	愛知県豊橋市〇〇〇		
	氏 名 又 は 名 称	内藤 太助	番 号	
委 託 者	住所（居所）又は所在地	熊本県熊本市中央区〇〇〇〇		
	氏 名 又 は 名 称	岡野 訓助	番 号	
受 託 者	住所（居所）又は所在地	広島県福山市〇〇〇		
	氏 名 又 は 名 称	濱田 伝助	（電話） 084-＊＊＊-＊＊＊＊	
	計算書の作成年月日	平成31 年 1 月 15 日	番 号	

信託の期間	自 平成30 年 1 月 1 日 至 平成49 年 12 月 31 日	受益者等の異動	原 因	
信託の目的	不動産の管理・運用		時 期	

受益者等に交付した利益の内容	種 類	現金	受託者の受けるべき報酬の額等	報酬の額又はその計算方法	年200,000円（固定）
	数 量	1,000,000円		支払義務者	岡野 訓助
	時 期	平成30年3月31日		支払時期	平成30年3月31日
	損益分配割合			補てん又は補足の割合	

収 益 及 び 費 用 の 明 細

	収 益 の 内 訳	収 益 の 額				費 用 の 内 訳	費 用 の 額		
収益	賃貸料	2	400千	000 円	費用	固定資産税	550千	000 円
						雑費	289	000
	合 計	2	400	000		合 計	839	000

資 産 及 び 負 債 の 明 細

	資産及び負債の内訳	資産の額及び負債の額			所 在 地	数 量	備 考
資産	預金		361千	000 円	熊本県熊本市		県民信用金庫市民支店
	土地	46	000	000	熊本県熊本市中央区〇〇	153㎡	
	合 計	46	361	000	（摘要）		
負債							
	合 計						
	資産の合計－負債の合計	46	361	000			

整 理 欄	①	②

81

第1編　制度基礎解説

(3)　会計帳簿の作成

①　税法基準による会計帳簿の作成

　信託帳簿から作成する貸借対照表・損益計算書は、企業会計における貸借対照表・損益計算書同様と考えていいでしょう。つまり、企業会計における会計帳簿と同様の記帳を行えば、信託法の要請による貸借対照表・損益計算書が作成できます。

　ところで、受益者等課税信託では、信託から生ずる収益及び費用は受益者等に帰属するものとされます（所法13①本文、法法12①本文）。しかし、信託法で定められている受託者から受益者への貸借対照表・損益計算書の報告の制度は、受益者の税務申告に資することを考慮しているものではありませんので、受益者等はこの報告だけでは適切な所得税の確定申告はできません。

　一方、受託者は受益者等の所得を報告する役割がある信託の計算書を作成し、税務署長へ提出します。信託の計算書を受益者等へ交付する義務はありませんが、この計算書に記載されている収入及び費用が受益者等の所得税の確定申告に関する総収入金額及び必要経費になります。

　そこで、受託者が作成する会計帳簿は、信託の計算書の作成ができる＝受益者等の所得税の確定申告の基礎資料となるように、個人事業主の税務申告用の会計帳簿を作成するのと同様に、税法基準により作成すべきといえます。また、信託の計算書の写しも受益者等に交付すべきです。

　なお、P42で説明したように、信託法では財産状況開示資料を信託帳簿に基づき作成することを求めていますが、この信託帳簿は、他の目的で作成した書類を転用できますから、税法基準による税務申告用の会計帳簿を作成すれば法制上の要求も事足ります。

　このように、実質的には受益者等の確定申告のために信託帳簿を作成することになりますので、信託の事務年度は暦年（1月1日から12月31日まで）としたほうがいいでしょう。これ以外の期間を信託の事務年度とした場合は、信託の計算書と受益者等の確定申告の基礎資料の2つを別の時期

に作成する必要が生じてしまいます。

② 会計ソフトを利用した会計帳簿の作成

このように、受託者は信託帳簿としての会計帳簿を税法基準により作成することが効率的と思われますが、その作成手段は、市販の会計ソフトで十分で、また、最も簡便でしょう。

次の「4 税務」で解説するように、補助科目や部門の設定はするものの、ほとんど一般的な会社や個人事業と同様に扱うことができます。ただし、受益者等課税信託には資本金という概念がありませんので、信託設定時の勘定科目名の設定及び仕訳には注意が必要です。例えば、信託財産の受け入れに係る貸方の勘定科目は、信託拠出金（資本金勘定の名称を変更したもの）を使うといいでしょう。

なお、所得税法では、受益者等が青色申告者であれば、業務について帳簿書類を備え付けてこれに取引を記録し、帳簿書類を保存することとされています（所法148①）。そして、青色申告特別控除の65万円（平成32年分より原則55万円）控除を受ける場合は、不動産所得の金額又は事業所得の金額に係る一切の取引の内容を詳細に記録していることが必要です（措法25の2③⑤）。また、平成26年分からは、事業所得等を有する白色申告者は前々年分又は前年分のいずれかの年分の不動産所得、事業所得又は山林所得に係る所得の金額の合計額が300万円以下であっても、記帳及び帳簿等の保存義務が課せられています（所法232）。

信託に係る取引についても、受益者等に対し、上記の帳簿書類の備え付け、記録及び保存の義務が適用されるかどうかは法令上明確に読み取れませんが、受託者は、これらの義務に耐えられるような体制が必要です。

③ 税法基準による会計処理等

受託者は、企業会計をベースにし、かつ、受益者等の所得税の確定申告を念頭におきながら、税法基準に基づく会計処理を行います。

税法基準に基づく会計処理とは、一言でいえば、特別な調整をしないで所得税の確定申告ができるような会計処理です。

受益者等課税信託では、信託から生ずる所得は受益者等に帰属すること

第1編　制度基礎解説

になります（P86参照）。ですから、たとえば信託財産の一部を預金していた場合の預金の利子は源泉分離課税とされます。また、土地を信託財産とし、それを運用することを信託目的としている場合、一般的には不動産所得が生じますが、時間極駐車場事業も行っている場合には事業所得又は雑所得も発生します。このように、信託から生ずる所得について課税方法や所得区分が異なることがありますので、これらが異なるごとに勘定科目を分ける、部門管理する、又は補助科目を付けるなどしたほうがよいでしょう。

　なお、受益者等が青色申告者である場合は、信託ごとに青色決算書を作成することになります。一般的に不動産所得と事業所得がある場合の貸借対照表は合算して作成可能ですから、貸借対照表科目は所得区分ごとに分ける必要はないこととされています（所基通148-1）。しかし、信託の計算書には、各種所得の基因たる信託財産の異なるごとに区分して信託財産に属する資産及び負債の内訳並びに資産及び負債の額を記載するので、資産及び負債も所得区分ごとに管理できるようにしたほうがいいでしょう。

④　**受益者等の所得税の確定申告の留意点**

　受益者等は、信託から生ずる所得について確定申告をします。そして、信託から生じる不動産所得を有する受益者等は、信託ごとに損益計算書又は収支内訳書を作成する必要があります。信託以外に不動産所得を生ずべき業務を営んでいる場合は、信託に係る損益計算書又は収支内訳書と区分して損益計算書又は収支内訳書を作成します（措法41の4の2③、措令26の6の2⑥⑦、措規18の24、措通41の4の2-1）。

　なお、受益者等について不動産所得の金額の計算上生じた損失の金額があるときは、その損失の金額は一定の順序により、他の各種所得の金額から控除することとされています（所法69①）。しかし、信託から生ずる不動産所得について損失が生じている場合は、その損失額は生じなかったものとみなされ、損益通算はもちろん、他の不動産等の貸付けに係る所得との通算もできないことになります（措法41の4の2①、措令26の6の2④）。この場合において、複数の信託契約があるときは、信託契約ごとに信託か

84

ら生ずる不動産所得の損失ごとに生じなかったものとみなされるため、他の信託契約に係る不動産所得の金額との通算もできません。

⑤　その他の信託に関して受託者が作成すべき税務上の書類

　信託に関する受益者別（委託者別）調書及びその合計表は、受託者が信託に関して税務署に提出する義務のある書類です。

　上記(2)の②の信託の計算書は、信託に係る所得に対する課税を担保するものですが、信託に関する受益者別（委託者別）調書は、信託の設定や受益者等の異動等による贈与税・相続税の課税を担保するものといえます。

　信託に関する受益者別（委託者別）調書は、次に掲げる事由が生じた場合には、当該事由が生じた日の属する月の翌月末日までに、受益者別（受益者としての権利を現に有する者の存しない信託にあっては、委託者別）の調書を信託の業務を行う営業所等の所在地の所轄税務署長に提出します（相法59③、相令30②、相規30⑦、31）。

---

① 　信託の効力が生じたこと（当該信託が遺言によりされた場合にあっては、当該信託の引受けがあったこと。）。
② 　受益者等が変更されたこと（受益者等が存するに至った場合又は存しなくなった場合を含む。）。
③ 　信託が終了したこと（信託に関する権利の放棄があった場合と信託に関する権利が消滅した場合を含む。）。
④ 　信託に関する権利の内容に変更があったこと。

　ただし、受益者（受益者としての権利を現に有する者の存しない信託にあっては、委託者）別に当該信託の信託財産の相続税評価額が50万円以下であることや、その信託が自益信託であることその他の財務省令で定める事由に該当する場合は、提出は不要です。

4　税務

　信託に関する課税関係は、受益者が信託財産を有するものとみなして、信託財産における収益発生時に受益者に課税するのが原則です。このような原則的な信託類型を受益者等課税信託といいます。

第1編 制度基礎解説

　この原則に対する例外として、受益者が信託財産における収益の発生時ではなく、受益者による受領時に受益者に課税される集団投資信託という類型もあります。

　一方で、受益者が現に存在しない場合などは、信託財産自体を法人（会社）とみなして受託者に課税します。これは法人課税信託と呼ばれる類型です。

(1)　受益者等課税信託

①　基本的な考え方

　信託については、原則として、受益者に対して課税が行われます。これは、法律上、信託した財産の所有権が、委託者から受託者に移転しているとしても、税法上は、実質的な信託財産の所有権は受益者にあると考えるためです。実質所得者課税の原則（所法12、法法11）からは当然の考え方です。

　したがって、信託財産に属する資産及び負債は、受益者が有するものとみなし、その信託財産から生じる収益及び費用も受益者の収益及び費用とみなして、所得税及び法人税が課されることになります（所法13、法法12）。

　例えば、賃貸物件を信託財産として信託設定をしても、委託者が受益者となる自益信託であれば、委託者＝受益者のため、税務上は財産の移転が生じず信託設定時には課税関係が生じません。その後の賃料収入や必要経費は、受益者である委託者に帰属するため、委託者は今までと同様に不動産所得の申告をすることになります。

　また、自益信託ではない場合に適正な対価を負担せず受益者となった個人（受益権を取得した個人）に対しては、委託者からの相続又は贈与として相続税又は贈与税が課されます（相法9の2）。これも、受益者が信託財産の所有権を有することになるという考え方に基づいた課税関係です。

　先ほどの例でいうと、賃貸物件を信託財産として信託設定をし、賃貸物件からの利益を受益権として与える場合、委託者≠受益者となる他益信託

86

であれば、その受益者は委託者から贈与により賃貸物件を取得したものとみなされ、贈与税が課されます。当然、信託後の賃貸物件に係る不動産所得は、受益者が申告することになります。

このように受益者に対して課税が行われる信託を、受益者等課税信託と呼びます。

この受益者等課税信託では、税法上、受託者は信託財産を預かっているだけなので、受託者において課税関係は生じません。

② 受益者の範囲

税法上の受益者の定義は、以下のものとされており、信託法上のそれと比べ範囲が異なっています。（所法13②、法法12②、相法9の2①⑤）。

「受益者としての権利を現に有する者」＋「みなし受益者（特定委託者）」

「受益者としての権利を現に有する者」とは、現時点での収益の受益者や残余財産受益者をいいます。これに対して、帰属権利者は含まれません。なぜなら、帰属権利者は信託終了時にはじめて受益者となるもので、現時点では受益者としての権利を有していないためです。同じ考え方から、委託者兼受益者が死亡することにより受益者となる者についても、委託者生存中はまだ受益権を行使できず、現時点では受益者に該当しません。

また、残余財産受益者については、受益者とはいえ、実際に残余財産の給付が受けられるかどうかなど不確実な部分が多いことも事実です。そこで、一般的には、その権利が確定するまでは受益者としての権利を現に有する者には該当しない旨の解説がされています（相基通逐条解説第9条の2関係-1）。

次に「みなし受益者（特定委託者）」とは、信託の変更に関する権限を有し、かつ、信託財産の給付を受けることとされている者をいいます。これは、信託財産の給付を受けることとされている者であれば、信託の変更に関する権限を行使すれば、いつでも実質的な受益者になることができるからです。

具体的には、帰属権利者となっている委託者（実質的に残余財産の受益

者であるため）、残余財産の帰属に関する定めのない信託における委託者（残余財産が委託者に給付されるため）、停止条件付きで信託財産の給付を受ける者で信託の変更権限のある者（停止条件の変更をすれば受益者になれるため）がみなし受益者となります。

なお、信託の変更に関する権限とは、信託の目的に明らかに反しない場合のみ変更できるような軽微なもの以外の権限です。

③ 信託設定時の課税関係

信託設定時には、法制上は委託者から受託者への信託財産の譲渡が生じます。この場合の課税関係ですが、委託者＝受益者の自益信託と委託者≠受益者の他益信託では、異なります。

自益信託では、課税関係は生じません。これは、税法上、受益者が信託財産を有しているものとみなされるため、委託者から受益者への財産の異動がないためです。

一方、他益信託では、委託者から受益者へ信託財産そのものの移転があったものとみなされます。したがって、信託設定時に受益者から委託者へ適正な対価が支払われない場合には、受益者に贈与税や法人税が課されることになります。

また、不動産を信託財産とする信託設定時には、不動産移転登記と信託登記の２つの登記が必要になります。信託登記には以下の登録免許税が必要となりますが、不動産移転登記に伴う不動産取得税と登録免許税は、登記簿上の形式的な所有権移転に過ぎないことから課されません（登法７①、地法73の７三）。

	土　地	建　物
登録免許税	0.4%（注）	0.4%

（注）平成31年３月31日まで0.3%の軽減税率

④ 信託設定期間中の課税関係

受益者が、信託財産を有しているものとして課税関係が生じます。例えば、賃貸物件を信託財産として信託設定をした場合、受益者にその賃料収

入や必要経費が帰属し、受益者が不動産所得を申告することになります。この場合、収益等は、受領時ではなく発生時に認識します。

　通常の不動産所得の申告と異なる点は、組合税制と同様に、信託から生じた不動産所得の損失について制限が課されている点です（措法41の4の2）。

　受益者が個人の場合には、受益者の不動産所得の金額の計算上、信託で生じた損失は切り捨てられ、純損失としての繰越しや他の所得との損益通算はできません。

　なお、信託は組合税制と異なり、能動的活動をする受益者が観念できないため、この制限規制の適用除外の要件を満たさない、つまり、必ず適用されるという点には注意が必要です。

　法人が受益者の場合にも、同様に信託から生じる損失に対する規制はありますが、個人の場合とは少し異なります。具体的には、受益者が負う責任限度額に対応して、信託財産の価額までの損失を認め、これを超える部分については、信託終了時まで損金としないという仕組みになっています。ただし、その後の期間で生じる信託利益との相殺は認められます。

　ただし、法人が受益者の場合には、不動産を信託した場合に限らず、その他の信託財産から生じる損失についても制限の対象になることに注意が必要です。

⑤　信託終了時の課税関係

　信託終了時には、残余財産の給付を受ける権利が確定し、残余財産受益者又は帰属権利者に信託財産が移転します。そのため、残余財産の給付を受ける権利が確定した時に、その時における価額で信託財産を移転したものとして課税関係が生じます（所法67の3⑥、相法9の2④）。

　ただし、残余財産受益者については、上記②のとおり、信託設定時に課税を受けていない残余財産受益者のみが、このタイミングで課税を受けることになります。

　また、信託終了によって、残余財産受益者又は帰属権利者が不動産である信託財産を取得した場合には、所有権移転に伴う登録免許税と不動産取

第1編　制度基礎解説

得税が課されます（登法7①二、地法73の7四）。

　ただし、自益信託の場合には、その信託の終了によって信託財産を取得する者が委託者であれば、信託設定時から実質的な信託財産の移転がないため、これらの課税関係は生じません。

(2)　集団投資信託、退職年金等信託、特定公益信託

　集団投資信託とは、合同運用信託や証券投資信託などの投資信託及び特定受益証券発行信託をいいます（所法13③一、法法2二十九）。また、退職年金等信託とは、従業員に対する退職金等として、信託を用いて社外に積立給付する仕組みとしての信託などをいい（所法13③二、法法12④一）、特定公益信託とは、公益目的に使うための信託のうち、一定の要件を満たすものとして主務大臣の証明を受けたものをいいます（法法12④二）。

　これらは、受益者が信託財産を有するものとしてタイムリーに課税することは実務上不可能であることなどから、収益発生時ではなく、受益者に信託収入が分配された段階で受益者に課税することとされています。

(3)　法人課税信託

　法人課税信託とは、信託財産を法人（会社）とみなして、受託者に法人税を課税するものです（所法2①八の三、6の2、法法2二十九の二、4の6）。

　この法人課税信託は、以下のように分類できます。

i　受益者が存在しない又は特定できないもの
「受益者、みなし受益者が存在しない信託」及び 「受益権を表示する証券を発行する旨の定めのある信託」

　これは、税法上の受益者がいないため、その身代わりとして信託財産を法人とみなして課税するものといえます。

ii	原則通りに受益者に課税を行うと租税回避に利用される恐れのあるもの
	「法人が委託者となる信託で、株主を受益者とする一定の信託」

iii	資産流動化等のために設けられているもの。
	「投資信託及び投資法人に関する法律第2条第3項に規定する投資信託」
	及び「資産の流動化に関する法律第2条第13項に規定する特定目的信託」

① 基本的な考え方

　信託については、原則として、受益者に対して課税が行われますが、法人課税信託に分類される信託は、その例外です。信託財産に属する資産及び負債は、信託財産自体を法人とみなして、受託者に対し法人税が課されることになります。

② 信託設定時の課税関係

　信託設定時には、委託者から受託者への信託財産の贈与が生じます。この場合の課税関係ですが、委託者である個人には時価で信託財産を譲渡したものとして譲渡所得課税、受託者には信託財産の受贈益が生じ、法人税等が課されます。この場合、受託者が個人であっても、信託財産自体が法人とみなされますので、所得税ではなく、あくまで法人税等が課されることになります。

　この法人課税信託を利用し、単純に親から子に贈与すれば高税率で贈与税が課されるものを、信託設定時に受益者がいない信託にし、その後に子供を受益者にすれば、信託設定時に法人税等が課されるだけで、その後受益者となった子供に贈与税が課されないことがあり得ます。つまり、贈与税率と法人税率の差額分だけ租税回避に利用されてしまう可能性があります。そこで、このような租税回避を防止するため、将来の受益者として予定されている者が委託者の親族等である場合には、受託者において法人税ではなく、贈与税が課されます（相法9の4）。ただし、二重課税排除のため、贈与税が課される場合には、法人税等が贈与税から控除されます（相令1の10⑤）。

第1編　制度基礎解説

　この設定時の課税関係は、当初受益者等課税信託だったものが、途中で受益者が存在しなくなった場合も、その存在しなくなった時点において生じます。

　また、不動産を信託財産とする信託設定時には、不動産移転登記と信託登記の２つの登記が必要になります。信託登記には以下の登録免許税が必要となりますが、不動産移転登記に伴う不動産取得税と登録免許税は、登記簿上の形式的な所有権移転に過ぎないということから課されません（登法７①、地法73の７三）。

	土　　地	建　　物
登録免許税	0.4%（注）	0.4%

　　（注）　平成31年３月31日まで0.3%の軽減税率

③　信託設定期間中の課税関係

　信託財産を法人（会社）とみなして所得計算が行われるため、信託財産から生じる所得には、法人税等が課されます（法法４の７）。その申告納税義務者は受託者となりますが、受託者がたとえ個人であっても法人税等が課されることに変わりはありません。

④　受益者が出現した場合の課税関係

　受益者が現に存在しない信託に、受益者が存することになった場合には、税務上は、信託財産が受託者から新たな受益者に移転したものと整理されます。これは、信託財産に属する資産及び負債は受益者が有するものとみなす、という税法の原則があるためです。もちろん、この考え方は税法上だけであって、法制上は、信託の所有権は受託者のまま変わりありません。

　この場合、受託者から受益者へ、帳簿価額により信託財産が引き継がれたものとされるため、受託者において譲渡損益が計上されたり、受益者において受贈益等が計上されることはありません（所法67の３、法法64の３）。なお、この時点で、法人とみなされた信託財産は、解散があったものとされます（所法６の３五、法法４の７八）。

　しかし、この新たに存することとなった受益者が、信託契約時等におい

92

て存在しておらず、かつ、信託契約時等における委託者の親族である場合には、受益者において贈与税が課されます（相法9の5）。これは、通常の贈与における課税関係と平仄を合わせるためです。つまり、贈与時にまだ存しない者には、一旦、誰かを経由して贈与しなければ直接贈与できないため、2回の贈与（税）が生じます。信託を利用して、これを1回の贈与税のみで課税関係を終了させることを防止しているのです。なお、この場合も、受託者の課税関係に変わりはありません。

⑤　**信託終了時の課税関係**

受益者が存在しない信託が終了した時には、残余財産の給付を受ける権利が確定し、残余財産受益者又は帰属権利者に信託財産が移転します。そのため、残余財産の給付を受ける権利が確定した時に、その時における価額で信託財産を移転したものとして課税関係が生じます（所法13、法法12、相法9の2）。

ただし、残余財産受益者については、上記(1)の②のとおり、信託設定時に課税を受けていない残余財産受益者のみが、このタイミングで課税を受けることになります。

この場合、受託者においては、信託財産を時価で譲渡したものとされますが、対価を受け取らないことから寄附金認定がされます。また信託終了によって、残余財産受益者又は帰属権利者が信託財産を取得した場合には、所有権移転に伴う登録免許税と不動産取得税が課されます（登法7①二、地法73の7四）。

第2編

実践Q&A

第2編　実践Q&A

1　一般社団法人の設立と運営

Question

　株式会社の代わりに一般社団法人を用いることで、事業承継や相続対策に役立てると聞きました。具体的にはどのようにすればよいのか、教えて下さい。

Answer

　一般社団法人の行うことができる事業には、特段の制限がありません。設立も定款認証・登記だけで可能ですので、迅速な設立が可能です。設立には最低限2人が必要になります。

ポイント

(1)　一般社団法人の設立は株式会社とほぼ同様に考えてよい。

(2)　設立は社員2人以上がいれば可能で、理事は1人必要。

(3)　決算申告及び登記は株式会社とほとんど同じ。

(4)　一般社団法人の財産は法制上は相続財産にならない。

(5)　一般社団法人の純資産に相続税を課税する制度が創設された。

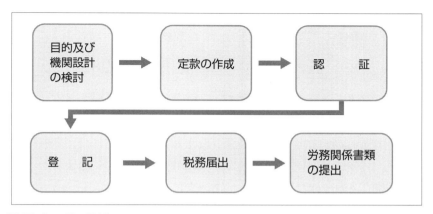

(税務上の諸手続)

① 1階法人あるいは2階法人になるかの決定
② 収益事業課税内容の検討(2階法人の場合)
③ 法人設立届出・青色申告承認申請(1階法人の場合)・消費税届出(共通)
④ 収益事業開始届・青色申告承認申請(2階法人の場合で収益事業開始時)
⑤ 法人税・法人地方税・消費税の申告(事業年度末から2か月以内)

解説

1 一般社団法人の設立

(1) 一般社団法人の設立手続

濱田●株式会社の代用として、一般社団法人を利用できるということですが、設立手続は、どのようになるのでしょうか。

白井●一般社団法人は、名前の通り人の集まり(社団)ですから、社員が2人以上必要になります。設立時社員2人以上が集まって、定款を作成し、公証人の認証を受けて、法務局で登記を行えば法人が設立できます。

第2編　実践Q&A

北詰●定款では、絶対的記載事項を押さえておけば、後は全てオプションと理解しておけばよいわけです。

白井●実務では税務を意識することが必要です。とくに個人から財産の寄附を受ける場合であれば、相続税法第66条第4項による贈与税課税を避ける必要があります。その場合の不当減少要件に抵触しないための要件が、平成30年度税制改正で明確化されました。具体的には、同族理事の割合を3分の1以下とすることと、残余財産が国等に帰属することを定款に記載しなければなりません（P41参照）。

濱田●本稿では最もシンプルな設立と運営を想定するので1階法人が前提となっています。ただ、1階法人は今後、同族理事死亡時に相続税課税の対象になります。ここで確認したいのはあえて1階法人を選択するのは実務上どのような場面になるかです。

白井●趣味の会や学術団体、専門家が共同で設立するコンサルタント会社などは、1階法人で運用される事例が今後も増えるでしょう。一般に同族支配が想定されないので改正の影響はありません。

濱田●共益型としての活用ですね。その場合は2階法人の要件を満たすのが通常ではありませんか。

白井●2階法人には、残余財産についての定款記載や利益供与の禁止など厳格な要件がありますから、自由な運営をしたい場合に、あえて1階法人を選択することはありそうです。

岡野●メリットは、法制上一般社団法人の財産は個人から独立することです。法人に所有させれば遺産分割の対象にはなりません。経営する会社の株式を保有させれば株主を誰にするかという問題から解放されます。

村木●相続人以外の者に財産を承継させる場合に使えます。生前贈与や遺言を作成するのは大きな決断がいります。そこで、一般社団法人に承継

98

させたい財産を所有させれば、理事の交代で事実上の資産の承継が可能ですから、状況の変化に応じて承継時期や方針を柔軟に変更できます。

内藤●これらの場合、理事の死亡時に相続税が課税されるわけですが、改正によって従来の節税効果が失われるだけで個人で資産を直接所有する場合と税負担はほぼ同じです。

白井●出資持ち分がないという個性を財産管理や事業に活かすという意味では、一般社団法人に大きなメリットがあることは変わりません。

(2) 株式会社の設立との異同

内藤●ということは、要するに、株式会社の設立とほとんど同じと考えてよいのでしょうか。

北詰●そうですね。設立までのスケジュールもほとんど同じです。敢えて違いを述べれば、まず、登記の手数料が一般社団法人の方が安いです。さらに、事業目的として営利性が不要なので、ボランティアのみを目的とする法人でも設立できます。

岡野●北詰さんの仰る営利性というのは、商売っ気があるかどうか、という意味ですね。

北詰●そうです。非営利法人というときの非営利は、構成員に分配を行わないという意味で使いますので、少しややこしいですね。

村木●あと、当然ですが、資本金の払込みがありませんよね。資本金と劣後債務である基金とを混同してしまう人が結構いるようですが、別物です。基金は登記されるのですか。

北詰●されません。基金は純資産の部に表示されますが、あくまでも債務に過ぎません。

第2編　実践Q&A

(3)　その他の設立手続

濱田●その他設立関係の手続で必要な事項は何がありますか。

白井●理事を1人選任することが必要ですね。ただし、社員と兼任できますので、自分と妻2人でOKです。

内藤●理事を3人以上設置しなくてはならないとか、監事を設置しなければならないという義務はないのですね。

北詰●敢えて定款で設置しない限り、負債が200億円以上の大規模法人以外は、任意設置ですね。

村木●ただし、理事1人では2階法人になることはできません。理事の定数が6人以上、監事の定数が2人以上で、理事会を設置することが2階法人の要件です。

濱田●株式会社における株主名簿のようなものを作成する必要があるのでしょうか。

北詰●あります。社員名簿の作成が必要です（一般社団法32）。社員が入れ替わってしまい、後で誰が社員か分からなくなる事態を避けるため、きちんと管理していくべきでしょうね。

白井●法人税申告書の別表2のような継続的な管理資料が税務ではありませんから、意識しておく必要がありそうですね。

村木●機関設計では、会計参与がない以外、他に株式会社との違いは特にないと考えておけばよいでしょうか。

北詰●そうですね。ただ、監査役会に対応する監事会というのはないのですが、皆さんの実務に弊害はないかと思います。

1 一般社団法人の設立と運営

(4) 税務関係の届出書類

岡野●法人税・源泉所得税・地方税・消費税関係の届出事項については、選択の基本は、株式会社と同じと考えてよいのでしょうね。

村木●そうですね。ただし、消費税については、一般社団法人は、特定収入計算の対象となります（消法60④）。会費収入がある場合以外は、まずほとんど出てこない論点でしょうけど、国や地方公共団体などから補助金収入を得た場合や、寄附金収入・受贈益のある場合は要注意でしょうね。

濱田●ところで、今回は１階法人を前提にしていますので、株式会社とほとんど同じなのですが、２階法人の場合は、届出の考え方が違うそうですね。

白井●この点については、まず、一定の要件を満たしている２階法人と満たさない１階法人とで法人税法上の所得区分が異なることを押さえておく必要があります。

　１階法人は全所得課税で無制限納税義務者ですが、２階法人は収益事業課税で制限納税義務者です。

　それを念頭に置くと、２階法人は収益事業課税なので、収益事業開始時に収益事業開始届出や青色申告届出書を提出すれば足ります。法人税の設立届出や青色申告届出書を、設立時に提出するわけではありません。

内藤●逆にいえば、法人設立届出を設立時に出せば、１階法人を選択したとの意思表示になりかねないのでしょうね。仮に、財産の寄贈を受けてしまっていた場合、１階法人であれば受贈益に課税されてしまいます。既に法人設立届出が出ていれば、課税を免れられないのでしょうね。

岡野●いや、これについては、決算をまたぐ前に税務署に相談して、取り下げることで２階法人の選択を許された例があるようです。もちろん、

101

第2編　実践Q&A

　理事数の同族3分の1以下要件などを満たしていたのでしょうけど。

村木●自分が選択しているのが2階法人なのか、1階法人なのかはきちんと認識しておく必要がありますね。特に2階法人は要件を満たさなければ選択できませんから。

濱田●ところで、収益事業がない2階法人を設立する場合はどうなるのでしたっけ。

白井●通常最低額の均等割だけ納付することになります（地法52②四・同312③四）。

内藤●定款の決算期に関係なく、前年4月1日から3月31日までの間に、事務所又は事業所を何ヶ月有していたかによって、毎年4月末までに申告・納付を行う必要があります。

岡野●免除制度もないので、注意が必要ですね。

村木●あと、法人設立届出の地方税分だけは提出が必要ですね。税務署が不要でも、都道府県や市町村が不要なわけではない点は、注意すべきでしょう。

濱田●なお、労務関係の届出の一覧は下記です。

■労働基準監督署への提出書類

・労働保険概算・確定保険料申告書
・労働保険　保険関係成立届
・就業規則届（常時10人以上の労働者を使用している場合）
※添付書類
・登記事項証明書　　・賃金台帳又は給与支払明細書
・労働者名簿　　　　・出勤簿又はタイムカード

1 一般社団法人の設立と運営

■ハローワークへの提出種類

・雇用保険適用事業所設置届
・雇用保険被保険者資格取得届（雇用保険の適用事業所となった場合10日以内）
※添付書類
・労働保険 保険関係成立届の写し（労働基準監督署の受理印を押してあるもの）
・登記事項証明書
・不動産賃貸借契約書の写し
・法人設立届出書の写し
・事業開始等申請書の写し
・法人税確定申告別表1（確定申告している場合）
・営業許可書等（許認可が必要な事業の場合）
・労働者名簿
・出勤簿又はタイムカード
・賃金台帳
・雇用保険被保険者証
・「雇用契約書」又は「雇入通知書」の写し（パート社員の人や期間の定めのある人）

(5) 設立時役員報酬の決定

白井●理事を選任した場合、理事報酬を支払うことになります。法人税法第34条の規制を受けますので、定期同額給与とするためには、設立時以後同額の給与を支給していく必要があります。

内藤●当然のようですが、社員は役員（一般社団法63①）ではありませんから、社員のみの地位では、役員報酬を得ることはできません。理事ないし監事を兼任して、理事あるいは監事としての報酬を得ることができるのにすぎません。

岡野●時折、理事や監事というだけで報酬を得てもいいのかとの質問がありますが、当然にダメです。この点は、株式会社と変わりません。

村木●最近の税務調査では、勤務実態のない同族関係者への給与支給は念査事項の1つですので、要注意ですね。

103

なお、設立後3か月以内の理事報酬の改定は、定期同額給与とすることが可能です（法令69①一イ）。

■一般社団法人の設立の流れ

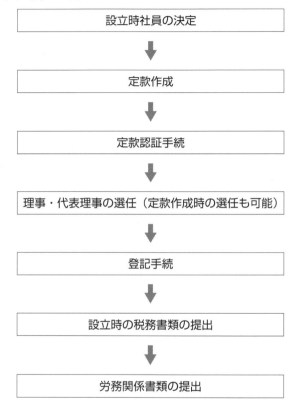

2 一般社団法人の運営

(1) 運営スケジュール

白井●一般社団法人の運営については、株式会社とほぼ同じスケジュール感で考えてよいのでしょうね。

北詰●そうですね。株式会社における株主総会が社員総会に置き替わり、代表取締役が代表理事に置き替わるというイメージで捉えて下さい。

1 一般社団法人の設立と運営

内藤●例えば３月末決算法人なら、税務申告期限に合わせて、５月末までに定時社員総会を行うのが通常です。

岡野●理事会を設けている場合には、その前に理事会での計算書類等の承認が行われる必要がありますが、理事会がない場合は、特に会議を開催する必要もありません。理事会がある場合には、３か月に１回以上開催する必要があります（一般社団法91②）。

(2) 決算報告

濱田●定時社員総会では、決算書の承認が行われることになりますが、この決算書を作成するのは、公益法人会計基準による必要があるのですか。

村木●いえ、３階法人あるいは旧民法第34条で設立されて、２階法人に下りてきた場合を除けば、その必要はありません。損益計算に基づいて適正な経理を行えば、一般に公正妥当と認められた企業会計の基準を準用して作成することで十分と考えられます（公益認定等委員会ＦＡＱより https://www.koeki-info.go.jp/commission/index.html）。

問Ⅵ-4-②（会計基準）
一般社団・財団法人はどの会計基準を使えばいいのでしょうか。

答

1　一般社団・財団法人が適用する会計基準について、特に義務付けられている会計基準はなく、一般に公正妥当と認められる会計の基準その他の会計の慣行によることが求められます（一般社団規21）。

　　そのため、平成16年改正基準や企業会計の基準を適用することも可能でありますが、どのような会計基準を選択する場合であっても、法令に則った書類を作成することが必要となります。

2　一般社団・財団法人においては、貸借対照表及び損益計算書並びにこれらの附属明細書の作成が義務付けられています（一般社団法123）。

　　ここにおいて義務付けられている書類は、損益計算をベースとして作成することを求めているため、例えば、旧公益法人会計基準（注）に基づく現金収支ベー

105

第2編　実践Q&A

スで作成されている計算書類では、法律で求められている書類とはみなされない
と考えられますので、損益計算を基礎とした会計基準に基づき、計算書類等を作
成することが必要と考えます。

（注）旧公益法人会計基準とは、昭和60年9月17日公益法人指導監督連絡会議決定によ
り公表された会計基準のことを指します。

3　なお、新制度に合わせて作成した公益法人会計基準は、新たに法律で定められ
た附属明細書や基金も含む会計基準でありますので、法人の会計処理の利便に資
するものと考えます。

(3)　会計帳簿と日常仕訳

白井●普段の仕訳も、今まで株式会社用で用いてきた会計ソフトを使えば
十分ですね。

内藤●違うのは、純資産の部で、資本金がなく、利益剰余金のみで経理処
理されることでしょう。

岡野●参考にいえば、公益法人会計基準では、この部分が、純資産の部と
なり、指定正味財産と一般正味財産とに区分しますが、複雑怪奇で通常
の中小企業実務には不要なので、本書では省略します。

村木●ただし、消費税計算だけは、特定収入計算があります（消法60④）
ので、一般の企業会計ソフトでは対応できない場合があります。中小企
業の利用ではあまり考える必要がありませんが、会費収入や補助金収入
がある法人で小規模免税事業者や簡易課税にならない場合には、注意が
必要かもしれませんね。

(4)　社員管理

濱田●ところで、社員の入退社については、どのように管理すればよいの
ですか。

① 入社

北詰●まず入社については、定款で定めた資格（一般社団法11①五）を満たせば、入社が可能です。総会決議を要するかどうかも、定款の定め次第です。

村木●ということは、総会決議を要しない規定であれば、資格さえ満たせば嫌なやつでも社員として入社させざるを得ないのでしょうか。

北詰●そうですね。理屈でいえば、そうなってしまうので、定款で総会決議を要するとしておくべきなのでしょう。

岡野●社員に相続が発生した場合、社員資格は相続の対象になりませんね。その相続人が社員になるにはどうしたらよいのでしょうか。

北詰●社員にしたければ、極端な話、息子さんの名前を定款の社員資格条項に加えておけばよいわけです。そこまでやらなくても、社員の相続人は社員資格を取得すると定めておくことになるのでしょうね。

② 退社

白井●退社についても同じように、定款の定めによることになりますか。

北詰●そうですね。定款で特に定めがなければ、社員はいつでも退社が可能です（一般社団法28①）が、1か月前までに申し出せよとか、社員総会の承諾を得るなどの条件を定款で付すことが可能です（同ただし書）。

それ以外にも、死亡すれば当然に退社となります（一般社団法29三）。

③ 除名

内藤●社員の中で気にくわないメンバーが出てきたので除名したいという場合はどうすればよいのですか。

北詰●この場合、注意すべきは、定款で定めても、正当な理由なくして除名はできないということです（一般社団法30①）。一旦人の結合としての社団に入れてしまった以上、そう簡単には辞めさせられないということでしょうね。

第2編　実践Q&A

岡野●その場合、社員総会の決議が必須なのですね。しかもその1週間前までに本人に通知して、弁明機会を与えなければならないというのですから、かなり大変ですね。

北詰●そうですね。信頼できるメンバー以外を社員にするのは危険です。

村木●おまけに除名したことは、本人に通知しないと、本人に対抗できない（一般社団法30②）のですね。

北詰●株式会社における株主とは違うという感覚が必要でしょうね。やはり、社員名簿をきちんと作っておいて管理することが実務的には重要でしょう。後で、誰が社員だか分からなくなります。

濱田●出資持分がない法人なので、法人税申告書別表2には出てきませんしね。

(5)　役員改選

白井●役員の任期については、理事2年（一般社団法66）・監事4年（一般社団法67）が既定値であり、株式会社と基本同じと理解しておけばよいですね。

北詰●そうですが、注意すべきは、非公開会社のように、定款の定めによる任期の伸長ができないのです。

内藤●株式会社だと登記懈怠になるような話は、まず聞きませんが。

北詰●そうですね。しかし、一般社団法人の任期については、誰が管理するのか注意しておかないと、登記懈怠で10万円程度の過料が代表者個人に課されることになりますね。

岡野●これって、法人が払っても損金にならないのでしょうね（法法55④一、法基通9-5-8（役員等に対する罰科金等））。

⑹ 社員総会の決議

村木●一般社団法人でも、株式会社同様に定款変更を必要とする場合があると思いますが、その場合の社員総会の議決権の考え方は、株式会社と同様と考えてよいのでしょうか。

北詰●全く違います。一般社団法人は、1人1議決権で頭数基準です（一般社団法48①）。

⑺ 事業譲渡・合併

濱田●一般社団法人における事業譲渡や合併については、一般社団法で定めがあるのでしょうか。

北詰●会社法と同様に定めがあります。事業譲渡については、社員総会の決議による必要があります（一般社団法49②五、147）。合併についても、第242条以下に規定があり、会社法とほぼ同様に考えることができますが、株主がいませんので、その点の違いはありますね。

内藤●会社分割はないのですね。医療法人などもありませんから、特に不思議ではないのかもしれませんが。

岡野●いえ、医療法人については、近年の改正で、分割が制度として導入されました。ただ、社会福祉法人など他の法人については未だに分割制度は存在しません。

白井●先の一般社団法第147条では「事業の全部の譲渡」としていますから、事業の一部譲渡であれば、社員総会決議は不要ということになりますか。

北詰●そうですね。理事会決議だけでいいのでしょう。ただし、役員の任務懈怠など責任を問われる可能性はあるでしょう。

岡野●合併の場合、合併当事者は一般社団法人と他の一般社団法人に限る

第2編　実践Q&A

のですか。

北詰●相手方は、一般財団法人の場合も認められています（一般社団法242）。ただし、一般社団法人が基金制度を採用している場合、基金の全部を返還しなければ、合併存続法人として一般社団法人を残す必要があります（一般社団法243②）。

村木●一般財団法人には基金制度がありませんから、一般社団法人を消滅させると基金の維持ができませんので、当然といえば当然ですね。

　代替基金の会計処理と税務上の処理については、P43を参照して下さい。

濱田●合併の場合、税制上で何か留意すべき点がありますか。

内藤●一般社団法人は、出資持分のない法人ですから、組織再編税制の適格要件におけるグループ判定による適格要件は登場しません。適格合併になるのは、共同事業要件が満たされた時のみです。この点は、誤解がないようにすべきです。

白井●さらに、適格合併になったから課税関係が一切生じないわけではない、というのも落とし穴かもしれませんね。全所得課税型の一般社団法人が、収益事業課税型の一般法人を吸収合併する場合、適格合併とされても、課税所得範囲の変更に伴う調整計算が別途生じることになります（法法64の4②、法令131の4②）。

岡野●収益事業課税の法人が合併で消滅することで、収益事業課税期間に未課税だった部分の所得に対する課税が一括して行われることになるのですね。

村木●逆に、収益事業課税型の法人が、全所得型の法人を吸収する適格合併を行う場合、消滅する全所得型の法人については、青色欠損金の切り捨てが生じて、繰戻還付などの所要の調整が行われます（法法10の3⑤、

110

法令14の11④）。これも知らなければ、致命傷になり得るのでしょうね。

北詰●法務的にいえば、株式会社と異なり、株主が登場しませんから、対価の交付という概念がない点を確認しておいて欲しいですね。

内藤●ということは、被合併法人の社員に「対価」を交付してしまうと、税務的には寄附金にしかならない、ということなのでしょうね。

(8) 解散清算

濱田●解散清算の手続について、株式会社との違いはどのようなものがありますか。

北詰●資本金がありませんので、出資持分の払戻しがありません。それ以外は、基本的に株式会社と同様と考えてよいでしょう。細かい話でいえば、みなし解散が会社法では12年ですが（会社法472）、一般社団法では5年になっています（一般社団法149）。

内藤●解散すると、株式会社の場合、そこから清算事務年度に移行しますね。3月決算法人が6月末で解散すると、6月決算と同様になりますが、一般法人の場合には、このような清算事務年度の規定はありません。

白井●理事が退任するので、清算人が就任することなど機関の問題は、株式会社と同じと考えてよいでしょう。

岡野●出資者がいませんので、債務の弁済をして残余財産が残れば、これをどうするかが問題となりますが、基本は定款の定めに従えばよいのですね。

村木●その手前に、基金制度を採用している場合には、基金の返還が優先しますね。これは金銭によることもできますし、現物によることも可能です。

岡野●元々基金の返還について、金銭でしか弁済を受けないとしている場

第 2 編　実践Q&A

合には、代物弁済と同様に考えて、基金拠出者の合意が必要なのでしょうね。もし拠出者が拒否すれば、換価して金銭で弁済することになりますが、他に財産がなければ、換価により手取りは減るかもしれません。

村木●ちなみに、この社員総会決議は、定時総会に限定している（一般社団法141①）点に注意が必要ですね。これは貸借対照表上で基金の返還可能額を算定する必要があるからなのでしょう。

内藤●現物で基金の弁済を行った場合、税法上は、譲渡として整理せざるを得ないのでしょうね。ということは、1 階法人であれば、益金を構成する可能性があります。2 階法人であれば、34業種に該当はしないのでしょう。

白井●基金の返還は、他の一般債務の弁済を全て終了した後でなければ、行うことができません（一般社団法236）。よって、残余財産の引渡しの手続きの前に、基金の返還を行うことになります。

⑼　残余財産の扱い

濱田●債務の弁済が終わり、残余財産が確定したら、残余財産をどう取り扱うかが問題ですね。

北詰●これについては、定款の定めが優先します（一般社団法239①）ので、定款でどのように記載するかがポイントになりますね。

村木●ただし、何でも定款で定めればＯＫというのではありませんよね。社員ないし設立者に帰属させるとの定めは法律上無効とされます（一般社団法11②、153③二）。

白井●しかし、事実上の脱法が可能ですね。定款では残余財産の帰属者を定めず、残余財産が確定した段階で、社員総会の決議で引渡し先を決める方法です（一般社団法239②）。

112

内藤●確かに法制上はそのようなことが可能です。1階法人であれば全ての所得に課税されているものを引き渡すだけなので、これでよいわけです。しかし、2階法人だと1階法人に転落してしまい、収益事業課税が受けられなくなり、同時に未課税だった非収益事業の所得にも課税が起きることになります。

北詰●定款で残余財産帰属者の定めをどのように置くかによって、1階法人になるか2階法人になるかが決まります。

白井●2階法人も、非営利徹底型と共益型とで、残余財産帰属の定め方に違いがあります。端的にいえば、2階にする場合、国・地方公共団体や公益社団財団法人に帰属させるのが基本です。ただし、共益型の場合は、目的の類似する一般法人に帰属させることが認められます。

岡野●逆にいえば、これらの定めがなければ必ず1階法人になってしまうということです。

村木●正確にいえば、非営利徹底型の場合は、上記のような残余財産帰属の定めを置くことが必須なのですが、共益型の場合には、特定の個人や団体に帰属させる定めがなければOKということなので、若干建付けに違いがあります。

濱田●同業者団体の場合、そこまでガチガチにしなければならないとの縛りは掛けづらかったのかもしれませんね。

北詰●ただ、実務的には、1階への転落が怖いので、共益型でも非営利徹底型でもどちらでも当てはまるような要件を具備させるのが安全策ですよね。

内藤●残余財産を引き渡す際の一般法人の税務処理はどのようになりますか。

白井●仕訳でイメージをつかむと、こんな感じでしょうか。

113

第2編　実践Q&A

| 利益積立金 | 100 | / | 現金 | 100 |

現物財産を引渡す場合は、譲渡として整理されるのでしょうね。

| 利益積立金 | 120 | / | 土地 | 100（土地の時価120） |
| | | | 譲渡益 | 20 |

岡野●引渡しを受けた側の処理も確認しておきましょう。

| 現金 | 100 | / | 受贈益 | 100 |

ないし

| 土地 | 120 | / | 受贈益 | 120 |

村木●上記は法人の場合の仕訳ですね。個人であれば、受贈益の部分が一時所得課税されるのでしょう（所基通34-1（一時所得の例示）(5)）。

　なお、この残余財産の引渡しは資本等取引ですが（法法22⑤）、分配とは区別されています。分配でない以上、配当所得としての源泉徴収の対象にはなりません（所法181①）ので誤解がないようにして下さい。

⑽　理事死亡時の相続税課税

白井●一般社団法人を活用した税負担の典型的な節約手法として、例えば個人の収益不動産の管理を一般社団法人が行い、受け取った管理料を蓄えるというものがあります。この場合の内部留保は個人の財産とは法的に切断されることになるので、相続税の対象になりません。株式会社の場合であれば、法人の内部留保は株価の値上がりを通じて個人財産の増加となります。

濱田●登記だけで簡単に設立でき誰にでも実行できることから、租税回避の側面があるとして税制上の手当が行われたのですね。法人を私的に支

配し法人が持つ財産を理事の交代で相続税の負担なしに承継することが可能な一般社団・財団法人に対し、相続税の負担を求めるという制度が創設されました（「第1編　制度基礎解説　**2**平成30年度税制改正による一般社団法人に対する相続税課税制度の創設」参照）。

内藤●具体的には、同族理事が過半数を占める一般社団・財団法人については、同族理事が死亡したときに、相続税が課税されることになりました（相法66の2）。本制度の回避を防止するため理事を辞任しても、5年以内にその理事に相続があった場合は、この制度が適用されることになります。納税義務者は一般社団法人です。

白井●課税の対象になるのは一般社団法人の純資産です。これを被相続人から遺贈されたものとみなすという、いままでになかった課税の仕組みです。

岡野●同族理事が過半数を占めるなどこの制度の対象になる一般社団法人が「特定一般社団法人等」と定義されました。

村木●3階法人あるいは2階法人についてはこの制度の対象になりません。また、親族外の理事を入れ、同族理事による過半数の支配をやめれば特定一般社団法人等に該当しなくなりますが、この場合は相続前の過去5年間について、同族理事が過半数を占める期間がトータルで3年以上あれば、特定一般社団法人等に該当することになります。

第2編　実践Q&A

2 　任意団体の法人化

Question

　任意団体を法人化できると聞きましたが、一般社団法人を使った場合のメリットや利用法について教えてください。

Answer

　学会やサークル・趣味の会などを法人化する場合に使えます。任意団体に法人格を取得させることで、法人名義での財産取得や契約が可能です。

ポイント

(1)　法人化する団体の種類は問われない。

(2)　団体・組織の法的安定性が保障される。

(3)　設立時の財産の移転に伴う課税に注意する。

(4)　税務上の届出書類の提出を忘れない。

（税務上の諸手続）

　「5　一般社団法人とする手順と設立時の税務上の手続」（P 128参照）

解説

1 　一般社団法人となることができる団体

内藤●営利、非営利を問わず一般社団法人を利用して法人格を取得できるようになりましたが、一般社団法人に向いている団体や組織にはどのようなものがありますか。

116

岡野●同業者団体、業界団体、自治会や町内会、ＰＴＡ、サークル、同窓会、ボランティア団体などですね。一般社団法人はその目的は問われませんので、極端なことをいえば、特別法で法人格が与えられている法人、法律で設立が義務づけられている法人や設立が禁止されている法人でなければ、どの団体や組織でも一般社団法人とすることができます。

北詰●クリニックを一般社団法人として設立している事例が東京都にあると聞きます。しかし、平成30年度税制改正で、純資産が理事死亡時の相続税の対象になってしまうのですか。そうであれば、むしろ大きなデメリットになります。

村木●そうなります。勧めたコンサルタントの方々はフォローが大変でしょうね。

濱田●従来、同業者団体や業界団体は株式会社として、自治会や町内会は認可地縁団体として、ボランティア団体はＮＰＯ法人として法人化することができましたね。

白井●法人化ができなかった組織にとっては、法人化できるだけで一般社団法人の意味がありますし、法人化できていた種類の団体にとっても選択肢が広がったということですね。

2　一般社団法人を利用した場合のメリット

内藤●1で挙げた団体や組織が一般社団法人を使うメリットですが、他の法人制度を利用できる団体・組織と、利用できない団体・組織に分けて説明してください。

(1)　法人制度を利用できない団体・組織の場合

村木●まず、他の法人制度を利用できない団体・組織からいきましょう。これらの団体・組織は、法人格が取得できるというのが最大のメリットです。例えば、団体の財産を法人名義にできることです。

第2編　実践Q&A

北詰●団体や組織の名義で不動産の登記ができるということですね。法人化しない場合又は法人化できなかった場合は、代表者や財産管理人の名義で登記をしていましたが、不動産の名義人の死亡時には、税務署から相続財産といわれたり、相続人が事情を知らずに相続登記をするなどのトラブルが起こる可能性もあったわけです。

　また、登記名義者である代表者に対する債権者が代表者名義の共有資産を差押さえることも考えられます。これらの問題は、法人名義の登記をすることで解決できます。

白井●預金口座の開設も法人名義で可能です。代表者あるいは会計担当者の名前で口座を作っていましたので、代表者や会計担当者が代わるたびに口座名義と口座番号が変更され、団体や組織内外の取引者の支払手続が煩雑になっていました。

岡野●人格のない社団等では、名義書換が面倒でコストがかかることに加えて、資産保有による代表者の国民健康保険料の増加という論点もありました。代表者のこうした負担が問題になりやすいですね。

濱田●団体の規模が大きくなってくると事務局が必要になったりしますが、その時に電話の設置や事務所の賃借が法人名義で行えます。

村木●構成員が替わっても組織が保たれることも挙げられますね。当初の強い理念をその後の組織に承継させたいという場合には、法人というしっかりした器ができることは大きなメリットでしょう。

白井●対外的に信用力も高まりますね。○○同好会というより一般社団法人○○同好会となれば、取引先からは法人として対応されます。また、一般社団法人の有する資産も個人資産とは一線を画すことになりますので、内部的にも公私混同がなくなるわけです。

内藤●つまり、団体や組織に法人格が与えられるので、団体や組織の法的安定性が保障されるのですね。次に、他の法人制度を利用できた団体が

敢えて一般社団法人を選択するメリットはなんでしょうか。

(2)　法人制度を利用できる団体・組織の場合

①　株式会社との比較

濱田●株式会社化が可能な団体にとって一般社団法人化は、資金拠出者と議決権者が分離できるという点がメリットですね。株式会社は資金の拠出者が株主となり、その株主が法人の運営に直接的又は間接的に関与していたわけですが、一般社団法人は、資金の拠出は社員資格に直結しません。

岡野●資金を拠出しなくても、定款で定められた要件を満たせば社員になり、議決権を行使できるのですね。

北詰●ただ、社員の資格は一身専属ですね。株式であれば相続人が取得し、株主という立場を得ることができますが、社員という資格は相続されませんので、定款で特段の定めを置かない限り、社員の死亡により相続人が法律上自動的に社員になることはありませんね（一般社団法29三）。

村木●そもそも株式とは、株主という構成員の資格を表章するものであると同時に、会社に対する財産権を表章するものですが、株式がない以上、勝手に他人に譲渡され、構成メンバーが替わるなどの危険性もないということですね。

白井●剰余金の配当ができないというのも、考え方次第ではメリットですね。団体の構成員を株主とすると、剰余金の配当を要求されることがあるかもしれませんが、一般社団法人では剰余金の配当は行えませんから。

②　認可地縁団体との比較

内藤●自治会や町内会で法人格が取得できていましたね。

北詰●認可地縁団体のことですね。平成３年４月２日に公布・施行された地方自治法の改正法により、地縁による団体の権利能力取得が認められ

第2編　実践Q&A

ました。これで、自治会などが所有する不動産が法人名義で登記できるようになり、先ほど申し上げたトラブルは解消できたのです。

岡野●認可地縁団体は、地域的な共同活動のための不動産等を保有する目的として市町村長の認可を受けた場合、その団体の規約に定める目的の範囲内において、権利を有し、義務を負うとされていますね（地方自治法260の2①）。ですから、法人格の取得といっても、法人として認められるものは限定的なものといえます。

濱田●不動産等の登記のみができる法人ですね。登記できる資産は、登記、登録を要する資産のうち、自治会等の地域的共同活動に資すると見込まれる次のものです。これらの不動産等を保有しているか、保有予定でないと認可は受けられません。

① 土地・建物に関する権利（所有権、地上権、抵当権、賃借権等）
② 立木の所有権、抵当権
③ 登録を要する金融資産（国債、地方債、社債）
④ その他地域的な共同活動に資する資産であって、登録を要する資産

白井●認可の要件もいろいろありますね。たとえば、認可地縁団体の構成員は一定の区域に住所を有する者以上の限定を付すことができません。ですから、一定の区域で活動しているといえども構成員となるために年齢などの条件が付けられているような青年団や婦人会は認可されないのです。

村木●また、法人などを構成員とした場合も認可されません。住民と商店街が一体となった共同活動では、商店が法人だったり、あるいは店舗だけがその地域にあり住所が別の地域だったりする場合です。このような場合は、一般社団法人を使うのが最適といえます。

濱田●余談ですが、認可地縁団体は、法人税法その他法人税に関する法令の規定の適用については、公益法人等とみなされます（自治法260の2⑯）。

120

また、消費税法その他消費税に関する法令の規定の適用については、消費税法の別表第3に掲げる法人とみなされますので、特定収入計算の対象となります（自治法260の2⑰、消法60④）。

③　ＮＰＯ法人との比較

内藤●ＮＰＯ法人は、社会貢献活動を行い、団体の構成員に対し収益の分配を目的としない団体で、特定非営利活動促進法に基づき法人格を取得した法人です。

北詰●ＮＰＯ法人は、所轄庁に申請書を提出し、設立の認証を受ける必要があります。しかも、目的に制限があります。不特定多数のものの利益の増進に寄与することを目的とする、法律で規定されている20種類の活動でないと認証を受けることはできません。

村木●ＮＰＯ法人は運営面でも、一手間多いですね。毎事業年度終了後3月以内に事業報告書等を所轄庁に提出する必要がありますので、目的の制限や活動・運営などを考えると、一般社団法人の方が使い勝手がいいでしょう。

岡野●ＮＰＯ法人と同じような活動を比較的閉鎖的に行ったり、小規模で行ったりする場合は、一般社団法人がよいといえますね。

3　一般社団法人を利用した場合のデメリット

内藤●団体・組織を一般社団法人にするデメリットはなんでしょうか。

白井●法人としての組織の維持が必要になることでしょう。例えば、同好会であれば、活動が下火になったら自然消滅ということもできるのですが、法人化すると清算までしないと消滅しません。

村木●当然、同好会であれば、なあなあでの運営でも許されたかもしれませんが、組織としての適切な運営も必要ですね。

岡野●それもそうなのですが、一番影響が大きいのは税制面ですね。まず、

第2編　実践Q&A

　　1階の法人である場合、あるいは2階の法人で収益事業を開始している
　場合には、法人税、事業税、住民税の申告が必要になります。団体・組
　織であったときは、人格のない社団等として、収益事業を行っていなけ
　れば申告義務はありませんでしたが、一般社団法人にすると2階で収益
　事業を行わない場合以外は、必ず年度ごとに申告をしなければならなく
　なります。そして、それまでは負担しなくても済んだ住民税の均等割に
　ついても負担が必要になります。

内藤●住民税の均等割は、免除されることが多い人格のない社団等と異な
　り、地方公共団体は免除する条例を規定していませんので、収益事業を
　行っていない場合であっても、必ず申告をして均等割を納める必要があ
　るわけです。

濱田●一般社団法人では、1階の法人と2階の法人とで、法人税の取扱い
　が違いますね。全所得課税になるのか、収益事業課税のみになるのかは、
　大きな違いです。法人税の取扱いにつきましては、P46のとおりですの
　で、詳細は省略しますが、定款の作り方を誤り、知らない間に1階と2
　階を行き来していたということになると、思いがけない時期に税負担が
　生ずることになります。

白井●そもそも定款で理事を1人とか2人しかおいていないような場合に
　は、最初から1階にしかなりようがないですからね。その意味で、医師
　会などの同業者団体の場合は、2階の法人として共益型を選択している
　ことが多いと思いますが、理事定足数もそれなりにいるでしょう。この
　場合には、1階と2階を行き来するようなことはあまり考えられないで
　しょうね。

北詰●医師会・学術団体などまじめな目的でやっている場合には、機関設
　計もそれなりに重厚ですから、理事の定足数が原因で2階の法人になれ
　ないなどということはまずないということでよいのですね。

岡野●ところで、法人格の選択については、平成30年度税制改正の影響も当然に考慮しておく必要がありますね。1階を選択すると理事死亡時に相続税の課税が生じる可能性があります（「第1編　制度基礎解説　**2**　平成30年度税制改正による一般社団法人に対する相続税課税制度の創設」参照）。

濱田●どうせ相続税が課されるのなら株式会社の方が運営しやすいという面があるのではないでしょうか。

内藤●相続時の評価方法も株式会社の方が有利です。一般社団法人の場合には、相続税の対象になる純資産額について軽減がまったくありません。株式会社の株式であれば、類似業種比準方式が使えますし、純資産評価では評価益に対する法人税相当の控除ができますが、こういった考慮はありません。儲かる事業なら、株式会社を選ぶ方がかえって良い場合もあるでしょう。

村木●税務に絡む問題として、団体・組織の財産を一般社団法人に引き継がせることとなる場合には注意が必要です。

内藤●一般社団法人は基金として受け入れるので問題なさそうですが。

北詰●基金とは、「一般社団法人に拠出された金銭その他の財産であって、当該一般社団法人が拠出者に対して…返済義務を負うもの」とされています（一般社団法131）。前身の団体や組織が消滅する場合は、基金の債権者がいなくなるため、一般社団法人が受け入れる財産は基金ではなく、単なる寄附を受けたものと考えられるのです。

濱田●仮に、一般社団法人設立直後は前身の団体や組織が消滅せずに一時的に残ったとしましょう。その時点で基金の拠出の見返りに前身の団体や組織が手にするのは基金の返還に係る債権です（一般社団法142①）。この基金の返還に係る債権を有している前身の団体や組織の活動は、最終的に一般社団法人と一体化してしまい、どこかで前身の団体や組織が

第2編　実践Q&A

消滅します。そして、一般社団法人自身が基金に係る債権者となるので、この基金に係る債権債務は混同により消滅するのです（一般社団法142①三・②、民法520）。

岡野●自己宛債務である基金をタダで取得すると、債権債務が同一人に帰属するので、消滅すると。つまり、債務消滅益が計上され、法人税の負担が生ずるということですね。

内藤●納得しがたいですね。株式会社でも自己株式を無償で取得しても会社に受贈益が計上されないでしょう。これと何が違うのでしょうか。

白井●基金は、会計上は純資産ですが、税法上は純資産、正確にいえば資本金等でも利益積立金でもありません。では何かといえば、特に定義はされていませんが債務と考えるべきでしょう。債務が無対価で消滅すれば資本等取引ではありませんから、消滅益が計上されるのです。

村木●一般社団法人が設立されても、従前の団体・組織は継続させたらどうでしょうか。

濱田●それは、場合によっては可能かもしれません。基金の返還に係る債権者が存在しているのなら債務消滅益は計上不要と考えられます（一般社団法142①一・二・②）。

内藤●基金の返還に係る債権を前身団体・組織の構成員に分配し、それを一般社団法人への会費としたらいいのではありませんか。

岡野●会費は受入れをする一般社団法人で益金になりますので、消滅益か会費収入かの名目の違いだけですね。つまり、前身団体・組織から資産を移す場合には益金とされるという結論は変わらないわけです。

濱田●ちなみに、会費や債務消滅益が問題になるのは、1階の法人の場合だけです。2階の法人の場合には、収益事業に該当しないため、課税されないものとして取り扱われますね。

岡野●例えば２階法人が受ける寄附金収入は収益事業に係る収益の額に該当しません。固定資産の取得に充てるための補助金についても、たとえその固定資産が収益事業用のものであっても、収益事業に該当しません。これは通達で明らかにされています（法基通15－2－12(1)）。

白井●これが一般社団法人の基金が消滅する場合の消滅益についてもあてはまるかです。

村木●「東京国税局文書回答事例　一般社団法人（非営利型法人）の基金について放棄を受けた場合の法人税法上の取扱いについて」が参考になります。１階法人が非営利型の要件を満たし２階法人になるのを機に、基金の拠出者から免除を受ける場合の債務免除益につき、収益事業に係る益金の額には該当しないとするものです。

白井●この事例では、過去に現物資産を基金として受入れており、この基金について免除益が計上されても収益事業には該当しないとの見解です。

濱田●気になるのは、この事例では基金をいったん収益事業以外の事業に係る債務として区分経理し、その後、拠出者である法人が解散し基金の返還請求権を放棄しています。収益事業として区分経理したとしても同様の処理になるのでしょうか。

村木●「広島国税局文書回答事例　一般財団法人が設立時に寄附を受けた場合の課税関係」が参考になります。病院経営を行う一般財団法人が、別に新設する一般財団法人に病院経営の一部を引き継ぐために、不動産や医療機器等を贈与をする場合に、新財団は受贈益につき法人税は課されないとの回答です。

白井●医療保健業は収益事業です（法法２十三）。つまりこの事例では贈与を受けた資産は、収益事業として区分経理します。

岡野●収益事業には、その性質上その事業に付随して行われる行為を含む

第 2 編　実践Q&A

こととされています（法令 5 柱書）。そうすると収益事業用資産の受贈益は、収益事業の付随行為になるという見解もあります。

内藤●その点、この場合の受贈益は、収益事業に係る事業活動の一環あるいはこれに関連して行われる行為とは認められず、法基通15－ 2 －12⑴の補助金と同じ元入金的な性格のものであるとして、収益事業の付随行為に係る損益とはならないというのが文書回答事例の見解です。

村木●もちろん、買掛金など事業で生じた債務の免除を受けたような場合は、収益事業の付随行為に該当します。ここでは基金の放棄を受けた場合や資産の贈与を元入金的に受け入れた場合の議論をしました。

白井●法人化すると、税務の問題も絡むので、会計も大変になります。組織がしっかりした自治会などでは、法人格がないとはいえ、少なくとも現金預金の管理はしっかりと行われていると思います。それでも、それだけで法人税の申告に耐えられる帳簿書類ができているかといえば、必ずしもそうとはいえません。

村木●そうですね。税務署という今までなかった視点からのチェックが入りますので、例えば交際費に該当するものを事業費として計上するわけにはいかないですからね。

岡野●これまでは法人税の申告をあまり意識していなかったでしょうからね。ところで、認可地縁団体に関することでいえば、認可地縁団体であれば固定資産税が減免される自治体もありますが、一般社団法人だとそうはいかないのですね。

4　人格のない社団の課税上の問題点

内藤●ところで、話がテーマから少しそれますが、人格のない社団は収益事業に対してのみの課税ですから、敢えて一般社団法人にして全所得課税を選ぶ必要はないですよね。

126

2 任意団体の法人化

白井●そうですね。ただ、通常は人格のない社団を一般社団法人にすると共益型の要件を満たす場合が多いと思われますので、一般社団法人にしても、全所得課税にはならない場合が多いでしょう。

岡野●内藤さんがおっしゃるように、人格のない社団のままの方が、税務上は有利じゃないかと、確かに直接的視点ではそのような結論になるかもしれませんが、難しい課税上の問題もあります。

村木●人格のない社団とは税法用語ですが、一般的には法人格を有しない社団又は権利能力のない社団といわれます。その成立要件として、①団体としての組織を備え、②そこで多数決の原則が行われ、③構成員の変更にもかかわらず団体が存続し、④その組織によって代表の方法、総会の運営、財産の管理その他団体としての主要な点が確定しているものでなければならないという最高裁の判決があります（最判昭和39年10月15日　昭和35オ1029）。

白井●この権利能力のない社団に該当すれば代表者の定めはあるので、税法でいう人格のない社団等に該当することになりますね。しかし、過去には、この要件を形式的に充足し、代表者の所得とされるべきものを人格のない社団に対する所得として申告し、多額の所得税課税を免れようとした事案がありました。

濱田●会員を対象に開催する定例セミナーや各種の催物等の活動から得られる収益及びそれに伴い生ずる費用等については、会員で組織する人格のない社団等に帰属せず、個人に帰属するとされたものですね。会員で組織する人格のない社団等である別団体は、団体としての実体が認められず社団性を有する団体とはいえないとされたものです（東裁（法・諸）平11第128号　平12-03-31裁決　TAINS　FＯ-2-118）。

北詰●また、権利能力のない社団の成立要件を満たさない団体というのも存在しますね。すると、この団体が行った行為による所得に対する課税

127

第２編　実践Q&A

はどうなるか、という問題が出てきます。

内藤●このように、個人所得ではないことを明らかにしたい、又はどこに帰属する所得かわからない不安定な状況を回避したいというときにも、一般社団法人を活用することができるのですね。

5　一般社団法人とする手順と設立時の税務上の手続

内藤●組織・団体を一般社団法人とするためには、どのような手順になるのでしょうか。

北詰●一般社団法人の設立手続は、任意団体だからといって法律上特別な手続が追加されることはなく、「**1**一般社団法人の設立と運営」で説明したとおりの手順で行います。

岡野●ただ、当然のことですが、既存の団体・組織の構成員に一般社団法人に移行することについての同意を取っておく必要があります。主要メンバーだけで話がまとまっていて、ほかの構成員は寝耳に水ということだと、一般社団法人に移行できなくなる可能性もあります。

白井●法的に義務があるわけではありませんが、「一般社団法人の設立をもって当団体は解散します。」などと既存の団体・組織を解散させることも必要ですね。特に、収益事業を行っていた人格のない社団等の場合、一般社団法人と人格のない社団等が併存すると、所得の帰属についてトラブルが生じます。

村木●それを避ける意味もあるので、収益事業を行っていた人格のない社団等が収益事業を廃止したときは、税務署へ収益事業廃止届出書の提出を忘れないようにしたいですね。

内藤●設立した一般社団法人についての税務上の手続にはどのようなものがありますか。

128

濱田● 1 階の一般社団法人は、基本的に株式会社と同様に考えればいいと思います。つまり、「法人設立届出書」は必須ですね。事務員や理事に給与を支払うのであれば「給与支払事務所等の開設届出書」も提出します。青色申告にするなら「青色申告の承認申請書」、棚卸資産があり、その評価方法を選定するのなら「棚卸資産の評価方法の届出書」、減価償却資産を有し償却方法を選定するのなら「減価償却資産の償却方法の届出書」などを提出します。

白井● 2 階の一般社団法人で、設立時に収益事業を行う場合は「法人設立届出書」の提出が必要ですが、収益事業を行わない場合は、「法人設立届出書」の提出は不要です。また、1 階の一般社団法人と同様、給与を支払うのであれば「給与支払事務所等の開設届出書」の提出が必要です。

岡野● 収益事業を行う場合は、「青色申告の承認申請書」、「棚卸資産の評価方法の届出書」、「減価償却資産の償却方法の届出書」等を提出するかどうかの判断をするのですね。

北詰● 2 階の一般社団法人で収益事業を行わないものが、誤って税務署に「法人設立届出書」を提出した場合はどうなりますか。

村木● 1 階の一般社団法人又は 2 階の一般社団法人のいずれに該当するかは、非営利徹底型又は共益型の要件に該当するかどうかにより決まり、また、収益事業を行うかどうかも「法人設立届出書」の提出に左右されるものではありません。ですから、2 階の一般社団法人で収益事業を行わないものが「法人設立届出書」を提出しても課税上問題はありませんが、無用なトラブルを避けるため、正しく提出したいですね。

濱田● それと、地方税の設立届出書の提出も必要ですね。こちらは 2 階の一般社団法人で収益事業を行わないものでも、均等割が課されますので、提出が必要です。

内藤● この場合、均等割申告書（11号様式・22号の 3 様式）を毎年 4 月末

第2編　実践Q&A

に提出して、申告納税をすることになります。定款の事業年度と関係ない点に注意してください。

■設立時に提出する一般的な税務書類

書類名	1階の 一般社団法人	2階の一般社団法人	
		収益事業 を行う	収益事業 を行わない
法人設立届出書	○	○	×
給与支払事務所等の開設届出書	給与等の支払がない場合は不要		
青色申告の承認申請書	必要に応じて提出		×
棚卸資産の評価方法の届出書	必要に応じて提出		×
減価償却資産の償却方法の届出書	必要に応じて提出		×
地方税の設立届出書	○	○	○

3 従業員持株会の代替的手段としての一般法人

Question

従業員持株会の問題点とその代替的手段としての一般法人の利用方法について教えて下さい。

Answer

物いわぬ株主としての従業員持株会はもはや期待できない時代となり、所有者のいない一般法人に所有させることで安定株主機能を担わせることが可能です。

ポイント

(1) 出資持分がないため、オーナーのいない法人になる。

(2) 従来の従業員持株会が果たした役割を担い得る。

(3) 税制上の類型選択と資金調達手段が考えどころ。

(4) 安全性を考慮すれば、２階の非営利＋相続税法施行令第33条基準を満たすべき。

(5) ２層の共益型非営利法人の選択が１つの考え方。

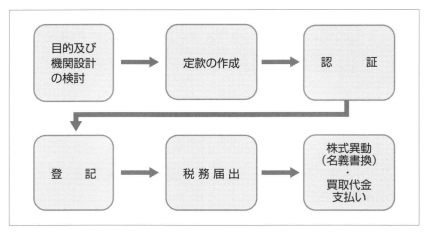

（税務上の諸手続）

① 団体の性格付けについての検討
② １階法人あるいは２階法人になるかの決定
③ 収益事業課税内容の検討（２階法人の場合）
④ 法人設立届出・青色申告承認申請（１階法人の場合）・消費税届出（共通）
⑤ 収益事業開始届・青色申告承認申請（２階法人の場合で収益事業開始時）
⑥ 法人税・法人地方税・消費税の申告（事業年度末から２か月以内）

解説

1　従業員持株会の機能と問題点

(1)　かつては相続税対策の定番だった従業員持株会～分散の時代

濱田●従前から相続税対策としてよく使われてきたのが従業員持株会です。しかし、近年従業員持株会はいろんな問題を抱えることになりました。従業員持株会の機能と問題点について確認していきたいと思います。

白井●従来の相続税対策は、株式の分散に主眼がありましたね。つまり、同族関係者以外の者が株主となることで、相続財産そのものを減らしてしまうわけです。過半数支配ができればいいわけですから、それ以外の株式は少数株主に保有させてしまっても問題ありません。

北詰●正確にいえば、議決権の３分の２を押さえておかないと、運営上弊害を生じる場合もありますけどね。

白井●そうでした。ただ、多くの場合、少数株主は物いわぬ株主ですから、何かと都合がいいのですね。

内藤●そのような経緯で、相続財産を減らすため、会社オーナーからの自社株移転が提案され、実行されてきたのがこれまでです。

(2) 従業員持株会の問題点

岡野●しかし、この手法にはいくつか問題点がありました。最も大きな問題点は、従業員持株会が物いわぬ株主であり続ける保証がない点です。
　　毎年、それなりの配当を続けられればよいのですが、会社の業績によってはそうも行かない時期も生じます。よく実務であるのは、脱退者が出た時に代わりに入る従業員がいなくなるというもので、従業員持株会の維持が難しくなってきているケースも少なくありません。

村木●そうですね。で、この持株会脱退者の保有自社株式について、あるいは従業員・役員の退職時に、過去に持たせていた自社株式について、もはや引き受け手がいなくなり、どうしたらよいだろうかとの相談が多くなってきているのが現状です。

濱田●なるほど。物いわぬ株主としてうまく回っている間はいいのだけれど、歯車が狂い出すと厄介な存在になってしまうのですね。

白井●そうです。誰も買い手がいないからと、経営者親族で引き受ければ、配当還元方式による評価額で買い取っても、取得者側に贈与税が課され

133

第2編 実践Q&A

ますね。

北詰●また、配当還元方式以上の値段で買い取りを求められると、個人には買い取り資金がないことが少なくありません。このために借金をして自社株式を買い取り、返済のために役員報酬の大半をつぎ込むというのでは、何をやっているのかわかりません。ただ、実際にそういう例も見たことがあります。

内藤●かといって、会社に買い取らせるとなれば、自己株式取得となりますので、譲渡者側には譲渡所得課税とみなし配当課税が生じます。多くの場合は、予期せぬ配当課税の負担が生じてしまい、譲渡後にトラブルになるケースも少なくありません。

岡野●そうですね。ここで後継者が決まっていれば、後継者が出資する株式会社に買い取りをさせるという方法もあり、私自身よく使う手法の1つです。買い取りのため、自社からの貸付によるなどの資金調達を確保する必要があるものの、将来の合併などを視野に入れれば、これも有効な選択だと考えています。

村木●なるほど。ただ、後継者が決まっていない状況などでは、やはり困ってしまいますね。うかつに会社を作っても、財産評価基本通達でその会社が同族株主と判定されてしまうと、身動きがとれなくなるからです。

2 代替的手段としての一般社団法人の利用

(1) 一般法人はオーナーのいない法人

濱田●従業員持株会の問題点は理解できました。会社側の事情もあれば従業員側の事情もあるけれど、どちらにせよ、運営維持が困難になってきたのですね。

白井●1つには、従業員持株会の性格が、多くの場合、自然人を構成員と

134

する組合だということもあります。つまり、必ずいつかは離脱が起きるので、組合員の入れ替えを常に視野に入れておくことがあらかじめ運命付けられた存在といえます。一般法人を従業員持株会の代替手段として使おうという発想の出発点はここにあります。

内藤●一般法人は、自然人と違い、定款で定めない限り、寿命は観念できないからですね。つまり、持株会メンバーの入れ替え管理問題から解放される、そこに主眼があるのだと。税法から離れた目的として、ここらは大事なところです。

岡野●そして、一般社団法人・一般財団法人、略して一般法人は、株式会社などと異なり、出資持分がない法人です。会社の実質的オーナーが株主である株式会社と違い、オーナーのいない法人だといえます。

北詰●法制上は、利益の分配を行わないこととされており、学術団体など各種の非営利活動団体に法人格を持たせるための受け皿としての用法が典型例として想定されていました。

村木●この制度の源流ですが、一般社団法人は、元々は、英国の紳士クラブであったと見ることができます。仲間内が集まって、団体となるイメージです。このことから、一般社団法人は、登記によって設立でき、人の集まり、つまり社団として組成されます。

　これに対し、一般財団法人は、ノーベル賞で有名なノーベル財団をイメージするのがわかりやすいでしょう。財産の寄贈者の意思を実現するための組織です。

　一般財団法人は、登記により設立できるのは一般社団法人と同じですが、物の集まり、つまり財団に法人格を与える点が異なります。

濱田●なるほど。同じ一般法人であっても、社団と財団とでまるっきり本質が異なるのですね。

白井●そうです。そして、一般社団法人は、最高意思決定機関である社員

第2編　実践Q&A

総会と、1人以上の理事が必須の機関とされています（一般社団法60）。設立時においては、社員2人以上が必要とされますが、そのうち1人を理事とすることで、最低2人で設立することができます。機関としては、理事会や監事、会計監査人を設置することができ、株式会社と同様といえます。社員総会における社員の議決権は、1人1議決権である点が、株式会社と大きく異なります。

内藤●一般財団法人は、3人以上の評議員と評議員会、3人以上の理事と理事会、監事が必須の機関であり（一般社団法65③、170、173③、177）、最低必要員数は7人となります。

北詰●設立にかかる実費としては、株式会社が定款認証に公証人手数料5〜6万円、設立登記の登録免許税に最低15万円必要なのに対して、一般法人は定款または寄附行為の認証に公証人手数料5〜6万円、設立登記の登録免許税に一律6万円とされており、安価であるといえます。

岡野●ところで、一般法人を実際に活動させるためには、資金調達が必要ですが、出資制度がありませんね。資金拠出を受けても、返済の必要な債務となるか、返済の不要な純資産となるかの二者択一です。

北詰●ただ、一般社団法人の場合、他の債務よりも返済の劣後する基金と呼ばれる、返済期限を特に定めない債務制度を利用可能です。

村木●基金は劣後債務であることから、会計上は、貸借対照表の純資産の部に表示されるため、資本金と同様との誤解をよく見かけます。しかし、法律上の性格はあくまでも債務である点、注意する必要があります。なお、基金の価額は、資本金と異なり登記されません。

(2)　自社株式買取法人としての一般法人の個性の使い方

濱田●以上を踏まえて、自社株式買取法人としての活用におけるオーナーのいない法人であるという一般法人の個性を確認してみましょう。

白井●まず、一般法人にはオーナーがいませんから、現行法では、同族株主判定に入りませんし、当然ですが、一般法人の財産である自社株式は完全に相続財産から切り離されます。法人が所有することで、そしてその法人にオーナーがいないことで、「次の買い取りをどうしよう」という問題から解放されるのです。

内藤●老舗事業で事業・会社をがっちり守って行きたいという場合は、一般財団法人の利用が適切と考えられますが、機関設計が比較的重厚です。機動性も考慮して、以下では、一般社団法人の利用を念頭において検討しましょう。

3　一般社団法人を用いる際の問題点

(1)　課税類型の選択〜法制上は２階建てだが、税制上は３階建て

北詰●一般法人は、公益認定を受けることで、公益認定法人になります。その意味で、法制上は、公益認定を受けない１階の法人と、公益認定を受けた２階の法人という２階建て構造です。素直に考えると、２階の公益認定法人が制限納税義務者で収益事業課税、１階の一般法人が無制限納税義務者となり全所得課税でよさそうにも思えます。

岡野●しかし、法人税法は、法制上の１階の中をさらに区分して、機関設計・定款規定・運用・理事の親族割合などにより、公益認定を受けない場合でも収益事業課税の区分を作ったのですよね。つまり、次の表での２階部分ですが、非営利型法人との区分で①非営利徹底型②共益型の２通りを用意しました。

第2編　実践Q&A

	法制上の区分	税制上の区分	税制上の類型
3階	公益認定法人	公益法人等 （収益事業課税）	
2階	一般社団法人 一般財団法人	非営利型法人 （収益事業課税）	①非営利徹底型 ②共益型
1階		普通法人 （全所得課税）	

村木●法制上は2階建て構造ですが、税制上は3階建て構造だと理解しておく方がよいでしょうね。なお、以下では、本書の性格上、3階法人のことは対象外としますので、ご了解下さい。

(2)　2階の非営利徹底型法人

濱田●まず、非営利型法人のうち、①非営利徹底型から確認しましょう。

白井●法律では、「その行う事業により利益を得ること又はその得た利益を分配することを目的としない法人であってその事業を運営するための組織が適正であるものとして政令で定めるもの」とされています（法法2九の二イ）。

北詰●政令では、具体的に、分配を行わない旨を定款に定めることを要求しています。これはどうしてでしょうか。

内藤●確かに、一般法人は法制上利益を分配しないこととされていますが、定款の定め方によっては事実上の分配を行える可能性があり、分配の余地を排除するとの意味で、非営利徹底といっているわけです。

岡野●また、残余財産が国等に帰属することを定める要件があることで分かるように、公益法人の卵です。公益認定を受けるまでではないが、プチ慈善事業を行うなどという場合に、税制上もそれを支援する類型を設けているものと理解できます。

138

> ### ①非営利徹底型の要件（法令3①）
>
> (a)　その定款に剰余金の分配を行わない旨の定めがあること。
>
> (b)　その定款に解散したときはその残余財産が国若しくは地方公共団体又は次に掲げる法人に帰属する旨の定めがあること。
>
> 　　イ　公益社団法人又は公益財団法人
>
> 　　ロ　公益社団法人及び公益財団法人の認定等に関する法律（平成18年法律第49号）第5条第17号イからトまで（公益認定の基準）に掲げる法人
>
> (c)　前2号（(a)(b)）の定款の定めに反する行為（※1）を行うことを決定し、又は行ったことがないこと。
>
> 　　（※1）　前2号（(a)(b)）及び次号(d)に掲げる要件のすべてに該当していた期間において、剰余金の分配又は残余財産の分配若しくは引渡し以外の方法（合併による資産の移転を含む。）により特定の個人又は団体に特別の利益を与えることを含む。
>
> (d)　各理事（清算人を含む。以下この号において同じ。）について、当該理事及び当該理事の配偶者又は3親等以内の親族その他の当該理事と財務省令（法規2の2①）で定める特殊の関係のある者である理事の合計数の理事の総数のうちに占める割合が、3分の1以下であること。

村木●要件の後半2つは、分配を行なったり、特定者の親族支配がないようにということで、当然の条件です。なお、理事の親族割合制限は、親等が3親等以下となっていることや、みなし理事規定（法令3③）以外は、社員・監事の割合要件がない点に注意が必要でしょう。

(3)　2階の共益型法人

濱田●次に、②共益型です。

　法律では、「その会員から受け入れる会費により当該会員に共通する利益を図るための事業を行う法人であってその事業を運営するための組織が適正であるものとして政令で定めるもの」（法法2九の二ロ）とされています。

第2編　実践Q&A

```
②共益型の要件（法令3②）
(a)　その会員の相互の支援、交流、連絡その他の当該会員に共通する利益を図る活
　　動を行うことをその主たる目的としていること。
(b)　その定款（定款に基づく約款その他これに準ずるものを含む。）に、その会員
　　が会費として負担すべき金銭の額の定め又は当該金銭の額を社員総会若しくは評
　　議員会の決議により定める旨の定めがあること。
(c)　その主たる事業として収益事業を行っていないこと。
(d)　その定款に特定の個人又は団体に剰余金の分配を受ける権利を与える旨の定め
　　がないこと。
(e)　その定款に解散したときはその残余財産が特定の個人又は団体（※2）に帰属
　　する旨の定めがないこと。
　　　（※2）国若しくは地方公共団体、①非営利徹底型(b)イ若しくはロに掲げる法人
　　　　　又はその目的と類似の目的を有する他の一般社団法人若しくは一般財団法
　　　　　人を除く。
(f)　前各号（(a)～(e)）及び次号(g)に掲げる要件のすべてに該当していた期間におい
　　て、特定の個人又は団体に剰余金の分配その他の方法（合併による資産の移転を
　　含む。）により特別の利益を与えることを決定し、又は与えたことがないこと。
(g)　各理事（清算人を含む。以下この号において同じ）について、当該理事及び当
　　該理事の配偶者又は3親等以内の親族その他の当該理事と財務省令（法規2の2
　　①）で定める特殊の関係のある者である理事の合計数の理事の総数のうちに占め
　　る割合が、3分の1以下であること。
```

北詰●一般社団法人の出自が紳士クラブだとすれば、これはむしろその典
型例を想定したもので、共通する利益という意味での共益目的の団体で
あり、要件の最初の2つ(a)(b)はその性格上当然ともいえる類型です。た
だし、一般財団法人でも、社員を評議員に置き換えて判定できるように
されています。

白井●また、共益型は、会員同士で資金融通し合い、会費の中で諸費用を
賄うことが想定されていますので、主たる事業として収益事業を行わな
いという(c)を要件としています。要件の(d)から(g)までは、非営利徹底型
と同様に見えますが、若干違います。たとえば、残余財産を同種目的団

体に引き渡すことも可能となっていますので、非営利徹底型とは考え方に差異があります。

内藤●この①②のどちらを選択すべきかですが、実務的には、可能な限り両方の条件を満たすように設計するのが安全といえます。会費で従業員福利厚生事業をやること等を考えて、②共益型にすれば、残余財産を同種目的団体に渡せる余地があるのですが、収益事業の割合などで条件を満たさなくなるリスクがあります。

岡野●仮に、①②の要件を満たさなくなり、2階から1階に転落する場合、未課税部分への取戻し課税が生じるよう規定されています（法法64の4①）。未実現利益への課税は行われませんが、課税所得区分の変更に伴う諸調整が生じることとされています。

村木●さて、ここで確認しておくべきなのは、機関設計が、上記の課税区分類型に影響を与えることです。たとえば、理事1人の一般社団法人というのも法制上は可能ですが、税制上は全所得課税型にしかなれないので、機関設計には注意が必要です。

白井●機関設計については、平成30年度税制改正の影響もありますね。制度基礎解説の「第一編　**2**平成30年度税制改正による一般社団法人に対する相続税課税制度の創設」も確認して下さい。理事の範囲には特に注意が必要になっています。

4　一般社団法人の運営と資金調達手段

濱田●さて、具体的実務について考えると、大事なのは、運営と資金調達です。従業員持株会の代替としての機能であれば、配当収入は期待できますが、それ以外の財源はあまり期待できません。

北詰●しかし、自社株式の買取資金が必要になりますので、資金調達を考える必要があります。仮に債務による場合には、将来の返済原資まで検

第2編　実践Q&A

討しなくてはなりません。

内藤●ここでは、大きく分けて、3通りの手法が考えられます。

(1)　出捐として寄附する

　出捐（しゅつえん）、つまり寄附として拠出する手法です。当然ですが、将来の弁済は不要です。この場合、1階法人を選択すると、受贈益への法人税課税が生じますので、目的を達成できなくなりそうです。よって、この場合には、2階法人にすることが、必須になります。ただ、当然ですが、運営が窮屈になりますので、そのためだけにこの手法をとるのは考えにくいところです。

　また、相続税の租税回避手段としての出捐であれば、相続税法第66条第4項により、一般法人自身が贈与税の納税義務者として、受贈額に対する贈与税課税が生じることになります。法人税相当額は控除できますが、最高税率が55％に達しますので、この手法は対象外と考えてよいのでしょう。

白井●ちなみに、この相続税法第66条第4項の適用除外要件は、法人税法における非営利型法人の要件よりもさらに厳しくなります。また、平成30年度税制改正によって、不当減少要件が明確化されていますので注意が必要です（P52参照）。

　なお、基本財産相当額だから一般社団法人あるいは一般財団法人には法人税の課税はされないという誤解をされている方もいらっしゃいますが、1階法人であれば受贈益課税ですので、注意が必要です。

(2)　基金として拠出する

岡野●次が、基金としての拠出ですね。

　一般社団法人では、基金制度と呼ばれる、劣後債務としての資金調達手段が用意されています。事実上、弁済が予定されなくなりますので、当面の課税の問題は生じません。よって、この場合であれば、1階法人を選んでも差し支えないことになります。

142

村木●しかし、将来の相続財産として、債権の額面額での課税が行われることになります。恐らく、事実上回収が困難なだけに、金額が大きい場合には問題になりそうです。

　ちなみに、自社から基金を拠出した場合、ただちに何らかの否認処理が行われることは考えにくいですが、将来の損金処理が非常に困難になることは十分に予想されます。よって、この手法も金額が僅少な場合を除けば、採用しにくいと考えられます。

濱田●なお、先ほど２の(1)で村木さんが発言されていたように、基金は貸借対照表では、純資産の部に表示されることから、資本金扱いしてしまう話を割と聞きます。しかし、劣後的とはいえ、あくまでも債務ですから、注意が必要になります。

(3)　借入金として拠出する（ただし(2)以外）

北詰●最後に、一般的な債務として、金銭消費貸借契約を結んで、借入金処理することが考えられます。この場合、貸主は通常自社になるものと考えられます。その場合、資金の拠出者である自社が一般社団法人を支配しているというイメージが、(2)と比較すればより濃くなるのは、避けがたい部分があります。

白井●その意味で、配当収入を原資として、平均調達金利などの適正金利を払うと同時に、少しずつでも、定期的な債務の弁済を行なっていくのが、実務上の配慮として、当然に必要になると考えられます。

5　一般法人保有株式を配当還元方式で評価することの是非について

(1)　配当還元方式での取得が許される株主

内藤●財産評価基本通達は、法人税法施行令第４条を基本に株主区分を定めています。よって、一般法人が会社でない以上、同族株主と特殊の関係のある法人には該当しませんので、保有する株式の議決権割合次第で

第2編　実践Q&A

は、同族株主以外の株主として配当還元方式による評価での取得が可能になると考えられます（財基通188）。

株主の態様による区分					評価方式
会社区分	株主区分				
同族株主のいる会社	同族株主	取得後の議決権割合5％以上			原則的評価方法
		取得後議決権割合5％未満	中心的な同族株主がいない場合		
			中心的な同族株主がいる場合	中心的な同族株主	
				役　員	
				そ　の　他	配当還元方式
	同族株主以外の株主				
同族株主のいない会社	議決権割合の合計が15％以上のグループに属する株主	取得後の議決権割合5％以上			原則的評価方法
		取得後議決権割合5％未満	中心的な株主がいない場合		
			中心的な株主がいる場合	役　員	
				そ　の　他	配当還元方式
	議決権割合の合計が15％未満のグループに属する株主				

岡野●たとえば、同族株主がいない会社であれば、一般法人の持株について議決権割合が15％未満になるようにしておけば、配当還元方式による評価でよいということになります。

⑵　法人税法施行令第4条第6項のみなし規定が問題になった事例

村木●法人税法施行令第4条第6項をめぐって争いになった事例について検討しましょう。一般法人にも関係するからです。

6　個人又は法人との間で当該個人又は法人の意思と同一の内容の議決権を行使することに同意している者がある場合には、当該者が有する議決権は当該個人又は法人が有するものとみなし、かつ、当該個人又は法人（当該議決権に係る会社の株主等であるものを除く。）は当該議決権に係る会社の株主等であるものとみなして、第3項及び前項の規定を適用する。

白井●同族株主のいないA社の株価対策として、15％以上を保有する支配株主オーナー株主グループに属する被相続人が、相続直前に自らの株式を、役員や従業員に設立させたペーパーカンパニー（B社）に取得させ、支配株主になることを回避した事案です。相続税の申告において配当還元方式による評価が認められるのかが論点になりました。

濱田●平成23年9月28日裁決では、法人税法施行令第4条第6項が適用されB社とC社はオーナー株主と同一の議決権行使に同意しているとして、オーナー株主一族を唯一の出資者とみなし、相続人が取得したA社株式は、配当還元方式が使えないとされました。

【相続開始時のA社の株主構成】

オーナー 株主グループ 14.91%	B社 7.88%	C社 24.18%	A社持株会 49.19%	その他 3.84%

村木●ところが、東京地裁平成29年8月30日では、上記裁決例における国側の主張が排斥されました。

濱田●元々、法人税法施行令第4条6項は、同条第3項の「他の会社を支配している場合」の判定を経由して、同条第2項の「特殊の関係のある法人」の判定するための補完規定です。同条第6項だけが、同条第2項・第3項を離れ、独立して、一定の場合に、議決権保有や株主であるとみなして、同族関係者の範囲を拡張できる規定とはなっていないことを裁判所は指摘しました。

村木●財産評価基本通達188は、同族株主の定義における同族関係者の範囲として、「法人税法施行令第4条（同族関係者の範囲）に規定する特殊の関係のある個人又は法人」を用いているに過ぎません。

岡野●そうであれば、同条第6項により、同族関係者の範囲を拡張して判

145

第2編　実践Q&A

定を行うとの国側主張は、「評価通達188の解釈を誤った独自の見解というべきものである。」と言われたのもやむを得なかったでしょう。本件は控訴されず確定したため、この裁判所の解釈が正当とされたことになります。

白井●国側は、オーナー株主グループとB社・C社の株主の間で同一の議決権行使の同意があったことについての事実関係の主張、立証が足りなかったので、B社・C社が同族関係者に該当するとの国側の主張も退けられました。

内藤●この事例は形式的な判断だけではなく、経営判断や意思決定への影響力という実質判断の視点からも、国側主張の結論が妥当とされなかった事案でした。確かに裁決における判定は誤りとされたものの、同種事案が生じた場合には、東京地裁が本事案で行ったような実質判断により、結論が判決とは逆転することがあり得ます。

白井●つまり、一般法人が経営者の操り人形になっているとの事実認定があれば、経営者の議決権割合は、一般法人の議決権割合に合算されることになり、経営者の相続人が取得した株式は原則的評価方法によることを求められる可能性があります。

内藤●よって、実務的には、このようなリスクを可能な限り排除する必要があります。ここで先に4で述べた問題が顔を出します。つまり、実務的には、4の(3)で説明した借入金として調達することが多いと思われますが、ある時払いの催促なしであったり、返済条件が不合理なケースはもちろん、適正な利息負担が行われていなければ、支配関係を認定されやすくなると考えられます。

白井●実は、いま検討した東京地裁平成29年8月30日において所得税についても高裁まで争われています。オーナー株主が相続直前にA社株式をB社に配当還元方式で譲渡したことが低額譲渡（所法59①二）に該当す

146

るのかが問題となりました。

内藤●一審では譲渡直前の譲渡者の議決権で判定すべきとし、みなし譲渡課税（所基通59−6）が適用されました。

岡野●ところが平成30年7月19日の東京高裁ではこれが覆され納税者の勝訴となりました。所得税基本通達59−6では、同族株主に該当するかどうかは、財産評価通達188(1)を適用する際の判定について譲渡者の株式譲渡前の議決権数で判定すると規定されていますが、同族株主以外については記載がありません。つまり、188(2)〜(4)については判定時期を読み替える規定が59−6にはないため、あくまで取得者の取得後の議決権で判定すべきだとしました。

村木●要するに、同族株主（30％以上）の判定については、譲渡者の譲渡前の議決権で判定するが、支配株主（15％以上）の判定については取得者の取得後の議決権で判定すべきというわけですね。この事例では、B社の取得後の議決権割合は7.88％だったので配当還元方式が認められました。

濱田●東京高裁は、「通達の改正等を経ることなく解釈により実質的内容を変更することは、通達の定めを信頼して取引等の判断をした納税者に不測の不利益を与えるものであり、相当ではない」と判断しました。なお、国側は控訴しています。

白井●今後の実務への影響を考えると、相続税の節税を目的に、相続直前に支配株主を外すためにペーパーカンパニーを設立して配当還元方式で譲渡するという手法が一般的に認められるとはとても思えません。所得税の取扱いについては所得税基本通達の改正が予想されるところです。

岡野●通達に規定がないことをもって国側の処分が否定されたわけですが、特に今回の事例のような相続直前の節税対策について通達に文言がないから許されるという判断には疑問が残ります。

第2編　実践Q&A

(3)　特別の利益供与がないことについての配慮が必要

岡野●また、これ以外にも、個別通達「贈与税の非課税財産（公益を目的とする事業の用に供する財産に関する部分）及び持分の定めのない法人に対して財産の贈与等があった場合の取扱いについて」の16（特別の利益を与えること）に列挙されたような事項がないように、法人の運営には特段の配慮を行っていく必要があるでしょう。

【16　特別の利益を与えること】

(1)　贈与等を受けた法人の定款、寄附行為若しくは規則又は贈与契約書等において、次に掲げる者に対して、当該法人の財産を無償で利用させ、又は与えるなどの特別の利益を与える旨の記載がある場合

　　（略）

(2)　贈与等を受けた法人が、贈与等をした者等又はその親族その他特殊の関係がある者に対して、次に掲げるいずれかの行為をし、又は行為をすると認められる場合

イ　当該法人の所有する財産をこれらの者に居住、担保その他の私事に利用させること。

ロ　当該法人の余裕金をこれらの者の行う事業に運用していること。

ハ　当該法人の他の従業員に比し有利な条件で、これらの者に金銭の貸付をすること。

ニ　当該法人の所有する財産をこれらの者に無償又は著しく低い価額の対価で譲渡すること。

ホ　これらの者から金銭その他の財産を過大な利息又は賃貸料で借り受けること。

ヘ　これらの者からその所有する財産を過大な対価で譲り受けること、又はこれらの者から当該法人の事業目的の用に供するとは認められない財産を取得すること。

ト　これらの者に対して、当該法人の役員等の地位にあることのみに基づき給与等を支払い、又は当該法人の他の従業員に比し過大な給与等を支払うこと。

---

3 従業員持株会の代替的手段としての一般法人

チ これらの者の債務に関して、保証、弁済、免除又は引受け（当該法人の設立の
ための財産の提供に伴う債務の引受けを除く。）をすること。

リ 契約金額が少額なものを除き、入札等公正な方法によらないで、これらの者が
行う物品の販売、工事請負、役務提供、物品の賃貸その他の事業に係る契約の相
手方となること。

ヌ 事業の遂行により供与する利益を主として、又は不公正な方法で、これらの者
に与えること。

濱田●このような点への配慮を行うことで、一般法人における株式の取得
は配当還元方式によることが可能になると考えてよいのでしょうか。

村木●そのように解している論者もいます。ただ、一般法人の代表理事を
会社側の社長にするなど、いくら東京地裁で納税者が勝訴しているとい
っても、法人税法施行令第4条第6項を手招きするような行為は慎むと
いう前提ですが。

白井●当然ですね。ちなみに、持株が30％以上の同族株主である経営者が
持株を一般法人に売却する場合には、所得税法第59条が発動し、この場
合の時価判定は譲渡者側の基準（所基通59－6）によりますので注意が
必要です。

(4) 実務では最低でも2階法人で、
　　慎重を期すならプラスアルファでの実行を

内藤●このような実務の動きを考えると、事実上1階法人での設立は避け
ておくべきだ、という考え方もできます。

濱田●それはどのような根拠があるのでしょうか。

岡野●そもそも読んだことがない人もいそうですが、財産評価基本通達の
5項・6項を踏まえての見解ですね。

149

第2編　実践Q&A

【財産評価基本通達　5（評価方法の定めのない財産の評価）】

　この通達に評価方法の定めのない財産の価額は、この通達に定める評価方法に準じて評価する。

【同　6（この通達の定めにより難い場合の評価）】

　この通達の定めによって評価することが著しく不適当と認められる財産の価額は、国税庁長官の指示を受けて評価する。

　　相続時の評価については国税側が敗訴したものの、税務情報誌等によれば、相続税評価については、財産評価通達の改正は予定されておらず、今後、同様の事案については総則6項で対応するようです。

村木●さらに国税局審理の情報によれば、宗教法人の運営実態から配当還元を否定して原則的評価方式によるものだとしたもの（平成9年12月2日）があるようなのです。これを踏まえると、過半数まで移さないけど一体運営といわれるとリスクが残るのではないかというのですね。

　　そこで、1階法人でいいというよりも、さらに進んで、2階の法人税法上の非営利型法人の基準だけでなく、相続税法施行令第33条第3項の基準をクリアしておくほうが安全ではないかという論者もいました。

【相続税法施行令第33条第3項の不当減少にならない要件】

◆1　その運営組織が適正であるとともに、その寄附行為、定款又は規則において、その役員等のうち親族関係を有する者及びこれらと次に掲げる特殊の関係がある者（次号において「親族等」という。）の数がそれぞれの役員等の数のうちに占める割合は、いずれも3分の1以下とする旨の定めがあること。

イ　当該親族関係を有する役員等と婚姻の届出をしていないが事実上婚姻関係と同様の事情にある者

ロ　当該親族関係を有する役員等の使用人及び使用人以外の者で当該役員等から受ける金銭その他の財産によって生計を維持しているもの

ハ　イ又はロに掲げる者の親族でこれらの者と生計を1にしているもの

ニ　当該親族関係を有する役員等及びイからハまでに掲げる者のほか、次に掲げる法人の法人税法第2条第15号（定義）に規定する役員（(1)において「会社役員」という。）又は使用人である者

150

（1） 当該親族関係を有する役員等が会社役員となっている他の法人

（2） 当該親族関係を有する役員等及びイからハまでに掲げる者並びに
これらの者と法人税法第2条第10号に規定する政令で定める特殊の関係のある法
人を判定の基礎にした場合に同号に規定する同族会社に該当する他の法人

◆2　当該法人に財産の贈与若しくは遺贈をした者、当該法人の設立者、社員若し
くは役員等又はこれらの者の親族等に対し、施設の利用、余裕金の運用、解散
した場合における財産の帰属、金銭の貸付け、資産の譲渡、給与の支給、役員
等の選任その他財産の運用及び事業の運営に関して特別の利益を与えないこと。

◆3　その寄附行為、定款又は規則において、当該法人が解散した場合にその残余
財産が国若しくは地方公共団体又は公益社団法人若しくは公益財団法人その他
の公益を目的とする事業を行う法人（持分の定めのないものに限る。）に帰属
する旨の定めがあること。

◆4　当該法人につき法令に違反する事実、その帳簿書類に取引の全部又は一部を
隠ぺいし、又は仮装して記録又は記載をしている事実その他公益に反する事実
がないこと。

村木●今回の平成30年度税制改正を考えても、従業員持株会代替での一般
社団法人については、1階法人は、事実上、利用できなくなったと理解
すべきなのでしょうね。

濱田●なるほど。ただ、そうなるとかなりハードルは上がりますね。

白井●ちなみに、その審理資料でポイントとされているのは、
　　　・実質的な課税の公平を著しく損なうことが明らか
　　　・評価方法以外の方法・価額が客観的で合理性（妥当性）を有する
ということです。

内藤●その上で、以下を総合的に検討すべきといっています。
　　　・相続税法第22条の時価といえなくなる
　　　・他の納税者との間の実質的な租税負担の公平・公正を損なうか
　　　・行為（方法）に計画性・恣意性が認められるか

第2編　実践Q&A

・行為（方法）に経済的合理性（必要性）が認められるか

・行為（方法）に租税負担軽減企図と認められるか

・立法趣旨に反することとなる事情が認められるか

・採用した方法・価額が特殊な事情を前提として形成されていないか

　1階法人というだけでの否認はなかなか難しいと考えていましたが、平成30年の改正でここは考え方を大きく変えなくてはなりません。さらに今回の改正は、良くいえば暫定的、悪くいえば場当たり的な穴塞ぎ改正であり、さらなる措置の変更・追加も考えられるところです。安易な改正の隙間狙いは厳に慎むべきでしょう。

村木●そうですね。ところで、最近、一般社団法人の利用者について、非常に気になる報道が出ましたね。演習場地主の話です。

【演習場地主、100億円申告漏れ　陸自・東富士、制度変更】

　富士山の裾野にある陸上自衛隊東富士演習場（静岡県御殿場市など）に土地を貸している地元の十団体が、名古屋国税局の税務調査を受け、防衛省からの賃貸料収入をめぐって総額百億円超の法人所得の申告漏れを指摘されていたことが分かった。国の公益法人制度改革に伴い、従来は非課税だった賃貸料収入が課税対象とされた。過少申告加算税を含めた追徴課税額は、二十数億円に上るとみられる。

　（略）

　信用調査会社などによると、各団体は、防衛省に貸している「共有地」の地権者にあたる。演習場周辺に住む住民らが会員で、市職員が運営に関わる団体もある。防衛省からの賃貸料収入は、地元老人会や消防団への助成、学校の備品購入などに充てている。

　十団体はかつて、公益法人に認定され、賃料収入は自動的に非課税とされていた。国の制度改革に伴って二〇一二〜一四年、「非営利型」一般社団・財団法人へ移

152

行。課税されるかどうかは、国税当局の判断に委ねられることになった。

　公益性が認められれば非課税となるが、今回の税務調査では認められなかった。支援金や記念品の配布先が、地元に限られている点が問題視されたとみられる。ある団体は、地元の高齢者への敬老祝い金を「特定の個人への利益分配」と指摘されたという。

　各団体とも、一七年以前の過去五年分をさかのぼって賃貸料収入に課税されたもよう。

　（略）

（中日新聞、2018年6月8日朝刊）

白井●これ、もしかすると、非営利型（2階）から1階への転落事例かもしれません。

濱田●あれ、非営利型法人であっても、不動産賃貸業は、収益事業課税対象ではなかったでしたっけ。

内藤●基本はそうですね。しかし、本事例では、国に直接貸していますから、政令で収益事業から除外されているということになるのでしょう。

【法人税法施行令　第5条（収益事業の範囲）】
　法第2条第13号（定義）に規定する政令で定める事業は、次に掲げる事業（その性質上その事業に付随して行われる行為を含む。）とする。
　◆5　不動産貸付業のうち次に掲げるもの以外のもの
　　ホ　国又は地方公共団体に対し直接貸し付けられる不動産の貸付業

岡野●なるほど。記事中では、「支援金や記念品の配布先が、地元に限られている点が問題視された」とありますので、「特定の個人又は団体に特別の利益を与えること」の意味が問われたと。

153

第2編　実践Q&A

村木●この点が問題にならなければ、収益事業課税されない以上、課税が生じなかったのですね。しかし、そもそも、非営利型法人じゃなくて、特定普通法人なんじゃないのと言われてしまったと。

濱田●名古屋局、本当にアグレッシブですね。

白井●ただ、「地元の高齢者への敬老祝い金」までダメだと言ってますので、これはちょっと行き過ぎかもしれないという気もします。

内藤●御殿場市の一団体は、国税不服審判所に審査請求しているそうですが、気持ちは分かりますね。

岡野●しかし、これ怖いですね。相応の歴史があっても、地元の生活密着がある程度あっても否認してくる。5年遡及ですし、かなり本気の課税です。

村木●「特別の利益」がどのレベルを問われるのか、審判所の判断が待たれますね。この事件の影響次第では、進み始めた一般社団法人・一般財団法人の利用にもブレーキが掛かるかもしれません。要注目です。

村木●このような特別の利益についての経済的利益課税の実務が厳格化している現状を踏まえると、関与先へのスキーム説明は、より慎重に行っておく方が無難ということになりそうですね。

6　「自社株式買取り法人」を2階の法人にするためには2層の共益型法人が1つの方法

濱田●ところで、自社株式買取り法人を2階の法人にする場合ですが、どのように目的を考えるべきなのでしょうか。

北詰●そうですね。この点は、税理士サイドである程度デザインしてあげないと、恐らく会社側も困るのではないでしょうか。司法書士としても、税務マターに直接口は出せませんし。

(1) 1階の法人でなく2階の法人を選択する趣旨

白井●確認ですが、1階の法人にするのなら、このような検討は不要ですよね。

内藤●そういうことになります。あくまでも、一般社団法人の独立性を高めることに重きがあるのだと理解しています。先の検討にも出てきたように、配当還元方式での評価への否認リスクを避けることを強く意識しているわけです。

岡野●なるほど。2階の法人だと金融所得の源泉所得税はコストになり回収できませんが、その点は割り切っているのでしょうね。ちなみに、私は、1階の法人で良く、必ずしも2階の法人まで選択する必要はないようにも思うのですけど。

村木●それも考え方です。ただ、内藤さんが言われたように、確実に配当還元方式での評価を徹底させるためには、それなりに運用面での配慮が必要になります。

そのような窮屈さを踏まえれば、収益事業課税で済むというのはやはり2階の法人の魅力です。内部留保をより手厚くするためにも、2階の法人を選択するというのは、実務的には非常に有力な選択でしょう。

(2) 自社株式買取りだけでは、2階の法人にはなれない～共益型が唯一の選択肢

濱田●ということで、2階の法人を選択するという場合、どのようなデザインにするか、ということが悩ましいです。

白井●まず、将来3階に行く予定もないし、国や地方公共団体にしか残余財産を持って行けないというのは困るでしょうから、非営利徹底型は事実上選べないでしょうね。すると、共益型を選択するしかないわけですか。

第2編　実践Q&A

北詰●共益型というのは、会員に共通する利益のために活動するというのが趣旨ですよね。そうすると、自己株式買取りを会員に共通する利益のための活動にするというわけにはいきませんから、何か他に共益型の趣旨に沿った目的が必要、という話なのでしょう。

内藤●確かにそうですね。共益型ってことは、要するに紳士クラブ型の組織ってことになりますか。

(3)　共益型の組織設計〜一例としての従業員福利厚生団体とその問題点

岡野●なるほど。そうすると、何か、参加するメンバーに共通する利益を図るための活動を行うという目的が必要だと。参加メンバーは、通常、従業員を前提にしているのでしょうから、従業員福利厚生団体などの機能を前面に出すのが一案でしょうか。

濱田●なるほど。参加するメンバーへのインセンティブを考えているわけですね。

村木●ちょっと待って下さい。福利厚生といっても、自社株式買取り機能を持たせる法人にするわけですから、全ての従業員を社員にするわけにはいかないでしょう。

内藤●そうですね。このような団体を運営していく上で、自社株式買取りによって配当金を原資として期待できるのは、事実上かなり先になるでしょう。何せ、買取り資金の調達を行った時に借金返済が先に立ちますから。

　そうすると、運営のために、会社から一般社団法人に補助金などを出しても、福利厚生費にはならず、寄附金課税の対象となってしまう可能性が高いでしょう。

白井●そうですね。実際、従業員全員参加というのはかなり困難でしょう。

156

潜在的な参加ということで、飲み会やボーリング大会などを開催して、お互いに楽しむ団体という設計はできそうですが。それに、従業員の中には、非協力的なメンバーもいるでしょう。

(4) 2層の共益型法人～非社員たる会員と社員たる会員との2層設計

濱田●困りますね。どうしたらよいのでしょう。

北詰●そこで、2層の共益型法人というのが1つの考え方だと思われます。つまり、「××の会」のメンバーの中で、一般社団法人の社員となるべきメンバーを選ぶのです。会員でありながら社員でないメンバーと会員かつ社員というメンバーの2層構造にしてしまい、コアメンバーを社員にするように、定款で決めてしまうのですね。

岡野●なるほど。これって、3階の法人なら公益認定等委員会でダメとされていますが、一般社団法の中だけでよい1階・2階法人でいえば、適法といえますね。

---

3 代議員制度

（問題の所在）

　「当該社団法人に会費を納めている会員に選挙権を与え、会員の中から社員を選出するための選挙を行い、当該選挙により選出された者を任期付きの社員とする」旨の定めを設け、いわゆる代議員制を採用する場合の定款の定めの在り方。

（考え方）

　社団法人における社員総会は、役員の人事や報酬等を決定するとともに、定款変更、解散などの重要な事項の意思決定をすることができる法人の最高意思決定機関である。そのため、社団法人の実態としては社員となることができる資格のある者が多数いるにも関わらず、社員の範囲を狭く絞って社員総会を運営し、多様な意見を反映する機会を設けることなく、構成員のうちの一部の勢力のみが法律上の「社員」として固定されてしまうような場合には、当該社団法人の実効性のあるガバナンスを確保することができなくなる。

第2編　実践Q&A

> 　例えば、社員総会で議決権を行使することとなる「代議員」の選定を理事ないし理事会で行うこととすると、理事や理事会の意向に沿った少数の者のみで社員総会を行って法人の意思決定をすることともなりかねないため（法第35条第4項、公益法人認定法第5条第14号イ参照）、会員の中から社員（代議員）を選定する方法は特に留意する必要がある。また、社員の範囲を狭く絞ることにより、移行に伴い従来から社員の地位にあった者の個別の同意を得ることなくその者の地位（社員たる権利）を奪うこととなるだけでなく、法が社員に保障した各種の権利を行使できる者の範囲が狭まることとなり、社員権の行使により法人のガバナンスを確保しようとした法の趣旨に反することともなりかねない。
>
> 　　　　　（「移行認定のための「定款の変更の案」作成の案内」（内閣府））

北詰●そうです。3階の法人では上記の質疑応答にあるように、いわゆる代議員制の採用はアウトなのですが、認定法の縛りがない1階・2階では定款自治の範囲内と解することが可能ですから。

村木●なるほど。私は最初2層型にすることで、共益型といえるのだろうかとの疑問を持っていたのですが。

　しかし、共益型の要件としては、非同族要件や利益供与禁止要件を除くと、3つですね。

・会員に共通する利益を図る活動を行うことを目的としていること

・定款に会費として負担すべき金銭の定めがあること

・主たる事業として収益事業を行っていないこと

　これからいえば、きちんと運営目的がしっかりしていれば、何ら問題はありませんね。自己株式買取りによる配当金収入も収益事業にはなりませんから、借金返済さえ終われば、会の資金面で貢献してくれるでしょう。

濱田●参加する従業員がメリットを感じてくれて、徐々に会への従業員参加率が高くなれば、会社が出す補助金支出なども、将来的には、福利厚生費で認められる余地が生じてくるかもしれませんね。確かに、実務的にはこれが1つの解決策になりそうです。

白井●平成30年度税制改正で創設された一般法人の同族理事死亡時の相続

158

税課税制度（相法66の2）は、2階法人には適用されません。この点からも2階法人が有力な選択肢になります。

岡野●逆に言えば、1階法人での利用をしていた場合には、早急な見直しが避けがたいですね。

村木●あと、最近時々聞くので念のために注意喚起しておきたいのですが、一般社団法人を複数設立して、持株割合をそれぞれ一定以下に抑制するような手法は危険極まりないでしょう。

白井●エンロンのジェダイ1号・2号のような策ですね。結局は、一般社団法人の独立性を全て疑われる元ですから、良識ある実務家なら当然に避けるでしょうね。

第2編　実践Q&A

4 遺言代用信託の活用法

Question

　顧問先の資産家が、高齢による判断力の低下を心配しています。所有するアパートなどの管理については、信託をアドバイスしていますが、死後の確実なアパートの承継を考えると「遺言代用信託」が有効と聞きました。

　そこで、遺言代用信託のメリットや具体的利用法、課税関係について教えてください。

Answer

　自分の死後の受益者を誰にするかを、生前の信託契約で定めるため、自分の死後の財産について、確実な承継と運用が実現できます。

　また、撤回できない旨を定めておいたり、場合分けをして後継者が受益権を取得できる条件を付けておくなど、遺言に比較し、事案に応じた柔軟な運用が可能です。

ポイント

(1) 本人の死後も終了せず、事業承継や財産管理を継続する信託は遺言代用信託を利用することが多い

(2) 課税関係については実質的な信託財産の所有者が誰かを理解することが重要

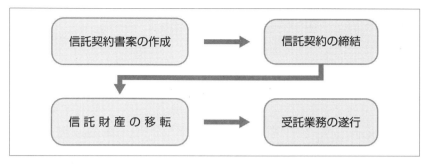

（税務上の諸手続）

① 信託契約書の作成
② 所有権移転登記・信託登記
③ 信託の調書の提出（信託設定の日の属する月の翌月末日期限）
④ 信託の計算書の提出（翌年1月31日期限）
⑤ 不動産所得の確定申告（受益者）
⑥ 相続税の申告・納税（委託者死亡後）

解説

1 遺言代用信託の利用価値

(1) 遺言代用信託とは

白井●まず、遺言代用信託とは、どのような信託を言うのか、説明して下さい。

北詰●典型的には、信託の設定当初は、委託者自身が受益者になり、委託者が死亡した時には、妻や子を受益者とすることを信託契約によってあらかじめ定めておく信託です（信託法90）。自分の死後、財産を家族に残すための手法として信託を利用するわけですが、それを生前の信託契約によって決めておくわけです。

【遺言代用信託（信託法90）】
　委託者（父）の死亡の時に妻が受益権を取得する定めのある信託契約を受託者（長男）と締結した場合

①信託設定時から委託者死亡時まで

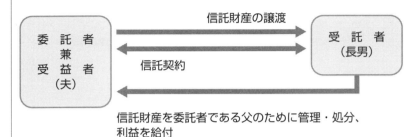

②委託者死亡後

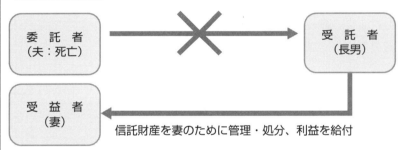

【信託法第90条（委託者の死亡の時に受益権を取得する旨の定めのある信託等の特例）】
　次の各号に掲げる信託においては、当該各号の委託者は、受益者を変更する権利を有する。ただし、信託行為に別段の定めがあるときは、その定めるところによる。

- ◆1　委託者の死亡の時に受益者となるべき者として指定された者が受益権を取得する旨の定めのある信託
- ◆2　委託者の死亡の時以後に受益者が信託財産に係る給付を受ける旨の定めのある信託

　2　◆2の受益者は、同号の委託者が死亡するまでは、受益者としての権利を有しない。ただし、信託行為に別段の定めがあるときは、その定めるところによる。

白井●信託法第90条では、遺言代用信託として２つの場合が規定されていますね。説明してください。

内藤●◆１では、受益者になる者として指定された者は、委託者の死亡時にはじめて受益者になります。事例でいうと、信託契約で受益者として指定された妻は、夫が死亡した時に受益者となってアパートの収益を受け取ることになります。

岡野●それに対し、◆２では、信託スタート時より信託契約のうえでは、受益者になりますが、信託財産についての給付を受ける権利は、委託者死亡の時まで取得しません。妻は受益者にはなりますが、夫の死亡後にアパートの収益を受け取る権利が発生します。

白井●信託契約の上での形式はどうあれ、◆１も◆２も本質的には同じですね。

北詰●そうですね。２項では、◆２の場合であっても、委託者が死亡するまでは、受益者としての権利を有しないということを原則にしています。

岡野●別段の定めを設けることは可能です。たとえば、妻に受益者としての何らかの権利を与えたいという場合です。仮に、アパートの大修繕については、妻の合意を必要とする、という信託内容にすることも可能というわけです。

白井●遺言で誰に財産を承継させるかを決めておくのと類似しているので、遺言に「代用」する信託だというわけですね。

北詰●そうですね。ただし、相手方のいない単独行為である遺言と違い、遺言代用信託はあくまで委託者と受託者との契約により設定され（信託法３一）、委託者の生前にスタートすることになります。

村木●信託契約は委託者である夫と受託者である長男が締結しますが、実務では受益者と指定された妻も契約に参加することになります。委託者

死亡後の財産の運用と受益者が当事者間で明らかになっていれば、相続後に混乱することもないでしょう。

(2) 遺言信託との違い

白井●遺言によって設定する信託を「遺言信託」といいます（信託法3二）。遺言代用信託はこれとは別ものなのですね。

北詰●はい。遺言信託の場合には、遺言者の財産を信託する旨、目的、管理処分の方法、受益者、受託者、信託報酬の算定方法など、契約による信託と同様の内容を遺言書に記載しておくことになります。

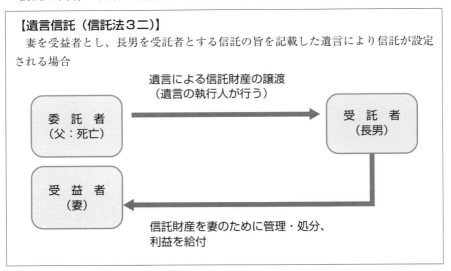

白井●遺言代用信託は、委託者の生前に信託がスタートしますが、遺言信託では、委託者の死亡によって信託がスタートするという違いですね。そして信託の内容は遺言に従って決定するのですね。

内藤●遺言信託のデメリットとして、受託者に指定された者が、遺言者の死後、本当に引き受けてくれるかという不安があります。実務では、そのようなことにならないよう、生前に、受託者となる者に頼んでおきま

す。

濱田●しかし、実際に引き受けてくれるかどうかはわかりません。利害関係人が遺言で受託者に指定された人に期間を定めて催告することになりますが、確答がないときは、受託者を引き受けなかったものとみなされます（信託法5）。

村木●指定された人が受託者を引き受けないときや、遺言書に受託者の指定がないときは、裁判所が利害関係人の申立てによって、受託者を選任することになっています。とはいえ、受託者を引き受けるかどうかはその人の自由です（信託法6）。

　　そこで、受託者の承諾が得られないというリスクに備えて、遺言代用信託によって信託を生前に設定しておくのが一般的な手法になります。

岡野●ちなみに、遺言信託では、契約による信託と異なり、委託者の相続人は委託者の地位を承継しません（信託法147）。法定相続分とあえて異なる財産の配分を図ろうとしているのに、相続人が委託者としての権利を取得するのは、遺言信託の趣旨に合わないからです。もちろん、別段の定めは可能なので、遺言信託であっても委託者の地位を相続することは可能ですが。

白井●ということは、委託者の地位は、基本的には相続されるのですか。

岡野●はい。信託法においては、委託者の地位は相続されるというのが基本的な考え方です。一般的な信託の場合は、委託者に相続が発生すると、その相続人が委託者になります。

村木●遺言信託は、現実には、篤志家などが、自分の死後、公益的な目的のために財産の一部を信託の仕組みを利用して活用してほしいというような場合に利用されているのでしょうね。

白井●もう一つ確認したいのですが、多くの信託銀行が行っている「遺言

第2編　実践Q&A

信託」というサービスがあります。これは、信託法における信託とは、全く別物なのですね。

北詰●「遺言信託」は、ほとんどの銀行や信託銀行が提供している遺言に関するサービスです。信託と名付けられているものの、今、検討した遺言により開始する信託（信託法3二）とは異なるもので、そもそも法的には信託法と無関係です。

村木●銀行の「遺言信託」のサービス内容は、遺言の作成、作成した遺言書の保管、遺言の執行です。設定時に数十万円の手数料が必要なほか、遺言の執行についても、債務を控除した純資産額ではなく、総資産額のみを基礎に報酬が計算されます。最低100万円程度の手数料を設定している信託銀行が多いようですね。

岡野●相続人間にトラブルが生じる可能性のある事案や、実際にトラブルが生じた事案は引き受けて貰えません。メリットは預金や株式などの名義変更をしてくれることくらいでしょうか。

内藤●遺留分侵害額請求が行われると、遺言の執行もしてくれません。相続税の申告や遺産の名義変更などの登記手続きや相続税の申告も、別途専門家を紹介してもらえるだけです。コストのわりにメリットがあるとはいえないでしょう。

(3)　事業承継の為の遺言代用信託

白井●遺言代用信託の利用にはどのようなメリットがありますか。

北詰●委託者は、生前であれば、いつでも自分の死亡後に予定する受益者を変更することができます。この点は、遺言書がいつでも書き換えができるのと同じ趣旨です。

岡野●たとえば、会社オーナーである委託者が、自分の死後に事業を承継してくれる長男を、オーナー死亡後の受益者に指定して、自社株を信託

166

財産としていたとします。ところが何らかの要因で長男が会社を引き継ぐ意思がなくなった場合です。長男に替わって、次男が後継者になってくれるのであれば、受益者をいつでも次男に変更することができます。

内藤●当然、受託者との間で信託契約の内容を変更したり、信託自体を終了することもできますので、委託者の生前に判断能力があるうちに、後継者の経営能力を確認することができるメリットがあります。

村木●遺言代用信託は、別の視点でもメリットがあります。つまり、委託者ではなく、受益者に指定された者のための信託です。

　この場合は、逆に、撤回が不能な信託にしてしまいます。たとえば、事業を承継することになった後継者のための信託です。

白井●なぜ信託をわざわざ撤回不能にする必要があるのですか。

岡野●撤回不能の信託を利用する手法を検討する前に、遺言で自社株を譲る場合を考えてみましょう。

　遺言書は、遺言者の意思でいつでも全部あるいは一部を撤回することができます（民法1022）。前の遺言と抵触する遺言が作成された場合には、前の遺言は撤回したものとみなされるので、理由を問わず何時でも書換えが可能です。

村木●株式と事業用の資産を後継者に相続させる内容の遺言を書いてもらうことを条件に、事業を承継したとしても、遺言書はいつでも書き換えられる不安があります。不仲の兄弟のアドバイスで、いったん作成された遺言書がその後書き換えられてしまう可能性があります。

岡野●先代経営者である父の主導によって、家族全員の合意のもとで遺言書を作成してもらい後継者になることを引き受けたとします。でも、その後も家族の仲が良好だとは限りませんよね。

　先代経営者である父の判断力に衰えが生じた時点で遺言書が書き換えられてしまうと、相続時のトラブルの原因になることは明らかです。

第2編　実践Q&A

白井●確実に株式を承継できるか不安がある場合は、相続時精算課税制度を選択して生前贈与してしまうとよいのではないですか。

岡野●相続時精算課税には2,500万円の非課税限度額があるとはいえ、それを超える金額について20％の税額を納税する必要があります。高額な同族会社株式を贈与する場合には相当な税負担です。5億円の自社株を贈与すると1億円近くの贈与税負担が生じます。とても軽い税負担で実行できる方法とはいえません。

　また、贈与した後に後継者が不適格だったと後悔しても贈与をなかったことにはできません。

村木●万が一、受贈者が先に死亡した場合には、受贈者の相続人に相続時精算課税による課税関係が承継されるため、高額な自社株について二重の税負担が発生してしまいます（相法21の17）。受贈者が先に死亡するのが相続時精算課税制度適用時の最大のデメリットです。

岡野●さらに、同族会社の敷地を精算課税贈与で取得した場合には、相続時には、特定同族会社事業用宅地としての小規模宅地等の特例が使えません。価格を贈与時の時価に固定する効果があるのが相続時精算課税ですが、贈与時よりも相続時の方が敷地の評価額が下落することによって、贈与時の高い評価額による相続税負担が生じる可能性にも備えざるを得ません。

白井●なるほど。遺言だと確実に財産を承継できる保証はない。生前贈与だと高額の贈与税負担が生じ、かつ、取消しができないため大きな決断が要求される。

　そこで、利用価値が高いのが信託による確実な財産の承継というわけですね。

村木●父の自社株や会社敷地などの事業用財産につき、生前は、父を委託者兼受益者とする自益信託とします。生前は、委託者である父の意思に

168

したがって、株式の管理を受託者に任せるので、父の判断力に衰えが生じても信託の内容は維持されます。そして、父が死亡した場合の次の受益者を後継者とすることを信託契約で定めておく。

信託契約で、受益者を変更する権限を消滅させておくことで、撤回不能の信託を設定することができるわけです。信託の終了には後継者の合意を必要とすることも信託契約に定めておくとよいでしょう。

濱田●信託法第90条を確認すると、別段の定めを設けることは自由にできますね。

北詰●確かに条文上は撤回不能とできるのですが、その場合でも、条件を付けておくとよいでしょう。例えば、後継者が代表者を辞任した場合など、事業承継を放棄したような場合においては、委託者単独で撤回可能とする条件を付けておきます。

白井●従来の手法のデメリットを解消した上で、場合分けをして条件を定めておくこともできると。

結局、撤回不能信託は、事実上の撤回不能の遺言と同様の効果があるわけですが、法律を勉強した人ほど、撤回不能の遺言は考えられないそうです。遺言代用信託には今までにはないインパクトがあるということですね。

内藤●遺言代用信託は多様な信託スキームに登場します。自分の判断力が衰えた後も確実に次世代に財産を承継するために、委託者死亡後の受益者を指定しておくことが自然です。

岡野●「**6**子供や孫のための信託」でも、当初は委託者が受益者となる信託でスタートして、委託者が死亡すると、子が次の受益者となることが多いと思います。その意味では、遺言代用信託を基本的な信託のスキームとして理解しておくとよいでしょう。

(4)　すべての財産を撤回不能信託とするのはリスク

白井●遺言代用信託に似た手法として死因贈与契約も考えられますね。死因贈与契約で自社株を移転させることも考慮の余地はありませんか。

内藤●死因贈与契約でもよいと思います。しかし、撤回不能とする場合はやはり信託を利用する必要があります。死因贈与契約は、遺贈の規定が準用されるため、いつでも撤回可能です。信託は、死因贈与契約と違って、民法の遺言に関する制約を受けることはありません。そのため、撤回不能にすることも認められるわけです。

濱田●遺言代用信託の利用例が訴訟になった事案はまだ蓄積がありません。民法法理との接点の問題は、実務上はまだ不明です。

村木●撤回不能の信託を設定したが、委託者がやはり撤回したいと心変わりし、訴訟にまでなったら裁判所はどう判断するかということですね。撤回不能信託を設定した後、信託内容と異なる遺言書を作成していたらどうなるのでしょう。

北詰●原則的には、信託によって財産の処分権限を失った後で遺言を行っても、その効力は生じないはずです。しかし、現時点では信託なら何でも可能だとは容易には断定できません。

　ただ、実際に受益者の立場からすれば撤回不能としてくれなければ困りますが、委託者の立場からすれば、必ずしもそうは言えません。そこで、全財産を遺言代用信託で決めておくというのは、再考の余地があるようにも思えます。

内藤●撤回不能信託は、株式を相続することを前提に事業を承継した後継者や、親の居宅を相続することを前提に両親の面倒を見てきた家族に対して、約束通りに財産を取得させる手法として有効だと考えます。

(5) 遺留分との関係

白井●委託者の死亡により相続が発生すると、遺留分侵害額請求の問題が生じることは、避けられませんね。民法の遺留分を侵害することは、信託といえども認められないのですよね。

村木●はい。受益権は民法上の財産ですから、遺言代用信託によって委託者死亡後の受益者に指定された者は、遺留分を侵害すると遺留分侵害額請求を受けることになります。

白井●信託受益権も遺留分侵害額請求の対象となるのですね。信託の設定の際は、相続人の遺留分に配慮することが必要だと。

濱田●ただ、遺留分侵害額請求は、受益者に対して行えばよいのか、受託者に対して行えばよいのかという法的な問題はあります。実務では両者にすることになるでしょう。

北詰●たとえば、受益者連続信託だと、どのタイミングで誰に遺留分侵害額請求をすればよいのかが問題となります。つまり、委託者（第1受益者）が死亡した後の第2受益者が受益権を取得した段階でのみ遺留分侵害額請求が認められるのか、あるいは、第3受益者が受益権を取得した際にも遺留分侵害額請求は認められるのかという問題です。

岡野●民法の考え方からすれば、最初の財産の処分時点でのみ遺留分侵害額請求が可能というのが一般的です。つまり、第2受益者が受益権を取得した時のみ遺留分侵害額請求が可能で、第3受益者への移転段階ではできないということになります。第2受益者は自らの処分権限で第3受益者に受益権を与えるわけではなく、信託の内容として定められているからです。

白井●では、第2受益者が受益権を取得したときに、第2受益者だけでなく、同時に第3受益者へも遺留分侵害額請求は可能なのですか。

第2編　実践Q&A

北詰●両説がありますが、一般には、第2受益者にしかできないと考えられています。第3受益者が実際に財産の給付を受けることができるのは第2受益者の死亡後だからです。ただ、このあたりは不明点も多く、これからの判例実務で明らかになっていくでしょう。

村木●すると、具体的には、父が死亡して次男が第2受益者として受益権を取得した際に、長男の遺留分が侵害された場合、長男は弟に遺留分侵害額請求を行うことができますが、次男が死亡して次男の子が第3受益者として受益権を取得した際には遺留分侵害額請求を行うことができないということですね。

2　遺言代用信託の手続

白井●遺言代用信託の場合の信託契約書ですが、まず、信託を成立させるための信託契約書には、どのような内容を記載すればよいのでしょうか。

濱田●信託契約書には、委託者に関する事項、受託者に関する事項、受益者に関する事項、信託の目的、信託財産の管理方法、信託の終了の事由、その他の条項を記載することになります。

内藤●遺言代用信託を前提とする最低限の信託契約書を考えてみると下記のようになります。

　賃貸不動産を当初は委託者が受益者としてスタートするが、委託者が死亡した時は、委託者の長男を受益者として指定する信託です。第3条を確認してください。

信託契約書

　白井一馬を委託者、一般社団法人白井財産管理を受託者として、委託者が所有する末尾記載の不動産を次の条項によって信託する。

第1条　信託の目的　後記不動産を信託財産として管理すること。

第2条　信託期間　受託者が信託を引き受けた日から20年間。

第3条　受益者
① 本信託の当初の受益者は委託者とする。
② 当初委託者が死亡した場合には、委託者の長男を受益者とする。長男が死亡している場合、子がいる場合は子とし、子がいない場合は委託者の弟とする。

第4条　信託終了の際の権利帰属者　受益者。

（省略）

第7条　信託不動産の表示（省略）

　　　　平成30年12月25日

住所　京都府京田辺市大住○丁目△番□号
　　　委託者　白井　一馬

住所　京都府京田辺市大住○丁目△番□号
　　　受託者　一般社団法人白井財産管理

岡野●信託というと特別な知識が必要だと思っている人も多いと思いますが、上記のように信託契約書の作成は簡単です。

北詰●登記には信託目録の作成も必要なので、司法書士に契約書の作成を依頼することが実務です。どこまでの内容を信託目録に記載するかが司法書士の力量です。

白井●もちろん、課税関係に漏れがないことを確認することが必要であり、受益者変更時の課税関係にも配慮するなど、税理士も最初から関与することが必要なのは言うまでもありません。

村木●ちなみに、信託契約書に必要な印紙は200円です（12号文書）。

3　遺言代用信託の課税関係

(1) 信託設定時

白井●遺言代用信託の課税関係を教えてください。

　夫を委託者として賃貸アパートを信託財産とする信託を想定します。夫が、当初委託者兼受益者となり、委託者死亡後の受益者を妻とする信託の場合で検討しましょう。受託者は長男が引き受けるとします。

村木●夫が、当初受益者として自益信託を設定するので、信託設定当初は、夫に課税関係は生じません。

白井●アパートの所有権は受託者である長男に移転しますが、受益者である夫が信託財産を有するものと扱うのが信託税制の基本ですから、税法

上は、委託者がアパートを引き続き所有しているものとみなすわけですね。

　夫が死亡した後の受益者は妻ですが、妻には信託設定時に課税関係は生じないのでしょうか。

村木●夫死亡後の次の受益者に指定された妻にも、信託設定時には課税関係は生じません。

濱田●相続税法における受益者は、受益権を現に有する者に限られると規定されています（相法９の２カッコ書）。１で確認したとおり、遺言代用信託における委託者死亡前の受益者（妻）は、いつでも委託者によって変更可能であり、受益者としての権利がありません（信託法90）。

岡野●したがって、遺言代用信託では、原則として、委託者が死亡するまでは、当初受益者死亡後の受益者は、税法上の受益者に該当せず、課税関係が生じることはないというわけですね。

　国税庁による解説でもそのように説明されています。

「相続税法基本通達」（法令解釈通達）の一部改正のあらまし（情報）

　【第９条の２（（贈与又は遺贈により取得したものとみなす信託に関する権利））関係】抜粋

　次に掲げる者は、それぞれに掲げる事由により、受益者に該当しないので、受益者として権利を現に有する者には当たらないことになる。

　(1)　（略）

　(2)　（略）

　(3)新信託法第90条第１項第２号に規定する受益者

　同条第２項の規定により委託者が死亡するまでは原則として受益者としての権能を有しないとされている。

北詰●では、信託契約を撤回不能とし、確実に妻に受益権が承継される遺言代用信託では、信託設定時に妻に贈与が生じることはありませんか。

175

第2編　実践Q&A

白井●確実に将来、受益権を手に入れることができるなら、信託設定時点で、現在価値評価による贈与税が発生するのではないか、という疑問ですね。

村木●贈与税課税はないでしょう。撤回不能といっても、信託設定時には妻が受益者としての権利を得るわけではないからです。信託設定時には、停止条件付き、あるいは期限付の将来の受益者にすぎませんから。

(2)　当初委託者死亡時

白井●では、当初委託者である夫に相続が発生し、妻が受益者となった時の課税関係はどのようになりますか。

内藤●妻は、適正な対価を負担せずに、受益権を取得することになります。この場合、夫から遺贈によりアパートを取得したものとみなされ（相法9の2①）、相続税を申告することになります。

白井●評価はどのようになりますか。

内藤●受益者が、信託財産そのものを取得したと考えるのが相続税法です。したがって、信託財産が賃貸用アパートであれば、貸家と貸家建付地として評価します。

濱田●貸付事業用宅地に該当すれば、小規模宅地の特例により5割の評価減を受けることができます（措令40の2⑳、措通69の4-2）。

白井●なるほど。法制上の賃貸用アパート所有者は受託者である長男なので、入居者の募集や修繕業者への手配、家賃の管理などの管理業務は長男が行います。にもかかわらず、妻が行う相続税の申告では、妻が小規模宅地特例の減額が受けられるのですね。

内藤●そうです。さらに、事例はアパートですが、信託財産が自宅であれば、同居特例による8割減の適用を受けることも可能です。

岡野●ちなみに、受益者の変更後は、妻がアパートに係る不動産所得について申告することになります。

■遺言代用信託の課税関係のまとめ

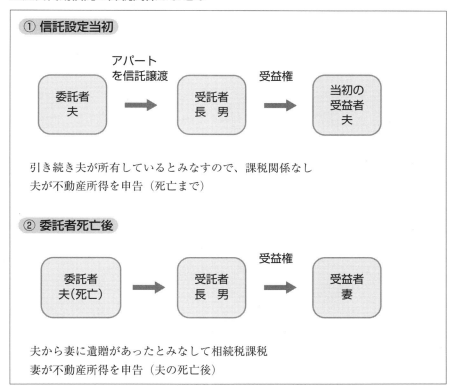

(3) 信託終了時

白井●最後に、信託が終了し、アパートが妻に引き渡されたときにはどのような課税関係が生じますか。

濱田●妻は、税法上は既にアパートを所有しているものとされていたので、法律上アパートを所有することになっても、課税関係は生じません。

白井●なるほど。では、仮に信託終了時の帰属権利者が次男とされており、次男がアパートと残金を受け取るとどうなりますか。

第2編　実践Q&A

濱田●その場合は、次男に贈与税が課税されます。妻が受益権を失い、次男が財産を取得することになるため、妻から次男への贈与とみなすことになります（相法9の2④）。

⑷　税務署への提出書類

白井●遺言代用信託を設定した場合に、税務署に提出する書類について教えてください。

濱田●基本は、信託の設定や変更に関する調書と、信託の収支を報告する書類です。

岡野●信託の設定、受益者の変更、信託の終了または信託の権利内容に変更があった場合に、その翌月末日までに信託の調書を提出することになります（相法59③）。

　　具体的には「信託に関する受益者別（委託者別）調書」とその合計表です。提出するのは信託の受託者です。

内藤●ただし、委託者と受益者が同一である自益信託については、資産は引き続き委託者が保有しているものと扱うため、相続税法における調書を提出する必要はないのですね（相規30⑦五イ⑷）。

岡野●なので、遺言代用信託を設定した場合は、設定当初は自益信託としてスタートするので相続税法における調書の提出は不要ですね。

内藤●はい。委託者である夫の死亡によって受益者を妻に変更した時に、長男が調書を提出することになります。その後、信託を終了した時にも、受託者が信託の調書を提出することになります。

白井●信託の収支を報告する書類とは具体的にどのようなものですか。

岡野●信託の収支を記載した「信託の計算書」を毎年1月31日までに提出しなければなりません。信託計算書には、信託の資産負債、収益と費用、

178

受益者に交付した利益などを記載します（所法227）。

　こちらも受託者が提出します。

白井●他に、信託財産がアパートである場合に必要な書類というのはありますか。

岡野●不動産所得が生じる信託財産の場合に限り、受益者は、信託による不動産所得に関する賃貸料の明細と、減価償却費、貸倒金及び借入金利子などの経費を記載した明細書を確定申告書に添付しなければなりません（措令26の６の２⑥、措規18の24）。具体的には、不動産所得用の青色決算書や収支内訳書は、信託だけのものを他の不動産所得と分離して作成することになります。

白井●なぜ、そのような明細書が必要なのですか。受益者固有の不動産所得と合算して不動産所得の決算書、あるいは収支内訳書を作成するだけでよさそうですが。

岡野●税務上の損失利用規制があるため、合算した資料だけでは足りないのです（措法41の４の２）。信託による不動産所得の損失は、組合事業による損失規制と同様の趣旨で、規制対象になり受益者において損益通算と繰越が認められません。組合事業によるリース節税は、信託を利用しても同様のスキームが実行できるからです。

白井●なるほど。損失が生じると規制が入るので、信託から生ずる不動産所得を別途計算する必要があるのですね。また、受益者が申告の際に添付する書類ですが、実際には受託者が作成してあげる必要がありますね。

4　登記

白井●登記手続きは具体的にどのように行いますか。

北詰●信託の設定時には、委託者と受託者が共同申請によって、所有権移転の登記とともに信託の登記を行います（不登法60、98①）。

第2編　実践Q&A

　受託者への所有権移転の登記については登録免許税と不動産取得税は
課税されません（登法7、地法73の7）。
　ただし、所有権移転登記と同時に行う信託の登記について、不動産価
格の1,000分の4の登録免許税が必要です。なお、土地については以下
のように軽減税率の適用があります。

■**不動産の信託登記**

	建物	土地
登録免許税	0.4%	0.4%
不動産取得税	―	―

※土地については、平成31年3月31日までの間に受ける登記の申請につ
　いて、0.3％税率の軽減措置を適用（措法72①二）。

白井●妻が受益者となったときの登記手続きはどうなりますか。

北詰●当初の受益者から受益権を取得した妻については、受益権という債
　権の移転ですので、不動産取得税はかかりません。信託目録の受益者変
　更の登記による登録免許税が、不動産一筆、一棟につき各1,000円課さ
　れます。

白井●信託が終了し、妻がアパートを残余財産として受け取ったときはど
　うなりますか。

北詰●信託が終了した場合に、残余財産受益者に課される登録免許税と不
　動産取得税は、原則としては贈与の場合と同じです。つまり、登録免許
　税は2％で、不動産取得税は4％です。ただし、不動産取得税は土地と
　住宅については平成33年3月31日までは3％です（地法附則11の2①）。
　さらに土地については、平成33年3月31日までは課税標準が2分の1と
　なります（地方附則11の5①）。ただし信託では別の取扱いがあり、こ
　の事例の妻の場合は相続と同等の取扱いになります。

濱田●信託のスタート時から委託者兼受益者の信託で、委託者の相続人に

元本が移転した場合ですね（登法7②）つまり、この場合の妻に課される登録免許税は0.4％になり、不動産取得税は非課税です。信託は相続の場合に比べ不利益になっていないのです。

村木●仮に、信託を設定した時の委託者である夫に、アパートが戻って来る場合には、登録免許税も不動産取得税も課税されません。税法上自分の財産であるものが、法制上も自分の財産になっただけですから。

■信託の設定の登記記録例

権　利　部（甲区）			（所有権に関する事項）
順位番号	登記の目的	受付年月日・受付番号	権利者その他の事項
3	所有権移転	平成○年○月○日第○○○○号	原因　平成○年○月○日売買 所有者　京都府京田辺○○町一丁目1番1号　　　白井一馬
4	所有権移転	平成○年○月○日第○○○○号	原因　平成○年○月○日信託 受託者　京都府京田辺○○町一丁目1番1号　　　一般社団法人白井財産管理
	信託	余白	信託目録第○○○○号

181

第2編　実践Q&A

5 子供への贈与・名義預金対策としての信託の利用

Question

　自分の子供に贈与で財産を移転しておきたいのですが、本人が使っては困るので、財産管理は自分がしたいと考えています。しかし、このままだと、税務署から名義預金なので贈与が成立していないと言われる恐れがあるそうです。どうしたらよいか教えてください。

Answer

　親自身が自己信託によって、委託者かつ受託者となり、子を受益者とすることで、財産管理は自分が行ったまま、実質的な贈与が可能になり、名義預金といわれるリスクを排除できます。

ポイント

(1) 信託を活用すれば、名義預金と認定されるリスクなく、幼い子への現金贈与が実行できる
(2) 信託の事実を税務署に対しても明らかにする手段として信託の調書や計算書を提出しておく

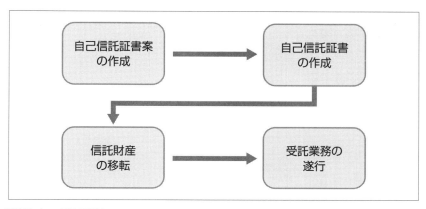

(税務上の諸手続)

① 自己信託証書案の作成
② 公正証書の作成
③ 預金口座開設（信託口の口座開設が可能な場合あり）
④ 信託財産の移転（資金移動）
⑤ 信託の調書の提出（翌月末日期限）
⑥ 信託の計算書の提出（翌年1月31日期限）
⑦ 贈与税・所得税の申告・納税（翌年3月15日期限）

解説

1 子供への贈与の問題点

(1) 名義預金といわれるリスク

濱田●このような相談は、実務では結構耳にするところです。子供に早めに贈与してしまいたいが、子供に自由に管理させるには不安がある。どうしたらいいのかという話ですね。

内藤●まず、民法上の贈与契約とは、贈与者と受贈者との、「あげる」「もらう」という意思表示が合致して、初めて成立するものです。

> **【民法第549条（贈与）】**
> 贈与は、当事者の一方が自己の財産を無償で相手方に与える意思を表示し、相手方が受諾をすることによって、その効力を生ずる。

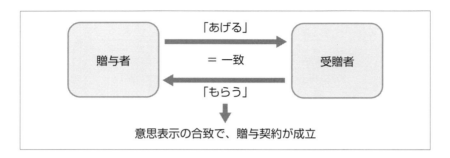

白井●よくあるのは、子供に何も伝えていないという話ですね。もちろん、通帳も印鑑も渡していない。しかし、それでは使用収益処分ができないので、当然ながら、贈与契約の成立が認めてもらえません。

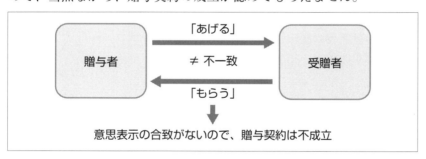

岡野●ですね。そのようなお話をすると、たいていはお母さん方から、「だって、渡したら使っちゃうじゃない」といわれてしまうのですが。

村木●贈与契約が成立していない以上、いかに預金通帳の名義が子供であっても、それは親の預金に過ぎないことになります。子供の名義を借りているだけだという意味で、名義預金あるいは借名預金と呼ばれます。ですので、通帳と印鑑を渡した時に初めて通帳の全額が贈与されたとみなされます。

5 子供への贈与・名義預金対策としての信託の利用

北詰●その場合、通帳の全額についての贈与税申告が必要となり、通常は、期限後申告又は修正申告によって延滞税・加算税が課されてしまいます。そうなると、何のために、毎年に分けて贈与したのか、全て徒労になりますね。

濱田●かといって、子供に渡せば、親が気にするように、使ってしまうという問題が生じて、痛し痒しです。

⑵　幼い子の意思能力の問題

濱田●ところで、子供が幼い場合、気になるのは、意思能力の有無ということですね。極端な話、乳幼児に対する贈与は有効に成立するのかどうかです。

①　意思能力は何歳からあるか

白井●まずは、意思能力は何歳くらいからあると判断できるか、という点ですね。一般的には、小学校高学年から中学生くらいになれば、意思能力がある、と判断されているようです。

内藤●では、それより幼い場合には、意思能力がないので、贈与契約の当事者にはなれないことになるのですか。

北詰●もちろん、そんなことはありません。本人の親が法定代理人として贈与契約を行えばよいだけですから。

（受贈者）	住所	京都府○○市１－１
	氏名	白井　ようすけ
（受贈者の親権者）	住所	京都府○○市１－１
	氏名	白井　一馬

（注）　通常は共同親権を行使する両親が記載する。
　　　　本事例では、配偶者がいない設定としている。

岡野●そうですね。ただ、ここで、利益相反の話がありますね。父親が子

185

第2編　実践Q&A

供に贈与する際に、母親に法定代理人になって貰う必要があるのか、自分がそのまま法定代理人として契約できるのかです。

北詰●負担を受けなければ、利益相反にはならないとされていますから、可能ではあります。

　ちなみに、利益相反になってしまうと、家庭裁判所で特別代理人の選任が必要になりますよね。

> **【民法第826条第1項】**
> 　親権を行う父または母とその子との利益が相反する行為については、親権を行う者は、その子のために特別代理人を選任することを家庭裁判所に請求しなければならない。

村木●なるほど。民法上は可能なのですね。ただ、税務的には、贈与財産の管理支配の移転という問題がクリアされませんから、普通は避けますね。

② 　贈与財産によって違いが生じるか否か

濱田●ところで、預金・株式などの贈与財産の種類によって、実務的には違いが生じてくるのですかね。

白井●預金や株式は、名義預金・名義株として、過去の贈与契約の成立が否認されやすいですね。

北詰●名義預金や名義株というのは、その人の名前になってはいても、実際の所有者は別だと認定される財産だということですね。

内藤●そうです。贈与契約の成立の判定では、
　　i　贈与資産の原資
　　ii　贈与資産の管理
　　iii　贈与資産の運用支配
が重視されますから、これらの財産の場合、否認が極めて行われやすく

なっていますね。

岡野●生命保険料の贈与については、昭和58年の国税庁事務連絡によって、扱いが示されていますね。

生命保険料の負担者の判定について

1．被相続人の死亡又は生命保険契約の満期により保険金等を取得した場合若しくは保険事故は発生していないが保険料の負担者が死亡した場合において，当該生命保険金又は当該生命保険契約に関する権利の課税に当たっては，それぞれ保険料の負担者からそれらを相続，遺贈又は贈与により取得したものとみなして，相続税又は贈与税を課税することとしている（相法3①一,三、5）。

（注）生命保険金を受け取った者が保険料を負担している場合には，所得税（一時所得又は雑所得）が課税される。

2．生命保険契約の締結に当たっては，生計を維持している父親等が契約者となり，被保険者は父親等，受取人は子供等として，その保険料の支払いは父親等が負担しているというのが通例である。

このような場合には，保険料の支払いについて，父親等と子供等との間に贈与関係は生じないとして，相続税法の規定に基づき，保険事故発生時を課税時期としてとらえ，保険金を受け取った子供等に対して相続税又は贈与税を課税することとしている。

ところが，最近，保険料支払能力のない子供等を契約者及び受取人とした生命保険契約を父親等が締結し，その支払保険料については，父親等が子供等に現金を贈与し，その現金を保険料の支払いに充てるという事例が見受けられるようになった。

この場合の支払保険料の負担者の判定については，過去の保険料の支払資金は父親等から贈与を受けた現金を充てていた旨，子供等（納税者）から主張があった場合は，事実関係を検討の上，例えば，①毎年の贈与契約書，②過去の贈与税申告書，③所得税の確定申告等における生命保険料控除の状況，④その他贈与の事実が認定できるものなどから贈与事実の心証が得られたものは，これを認めることとする。

（「昭和58年国税庁事務連絡」より）

北詰●これは、実務的にはどのような意味があるのですか。

第2編　実践Q&A

村木●生命保険料相当額の贈与を受けて子供が生命保険料を払い込めば、受取り時には一時所得として所得税が課され、親が払い込んだとされれば、保険金の受取りには贈与税が課されてしまいます。金額次第ですが、通常は、一時所得になれば、贈与税よりも税負担が軽くて済みます。その意味で、保険料相当額の贈与成立が重要になります。

ここでは、親がちゃんと贈与税申告等の手続きを踏んでいれば、それを認めましょうとしているわけで、子の意思能力云々は一切問わない扱いとしていますね。

白井●株式や預金であれば、子の意思能力が問われるのと比較すると、保険料相当額の贈与の場合は意思能力の有無は問題になりにくいといえます。

2　信託による問題のクリア

濱田●これまで子供への贈与の問題点を確認してきました。従来のように、贈与契約によって子供への財産移転を行うことには、問題点が残るということですね。

白井●そうですね。贈与契約の成立の要素として、その後の支配や管理運用がある以上、親の気持ちにそぐわない部分が多いわけです。

内藤●その問題を解決してくれるのが、信託だということですか。

岡野●そうです。信託なら、受益者である子を抜いて、契約が可能です。しかも、自分が委託者兼受託者となる、自己信託すら可能なのですから。

濱田●ちょっと待って下さい。先ほどの贈与契約では、利益相反にならない限り有効とのことでしたが、自己信託には何にも制約がないのですか。

北詰●いえ、自己信託の場合は、公正証書の方法によることが必要とされています（信託法3③）。しかし、受託者が受益者の利益を守るのは当然なので、それ以上の制約はないことになります。

3　信託の手続実例

村木●具体的には、どのような手続になるかを確認しましょう。

　自己信託の場合、自分が相手なので、契約ではなく、信託宣言と呼ばれますね。

濱田●まずやることは、信託宣言の文面を考えることですね。

【自己信託証書の一部】
第1条　信託の設定
　委託者である白井一馬は、自己を本信託の受託者として、委託者が所有する第3条記載の信託財産を次の条項によって信託する。
第2条　信託の目的
　第3条記載の預金を信託財産として管理運用し、受益者の生活に必要な支出を行うことを目的とする。
第3条　信託財産
　別紙「信託財産目録」記載の預貯金

白井●これを公正証書にする必要がありますので、公証人役場に行くことになります。

北詰●公証人役場に行って、公証人に頼んで、公正証書にして貰うわけですが、この際には、個人の場合、運転免許証などの身分証明書が必要で、また手数料がかかります。

内藤●法人と違って、印鑑証明などは必須ではないようですから、手続き的には簡単なのですね。

第2編　実践Q&A

岡野●次に、自己の財産を、固有の財産から分離して、信託財産として管理することになりますね。

村木●ここで問題になるのは、信託財産を現実にどのように管理するかということです。現実的に考えると、親が自分の預金口座から、子供名義の預金口座に振り替えるのが従来実務ですが、信託なので、自分名義の口座から自分名義の口座に振り替えることになります。

濱田●預金の場合は、銀行が対応してくれない限り信託口座であることを明示できないのですね。

北詰●そうです。この点は、株式とは異なります。株式の場合には、会社法で信託財産であることを株主名簿で明示することとされていますので（会社法154の2）。

白井●ただ、受託者としては、自分の固有財産と明確に区別する必要がありますから、信託財産としての預金口座を新たに設定するのでしょうね。既存の自分の預金口座から、その資金口座に資金移動をさせると。

内藤●信託財産の管理簿を作成する必要があるかどうかですが、一般的には作成すべきなのでしょうね。ただ、預金だけであれば通帳で代替できそうな気はします。

北詰●その場合でも、分別管理義務は生じますね。自分の固有財産である通帳とは分けて管理すべきなのでしょう。

岡野●「ようすけちゃんの預金」という袋に通帳を入れておけば、分別管理義務は達成できているのでしょうね。

村木●そして、税務的な手続きが待っていますね。まずは、信託設定時に調書を提出することになります。

5 子供への贈与・名義預金対策としての信託の利用

【相続税法第59条第3項（調書の提出）】

3　信託の受託者でこの法律の施行地に当該信託の事務を行う営業所、事務所、住所、居所その他これらに準ずるもの（以下この項において「営業所等」という。）を有するものは、次に掲げる事由が生じた場合には、当該事由が生じた日の属する月の翌月末日までに、財務省令で定める様式に従って作成した受益者別（受益者としての権利を現に有する者の存しない信託にあっては、委託者別）の調書を当該営業所等の所在地の所轄税務署長に提出しなければならない。

　　ただし、信託に関する権利又は信託財産の価額が一定金額以下であることその他の財務省令で定める事由に該当する場合は、この限りでない。

◆1　信託の効力が生じたこと（当該信託が遺言によりされた場合にあっては、当該信託の引受けがあったこと。）。

◆2　第9条の2第1項に規定する受益者等が変更されたこと（同項に規定する受益者等が存するに至った場合又は存しなくなった場合を含む。）。

◆3　信託が終了したこと（信託に関する権利の放棄があった場合その他政令で定める場合を含む。）。

◆4　信託に関する権利の内容に変更があったこと。

191

第2編　実践Q&A

【相続税法施行規則第30条第3項（調書提出の限度等）】

3　法第59条第2項ただし書に規定する財務省令で定める事由は、次に掲げる事由
とする。

◆1　受託者の引き受けた信託について受益者（受益者としての権利を現に有する
者の存しない信託にあっては、委託者。以下この号において同じ。）別に当該
信託の信託財産を法第22条から第25条までの規定により評価した価額（その年
の1月1日から当該信託につき法第59条第2項各号に掲げる事由が生じた日の
前日までの間に当該信託と受益者が同一である他の信託（以下この号において
「従前信託」という。）について当該事由が生じていた場合は、当該信託及び
当該従前信託の信託財産をそれぞれ法第22条から第25条までの規定により評価
した価額の合計額）が50万円以下であること（当該信託又は当該従前信託につ
いてこれらの信託財産を法第22条から第25条までの規定により評価することを
困難とする事情が存する場合を除く。）。

◆2　受託者の引き受けた信託が投資信託及び投資法人に関する法律（昭和26年法
律第198号）第2条第3項（定義）に規定する投資信託であること。

◆3　受託者の引き受けた貸付信託（貸付信託法（昭和27年法律第195号）第2条
第1項（定義）に規定する貸付信託をいう。以下この項において同じ。）の受
益権が当該貸付信託の無記名式の同条第2項に規定する受益証券に係るもので
あること。

◆4　受託者の引き受けた受益証券発行信託（信託法（平成18年法律第108号）第
185条第3項（受益証券の発行に関する信託行為の定め）に規定する受益証券
発行信託をいう。）の受益権が当該受益証券発行信託の無記名式の同条第1項
に規定する受益証券に係るものであること。

◆5　次に掲げる場合の区分に応じ、それぞれ次に定める事由

　イ　法第59条第2項第1号に掲げる事由が生じた場合　受託者の引き受けた信
　　託が次に掲げるものであること。

　　(1)　法第21条の4第2項に規定する特別障害者扶養信託契約に基づく信託

　　(2)　委託者と受益者等（法第9条の2第1項に規定する受益者等をいう。以
　　　下この号において同じ。）とが同一である信託

　ロ　法第59条第2項第2号に掲げる事由が生じた場合　次に掲げる事由

　　(1)　受託者の引き受けた信託について生じた法第59条第2項第2号に掲げる
　　　事由が所得税法第224条の3第2項（株式等の譲渡の対価の受領者の告知）
　　　に規定する株式等又は同法第224条の4（信託受益権の譲渡の対価の受領

者の告知）に規定する信託受益権の譲渡によるものであることから、当該信託の受託者が同法第225条第1項（支払調書及び支払通知書）に規定する調書を同項の規定により提出することとなること。

(2) 受託者の引き受けた信託が顧客分別金信託等（金融商品取引法第43条の2第2項（分別管理）の規定による信託、賃金の支払の確保等に関する法律施行規則（昭和51年労働省令第26号）第2条第1項第2号（貯蓄金の保全措置）に規定する信託契約に基づく信託その他これらに類する信託をいう。ハ(1)において同じ。）であること。

(3) 法第59条第2項第2号に掲げる事由が次に掲げる事由により生じたこと。

(ⅰ) 受託者の引き受けた信託について受益者等の合併又は分割があったこと。

(ⅱ) 金融機関の信託業務の兼営等に関する法律（昭和18年法律第43号）第5条第1項（定型的信託契約約款の変更等）に規定する定型的信託契約に基づく信託の受益権について同条第4項の規定による買取りの請求があったことにより当該信託の受託者が当該受益権を買い取ったこと（当該受託者が当該受益権を遅滞なく消却する場合に限る。）。

(ⅲ) 貸付信託法第6条第6項（信託約款の変更）又は第11条（受託者による受益証券の取得）の規定により貸付信託の受託者が当該貸付信託の同法第2条第2項に規定する受益証券を買い取ったこと（当該受託者が当該受益証券に係る受益権を遅滞なく消却する場合に限る。）。

ハ 法第59条第2項第3号に掲げる事由が生じた場合 次に掲げる事由

(1) 受託者の引き受けた信託が顧客分別金信託等であること。

(2) 受託者の引き受けた信託の終了直前の受益者等が当該受益者等として有していた当該信託に関する権利に相当する当該信託の残余財産の給付を受けるべき、又は帰属すべき者となったこと。

(3) 受託者の引き受けた信託の残余財産がないこと。

(4) 受託者（金融機関の信託業務の兼営等に関する法律により同法第1条第1項（兼営の認可）に規定する信託業務を営む同項に規定する金融機関に限る。）の引き受けた貸付信託又は合同運用信託（法人税法（昭和40年法律第34号）第2条第26号（定義）に規定する合同運用信託をいう。）の残余財産が信託法第182条第3項（残余財産の帰属）の規定により当該受託者に帰属したこと。

ニ 法第59条第2項第4号に掲げる事由が生じた場合 次に掲げる事由

(1) 受託者の引き受けた信託の受益者等が一の者であること。

第2編　実践Q&A

(2)　受託者の引き受けた信託の受益者等（法人税法第2条第29号の2に規定する法人課税信託の受託者を含む。）がそれぞれ有する当該信託に関する権利の価額に変動がないこと。

濱田●金額基準で信託財産の評価額が50万円超の時のみ、提出義務があるわけですね。

内藤●ただし、相続税・贈与税の納税義務の有無には関係ない点に注意が必要ですね。100万円の信託を行えば、贈与税の申告は不要でも、調書提出義務は免れないわけです。

白井●罰則規定もちゃんと用意されています。提出しなかったり、虚偽記載があれば、1年以下の懲役又は50万円以下の罰金です（相法70）。

北詰●フォームを確認しておきましょう。

信託に関する受益者別（委託者別）調書

受益者	住所（居所）又は所在地		氏名又は名称				○ 個人番号又は法人番号を記載する場合には、右詰で記載します。
			個人番号又は法人番号				
特定委託者			氏名又は名称				
			個人番号又は法人番号				
委託者			氏名又は名称				
			個人番号又は法人番号				

信託財産の種類	信託財産の所在場所	構造・数量等	信託財産の価額

信託に関する権利の内容	信託の期間	提出事由	提出事由の生じた日	記号番号
	自　・・ 至　・・		・・	

（摘要）

（平成　　年　　月　　日提出）

受託者	所在地又は住所（居所）	（電話）
	営業所の所在地等	（電話）
	名称又は氏名	
	法人番号又は個人番号	

整　理　欄	①	②

358

194

5 子供への贈与・名義預金対策としての信託の利用

平成　　年　　月分　信託に関する受益者別（委託者別）調書合計表

処理事項	通信日付印 ※ ・ ・	検 収 ※	整理簿登載 ※	身元確認 ※

平成　　年　　月　　日提出

税務署長　殿

提出者	住所（居所）又は所在地	電話（　　－　　－　　）
	個人番号又は法人番号	
	フリガナ 氏名又は名称	
	フリガナ 代表者氏名印	㊞

整理番号			
調書の提出区分（新規＝1、追加＝2、訂正＝3、無効＝4）		提出媒体	本店一括　有・無
作成担当者			
作成税理士署名押印	税理士番号（　　） ㊞ 電話（　　－　　－　　）		

提出事由	信託財産の種類	提出枚数	受益者数	特定委託者数	委託者数	信託財産の価額
効力発生	□金銭　□有価証券 □金銭債権□不動産 □その他（　　　）	枚	人	人	人	円
受益者変更	□金銭　□有価証券 □金銭債権□不動産 □その他（　　　）					
信託終了	□金銭　□有価証券 □金銭債権□不動産 □その他（　　　）					
権利内容変更	□金銭　□有価証券 □金銭債権□不動産 □その他（　　　）					
計						

（摘要）

○　提出媒体欄には、コードを記載してください。（電子＝14、FD＝15、MO＝16、CD＝17、DVD＝18、書面＝30、その他＝99）
(注)　平成27年12月分以前の合計表を作成する場合には、「個人番号又は法人番号」欄に何も記載しないでください。

(用紙　日本工業規格　A4)

岡野●提出期限は、事由が生じた日の属する月の翌月末日までとなっていますね。

　他の支払調書とはちょっと違っているようです。

村木●そして、設定の翌年3月15日までに、信託の受益者、つまり子は贈与税の申告と納税を行うわけです。10年経ったら申告書も廃棄されますから、受理印を貰った申告書控えは当然保管しておくわけですが。

濱田●これで税務上の手続きは終わりですかね。

白井●いえ、毎年の果実に対する課税がありますよね。預金の場合は、利息が源泉分離課税なので特に問題が生じませんが、信託財産が非上場株式の場合であれば、受益者は配当金について所得税の申告が生じます。

北詰●この場合も、受託者は、税務署に信託の計算書の提出が翌年1月31日までに必要になりますね（所法227）。これも先の信託の調書と同様の罰則が用意されています（所法242⑤）。

195

第2編　実践Q&A

信 託 の 計 算 書

（自　　年　月　日至　　年　月　日）

信託財産に帰せられる収益及び費用の受益者等	住所（居所）又は所在地			
	氏 名 又 は 名 称		番 号	
元本たる信託財産の受 益 者 等	住所（居所）又は所在地			
	氏 名 又 は 名 称		番 号	
委 託 者	住所（居所）又は所在地			
	氏 名 又 は 名 称		番 号	
受 託 者	住所（居所）又は所在地			
	氏 名 又 は 名 称	（電話）		
	計算書の作成年月日	年　　月　　日	番 号	

○「番号」欄に個人番号（12桁）を記載する場合には、右詰で記載します。

信託の期間	自　　　年　　月　　日 至　　　年　　月　　日	受益者等の 異 動	原　　　因	
信託の目的			時　　　期	
受益者等に交付した利益の内容	種　　類		受託者の受けるべき報酬の額等	報酬の額又はその計算方法	
	数　　量			支払義務者	
	時　　期			支払時期	
	損益分配割合			補てん又は補足の割合	

収 益 及 び 費 用 の 明 細

収 益 の 内 訳	収 益 の 額		費 用 の 内 訳	費 用 の 額	
	千	円		千	円
収益			費用		
合　　計			合　　計		

資 産 及 び 負 債 の 明 細

資産及び負債の内訳	資産の額及び負債の額		所 在 地	数 量	備 考
	千	円			
資産					
合　　計			（摘要）		
負債					
合　　計					
資産の合計－負債の合計					

整 理 欄	①	②

357

196

5 子供への贈与・名義預金対策としての信託の利用

							信 託 の 計 算 書 合 計 表	処理事項	通信日付印	検 収	整理簿登載	身元確認
		自 平成 年 月 日							※ ・ ・	※	※	※
		至 平成 年 月 日										

税務署受付印			提出者	住所(居所)又は所在地	電話(－ －)		整理番号	
				個人番号又は法人番号[注]			裏書の提出区分 新規=1、追加=2 訂正=3、無効=4	提出媒体	本店一括	有・無
平成 年 月 日提出				フリガナ 氏名又は名称			作成担当者	
				フリガナ 代表者氏名印	㊞		作成税理士署名押印	税理士番号( ) ㊞ 電話(－ －)
税務署長 殿								

信託財産の種類	件 数	収 益 の 額	費 用 の 額	資 産 の 額	負 債 の 額
金 銭	件	円	円	円	円
有 価 証 券					
不 動 産					
そ の 他					
計					

(摘 要)

○ 提出媒体欄には、コードを記載してください。(電子=14、FD=15、MO=16、CD=17、DVD=18、書面=30、その他=99)
(注) 平成27年12月31日以前に開始する事業年度に係る合計表を作成する場合(信託会社以外の受託者にあっては、平成28年12月31日以前にこの合計表を提出する場合)には、「個人番号又は法人番号」欄に何も記載しないでください。

(用紙 日本工業規格 A4)

内藤●ここで注意しておくべきなのは、信託の計算期間はあくまでも税務上の参考資料に過ぎないということです。つまり、信託における所得計算は、組合課税と同様、信託契約上の計算期間に左右されないということです。

白井●信託の計算期間に関係なく所得計算は暦年で行います。ただし、任意組合等の組合課税では、組合の計算期間にあわせて所得計算を行う取り扱いを認めています(所基通36・37共－19の2)。しかし信託にはそのような取り扱いがないので注意が必要です。

岡野●そして、所得税の確定申告を受益者が行うことになるわけですね(所法13)。

村木●自己信託の手続をまとめると、
　①　自己信託証書案の作成

第2編　実践Q&A

　　②　公正証書の作成

　　③　預金口座開設

　　④　信託財産の移転（資金移動）

　　⑤　信託の調書の提出（翌月末日期限）

　　⑥　信託の計算書の提出（翌年1月31日期限）

　　⑦　贈与税・所得税の申告・納税（翌年3月15日期限）

ということになりますね。

濱田●預金の利息の場合、源泉分離課税で預金利息の申告は不要ですが、その場合でも、信託の計算書は毎年出さなければならないのですか。

白井●そうなりますね。贈与税の申告が不要でも、信託設定時に信託の調書を出すのと同様です。

北詰●面倒ですね。財産が増えてくれば、大変です。

内藤●ということで、受益者単位で集計して、信託財産に係る収益の額が年間3万円以下であれば、信託の計算書の提出義務がないものとしています（所規96②）。

岡野●受益者単位で集計が必要とはいえ、そもそも信託契約を細かく分ければ、信託の提出義務がなくなる場合もあるということですね。合算規定までは用意されていないのですから。

村木●とはいえ、毎年の管理が必要なので、結構面倒は面倒ですね。少額の場合は、緩和されていますが。

内藤●1点補足させて下さい。信託の計算書の提出義務についてです。信託財産に係る収益の額が年間3万円以下であれば、提出不要ということですが、信託財産とした上場株式数が発行済株式総数の3％以上の場合には、この例外規定から外されています（所規96③）。上場企業のオーナーのような大口株主の報告が漏れては困りますからね。当然、そんな

198

に甘くはないということです。

4　従来実務との整合性

濱田●このような手続きを踏めば、管理支配は親のままで、受益権を子に与えて、贈与の成立を主張できるということですね。従来実務との整合性として問題がないのか、若干不安が残るところですが。

白井●問題ないでしょう。調書・計算書は出す、申告は行うわけですから、課税漏れに対する問題というのは起きません。

内藤●そうですね。ただ、調書や計算書も出さず、申告も行っていなかった場合は、どうなるのかという疑問は残ります。

北詰●元々、この話は、積極的に財産移転の事実を認めさせたいという話ですよね。認められる可能性は残るとしても、積極的には勧められませんね。

岡野●そうですね。あと、公正証書が面倒だという場合には、委託者父親で、受託者母親にすればよいのでしょう。その場合も、確定日付はとっておくほうがよいのでしょうけど。

村木●そうですね。実務家としては、信託に不慣れな税務署を困らせない方がいいでしょうね。なお、先ほどはできないと説明したのですが、預金通帳を信託口で開設できる金融機関も出てきたようです。可能なら信託口を使いたいですね。

6 子供や孫のための信託

Question

子供や孫のためにできる信託には何があり、何ができるのか教えて下さい。

Answer

教育資金一括贈与信託・特定障害者扶養信託・ずっと安心信託などがあり、自分の死後も子供に対する一定のケアを確保できます。また、放蕩息子信託と呼ぶべき信託も考えられます。

ポイント

(1) 倒産隔離機能、意思凍結機能など信託の基本的な機能を活かす
(2) 家族の財産管理のために使える信託商品を活用する

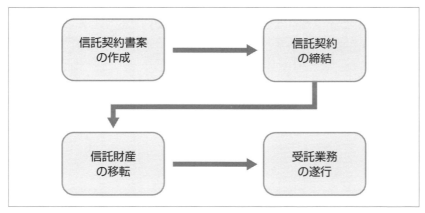

6 子供や孫のための信託

> 解説

1 教育資金一括贈与信託

(1) 教育資金一括贈与信託とは

濱田●平成25年度税制改正で教育資金一括贈与の非課税制度が導入されました（措法70の２の２）。この制度の趣旨について、確認させて下さい。

内藤●平成31年３月31日までの時限措置とされている制度ですが、恒久化及び拡充の改正要望がでており、実際に延長される可能性がありますので理解は不可欠です。

濱田●２年を軸に延長する方向で政府が検討に入ったとの報道があります。本書校正段階で具体的な内容は判明していませんが、所得制限を設けて対象者の範囲を縮減することや、手続きの簡素化を含めた改正も議論されているようです。読者の皆様方は改正の動向にご注意ください。

白井●この制度は、学校の授業料などの教育資金として子供や孫に一括して資金を贈与しても、条件を満たせば1,500万円までは非課税扱いとするものです。子供や孫が30歳になった時に残額があれば贈与税が課されてしまいますが、使いきれば非課税です。

岡野●なお、平成27年改正で、次の見直しが行われました。

1）非課税の対象となる教育資金の使途の範囲に、通学定期券代、留学渡航費等を追加。

2）金融機関への領収書等の提出について、領収書等に記載された支払金額が１万円以下で、かつ、その年中における合計支払金額が24万円以下に達するまでのものについては、領収書等に代えて支払先、支払金額等の明細を記載した書類を提出することが可能。

第2編　実践Q&A

濱田●これを受けて、文科省Q＆Aの一部改訂が行われています。

内藤●1）については、新たに対象となった通学定期代は、通常の通学に使用する定期代のみであるため、切符代やSuicaなどの電子系マネーのチャージ料は対象外となるとのことです。

村木●Q＆Aは必ず目を通しておく必要があります。

内藤●この贈与は、直系尊属から直系卑属に対するものが対象です。「直系尊属」とは何かですが、直系とは、いわゆる「タテ」の関係です。尊属とは、自分よりも上の世代を指します。自分から甥、あるいは姪に対する贈与は、基本的に対象外になりますね。

北詰●必要な都度教育費を渡すのであれば、この制度を使うまでもなく、非課税扱いですよね（相法21の3①二）。敢えて、このような制度を導入したのには、理由があります。

岡野●実は、若い世代の家計を圧迫しているのは教育費なのですね。ある調査によれば、幼稚園から大学までの教育費は、全て公立で約770万円、全て私立だと約2,230万円かかるとされています。これだけの教育費を捻出するため、家計は疲弊してしまいますし、経済も停滞してしまいます。

村木●そこで、この教育資金を祖父母の世代にドーンと負担してもらうという発想が生じます。文科省の税制改正要望には、次のように記載されています。

　我が国の個人金融資産は、祖父母世代である60歳以上の高齢者に偏在しており、その多くが預金として保有されている。一方で、子育て（父母）世代である30・40歳代は、子どもの教育費等に備えて苦心して貯蓄を行っており、家計の余剰資金が有効に活用されていない状況。
　こうした中、祖父母が「孫のため」の支出に前向きであることを踏まえ、教育投資のための世代間資産移転促進に関する非課税措置を講じることで、高齢者が保有

する預金等の「眠れる金融資産」を有効活用し、子どもの教育費の早期確保を促す。
　家計の自助努力による教育費用に係る資金準備を、こうした税制措置で支援することにより、我が国の将来を担う人材（グローバル人材やイノベーション人材等）の育成を強化する。また、子育て世代の将来不安を和らげることで、同世代による消費の活性化を促す。なお、贈与された金融資産の一部が長期運用を通じて我が国の企業が成長のための資金として産業界に供給されることにより、我が国経済の活力を下支えにも寄与することも期待できる。

　ということで、祖父母世代から孫世代への世代間資産移転を促進し、将来必要となる子どもの教育資金の早期確保を図るために、以下の非課税措置を創設する、ということになるわけです。

濱田●元々この制度は創設される数年前から信託協会が提案していたそうですね。

白井●実は、先の岡野さんの発言で出てきた統計データというのは、信託協会が平成24年度に出した報告書「新信託商品受容性把握のための基礎調査結果報告書【教育資金贈与信託編】」の中で出てきます。

<参考>子ども1人あたりの教育費
※ここでの教育費とは授業料・教科書、給食費、学習塾・家庭教師等に掛かる費用になります

幼稚園から大学まで、すべて私立の場合　約2,230万円
幼稚園から大学まで、すべて公立の場合　約770万円

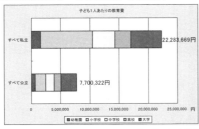

(「平成22年度子どもの学習費調査」文部科学省、「平成22年度学生生活調査」独立行政法人日本学生支援機構より算出)

(一般社団法人信託協会「新信託商品受容性把握のための基礎調査結果報告書平成24年」より)

村木●ちなみに、財務省の「改正税法のすべて」では、「「1,500万円」」については、幼稚園から大学まで、私立学校に在学した場合に学校に支払

第2編　実践Q&A

う費用の平均額（1,444万円※）を目安として設定されたものです。」と
していますので、信託協会の数字とは若干異なりますが、私学と公立の
平均と理解してもいいのかもしれません。

内藤●つまり、この教育資金一括贈与の非課税制度は、銀行や証券会社でも使えることになっていますが、元々は信託銀行を使って行うことが念頭にあったわけです。信託銀行を使うことのメリット、つまり信託を用いて教育資金一括贈与の非課税制度を用いることのメリットはどう考えたらよいでしょうか。

岡野●信託銀行を用いることのメリットは、大きく2つあります。1つは、目的外支出が事実上できなくなるということです。子供や孫が30歳になった時に教育資金の使い残りがあれば、そこに課税されますが、目的外支出があった場合には、実際の残高にその支出額が加算されて課税されてしまいます。銀行や証券会社で概算払いを用いると、この目的外支出がされるリスクが残ります。信託銀行であれば、当然に、教育費としての支出以外は、認めません。それが受託者としての責任だからです。

白井●ただし、ごく一部の信託銀行では、確定払いではなく、概算払いを契約時選択することも認めているようです。この場合には、信託銀行でも目的外支出による課税リスクが残ります。結局、金融機関の選択と、契約時に確定払いを選ぶのか概算払いを選ぶのかの選択が、非常に重要ですね。

北詰●また、そもそもの話として、孫のために贈与したのに、浪費癖のある子供のパチンコ代に充てられてはたまりませんよね。

濱田●教育費の範囲はこの制度の場合、どこまで認められるのでしょうか。

白井●学校関係の費用であれば1,500万が限度です。ただし、学校以外でも習い事などについては、1,500万円の枠内で、500万円の限度枠があります。

204

6 子供や孫のための信託

内藤●詳しくは文科省のQ＆A（文科省　教育資金の一括贈与に係る贈与税非課税措置（「教育資金」及び「学校等の範囲等」）に関するQ＆A）を参照して貰うことになりますね。

村木●もう1つは、贈与する祖父母が亡くなっても、あるいは未成年の親権者が亡くなっても、孫に対する教育資金の給付が確保できることです。そのためには、信頼できる受託者としての信託銀行が大事になります。信託銀行ならどこでもいいというのではなく、実績のある大手を選ぶのが、30年先を見据えた考え方でしょう。

(2)　教育資金一括贈与信託の仕組みと手続きの流れ

濱田●では、教育資金一括贈与信託の仕組みと手続きの流れを確認していきたいと思います。

白井●まず、登場人物の確認です。

第2編　実践Q&A

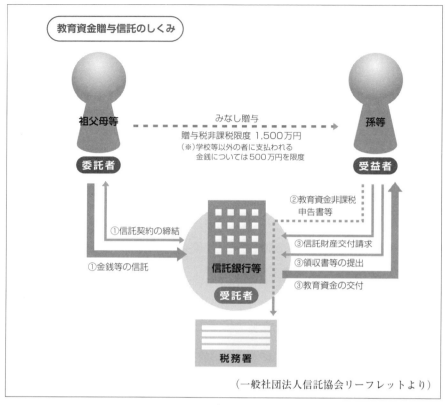

① **信託の設定段階**

ここでは、祖父母から孫への贈与を念頭におくと、直系尊属である祖父母が委託者として、資金を受託者である信託銀行に預け入れることになります。

なお、実務的には、信託設定前の段階で、委託者である祖父母が信託銀行の普通預金口座を作っておくことを要求される場合もあります。

内藤●受益者である孫は、この信託契約では登場しないのですか。

北詰●実際の教育資金贈与信託申込書では、受益者である孫も登場します。他の金融機関の申込みがないことなど、受益者に内容を確認させる文面がはいっていますから。

6 子供や孫のための信託

【教育資金贈与信託申込書の記載例（三井住友信託銀行）】

記入例

【ご記入いただく前に】
- ●ボールペンで強くご記入ください（水性ペンは不可）。
- ●必ず朱肉印にて押印ください（シャチハタ印は不可）。
- ●お名前と金額のご訂正はできませんので、ご注意ください。

教育資金贈与信託申込書

【教育資金贈与信託申込書】（ご入金者）贈与をする方・贈与を受ける方・法定代理人の方（親権者さまなど）

❶ 当社に申込書をご提出いただいた日をご来店時にご記入いただきます。

〈贈与をする方がご記入ください〉
❷ 本人確認書類と同一のご住所・お名前をご記入ください。
❸ 本申込書の記載内容および重要事項をお読みのうえ、当社にお届けいただいているご印鑑を押印ください。
❹ 贈与される金額をご記入ください。金額の前に￥マークを付けてください。

〈贈与を受ける方または法定代理人の方（親権者さまなど）がご記入ください〉
❺ 本人確認書類と同一のご住所・お名前をご記入ください。
❻ 本申込書の記載内容および重要事項をお読みのうえ、当社にお届けいただいているご印鑑を押印ください。
❼ すでに当社でお取引いただいている場合はお取引店をご記入ください。お取引いただいていない場合は、取引希望店をご記入ください。
❽ すでに当社の普通預金口座をお持ちの場合のみご記入ください。お持ちでない場合は、ご記入不要です。
❾ お預入れいただく金銭信託のお利息の税金のお取り扱いをご選択ください。
非居住者の方で、租税条約の適用をご希望の場合には別途所定の書類が必要となります。
マル優をご選択された場合は、別途申告書と資格を証する確認書類のご提出が必要となります。

〈法定代理人の方（親権者さまなど）がお手続きされる場合ご記入ください〉
❿ お手続きされる法定代理人の方（親権者さまなど）が本人確認書類と同一のご住所・お名前をご記入ください。贈与を受ける方と同一のご住所の場合は□にレ点しておいていただければ、ご住所のご記入は不要です。なお、お電話番号は必ずご記入ください。
⓫ 本申込書の記載内容および重要事項をお読みのうえ、ご印鑑を押印ください。

教育資金非課税申告書

【教育資金非課税申告書】（ご入金者）贈与を受ける方または法定代理人の方（親権者さまなど）

❶ 記入押印いただいた日をご記入ください。
❷ 贈与を受ける方の納税地の所轄税務署名をご記入ください。
❸ 贈与を受ける方のお名前・ご住所などを記入押印（2枚目にも押印）ください。
❹ 個人番号カードや通知カードなどに記載されている12桁の個人番号をご記入ください。なお、当社へ「個人番号届」のご提出をいただいていない場合は、別途所定の書類のご提出が必要となります。
❺ 法定代理人の方（親権者さまなど）がお手続きされる場合は、記入押印（2枚目にも押印）ください。
❻ 贈与をする方のお名前・ご住所・続柄などをご記入ください。
❼ 贈与を受ける金額（教育資金贈与信託申込書に記載のお申込金額）をご記入ください。
❽ 贈与を受ける方のお取引店をご記入ください。
❾ すでに教育資金非課税申告書などを提出されたことがある場合は、以前に申告されたご契約が終了していることをご確認の上、その際に申告された金額や提出先の金融機関などをご記入ください。

（注）平成30年12月1日時点の情報であるため、必要書類等、手続の際には事前に金融機関にお問い合わせの上、手続をお願いします。

第2編　実践Q&A

岡野●孫が未成年者である場合には、親権者もこの契約書に登場してくることになりますね。

村木●この信託設定時が実務的には非常に煩雑ですね。贈与者と受贈者との関係を確認するための戸籍や住民票などの書類を揃えて、信託銀行に申込みすることになります。登場人物全員の印鑑を揃えるだけでも、一苦労ですね。

○本人確認書類
　戸籍謄本
　運転免許証などの本人確認書類（祖父母・孫・親権者）
　個人番号カード等（受益者）
○申込書類（三井住友信託銀行の場合）
　教育資金贈与信託申込書
　教育資金非課税申告書（受益者）
　印鑑届（受益者）
　実特法新規届出書（受益者）
　普通預金入金申込書（受益者）
　キャッシュカード暗証番号届（受益者）
　確認事項記録書（受益者）
　委任状（祖父母・孫（親権者）のどちらかがご来店されない場合）

これ以外に、当然ですが、預け入れする資金が必要になります。

なお、ここでは受益者が金融機関に非課税申告書を提出するので、税理士が手続きにタッチする必要はない点、確認しておいて下さい。

② **資金の払い出し段階**

濱田●信託を設定して、今度は資金を払い出す方法について確認しましょう。

白井●教育資金の払い出し方法には、2通りあり、確定払い出し方式と概算払い出し方式です。このうち、多くの金融機関では、確定払い出し方式が用いられています。教育費として実際に支払った額を領収証を提出して精算を受けるやり方です。学校の授業料を100万円親が払って、そ

の後に100万円を孫名義の口座に入金して貰うわけです。

北詰●その他、信託銀行に請求書を渡して、直接学校等に授業料を振り込んで貰う方法がとれますので、できるだけそちらを使うことになるのでしょう。そして、この方法によれば、教育資金の目的外の使用は生じない事になるはずです。

内藤●それに対して、銀行など金融機関の一部が使っているのが概算払い出し方式です。学校の授業料などで120万円くらい必要だからと120万円払い出す方式です。この場合には、実際に100万円しか教育費に使わなければ、20万円が目的外支出になります。ただし、贈与税が実際に課されるのは、契約終了時であり、一般的には30歳になった時点です。

岡野●確定払い出し方式だと、30歳になった時に、目的外支出によって課税されるリスクがなくなる代わりに、資金的な不便さがありますね。請求書で直接払い込んでもらえる場合には問題ありませんが。

村木●実際の払い出しについては、払い出し請求書に領収証等を添付して、信託銀行に提出して、教育資金であることの確認が終わり次第、孫の通帳に振込みがされる格好です。現時点では、この確認作業に1～2週間程度かかっているという話もありますので、すぐに精算が受けられるわけではない点を注意しておく必要がありますね。

濱田●確定払い出し方式と概算払い出し方式とで、領収証の提出時期が異なるそうですね。

白井●確定払い出し方式の場合は、法律上、領収証の支払日から1年以内とされています。それに対して、概算払い出し方式の場合には、領収証の支払日の翌年3月15日までに提出しなければなりません。

北詰●この違いは、どこにあるのでしょうか。

内藤●概算払い出し方式の場合には、フリーの資金を与えることになるの

第2編　実践Q&A

で、通常の贈与税申告との均衡が必要です。つまり、支払った入学金200万円について、事後に祖父母からその都度贈与で200万円を貰った場合でなおかつ概算払いで200万円を引き出した場合、これをその都度贈与で教育費非課税の対象とすることもできるし、教育資金一括贈与の対象とすることもできます。しかし、この選択ができるのは、暦年贈与の申告期限である翌年3月15日までだよ、というわけです。

岡野●概算払い分を教育資金一括贈与の対象とするなら、入学金に充てられないその都度貰った200万円は、他の教育費に使われない限り、翌年3月15日までに贈与税の申告が必要だというわけですね。

村木●逆に、事後に貰った200万円を教育費のその都度贈与で非課税とするなら、教育資金一括贈与の対象として引き出した額は、そのままだと目的外支出になりかねません。この場合もやはり授業料など別の教育費に充てることになるのでしょうね。

濱田●では、確定払い出し方式の場合には、そのような暦年贈与の贈与税申告期限を配慮する必要がないから、という理解でよいですか。

白井●そうですね。ただ、いつまでも提出させないわけにもいかないので、金融機関の事務手続きを配慮して、支払日から1年以内としたのでしょう。

内藤●仮に、教育資金口座から引き出して、その年中に使わず、翌年以後に教育費に充てる場合も、起算日は領収証等の支払日でよいのでしょうか。極端な話、年末に引き出して、その年中に支払いができなかった場合には、それが目的外支出になってしまうのでしょうか。

岡野●措置法第70条の2の2第9項によると、引き出し年中の精算が前提であるように思われますが、明確には読み取れません。

210

【措法第70の2の2条第9項】

9 第7項第2号に掲げる場合において、その年中に払い出した金銭の合計額がその年中に教育資金の支払に充てたものとして提出又は提供を受けた領収書等（当該領収書等に記載又は記録された支払年月日その他の記録によりその年中に教育資金の支払に充てられたことを確認できるものに限る。）により教育資金の支払に充てたことを確認した金額の合計額を下回るときは、前項の規定により取扱金融機関の営業所等が記録する金額は、当該払い出した金銭の合計額を限度とする。

村木●本来は、この条文の前提として、引き出し分はその年中に精算するということが別途条文で明記されるべきだと思うのですが、現状では見当たりません。内藤さんの例でいえば、その年中に使えなければ、目的外支出になるのでしょうね。常識で読み取れるといえば、読み取れるのでしょうけど、不親切の誹りは免れません。

内藤●元々制度設計が、暦年ベースだから仕方ないということなのでしょうね。ただ、「改正税法のすべて」でも触れてありませんし、概算払いを選ぶと事故の元になりそうです。

岡野●引き出したら、必ずその年中に支払って下さいという金融機関のホームページ記載例がありましたが、実務的にはかなり注意が必要になりそうです。

③ 終了時の手続きと課税関係

濱田●では、終了時の手続きを確認したいと思います。

白井●教育資金管理契約が終了した場合の課税関係は、終了事由ごとに3つの場合に分けられます。

第2編　実践Q&A

■教育資金管理契約が終了した場合の贈与税の課税関係

終了事由	終了時における贈与者の状況	贈与税の課税関係	
		課税価格への算入の有無	課税方式
(1)　受贈者が30歳に達したこと。 (2)　教育資金管理契約に係る信託財産の価額、預金若しくは貯金の額又は有価証券の価額が零となった場合において、受贈者と取扱金融機関との間で当該教育資金管理契約を終了させる合意があったこと。	生存	有	暦年課税又は相続時精算課税
	死亡		暦年課税
(3)　受贈者が死亡したこと。		無	

　　まず、受贈者が30歳に達した場合に、終了事由となります。この場合、受贈者には、その時点における教育資金管理口座における残高が、贈与税の課税対象となります。

内藤●ここで注意すべきは、教育資金管理口座における残高には、目的外支出とされたものの額が加算されるため、たとえ、実際の口座残高がゼロ円でも、贈与税の課税がなされる可能性がある点です。

岡野●銀行を用いる場合と異なり、信託を使うと、通常は目的外支出はない筈です。しかし、たとえば1,500万円の贈与を受けている場合に、800万円を学校、700万円を学校以外の塾などに使った場合、この700万円については、500万円の枠を結果的に超えてしまいます。この場合には、200万円が意図せず目的外支出額となってしまいます。

村木●あと、受贈者が相続時精算課税適用者である場合には、暦年贈与ではなく、相続時精算課税に取り込まれることになるのは、いうまでもありません。ただし、贈与者が生きている場合に限ります。既に贈与者が死亡している場合には、その時点で暦年課税に取り込まれます。

212

濱田●その際の税率は、平成27年以後であれば、直系尊属からの贈与であり、軽減税率が適用されると理解してよいのですね。

白井●そうですね。当初政令が出てきた段階（平成25年3月）では、「個人」からの贈与としてあったのみだったので、軽減税率が適用できないとの懸念がありましたが、その後（平成25年5月）政令が一部改正されて、軽減税率の適用を可能としました。

内藤●次に、教育資金管理契約で、口座の残高がゼロになった場合に契約を終了すると合意すれば、残高がゼロになった時点で終了事由になります。この場合の課税関係は、基本的に、上記の30歳に達した時点での課税関係と同様です。

岡野●最後に、受贈者が死亡したことが、終了事由になります。この場合には、口座に残高があっても、贈与税の課税はないことになります。

村木●受贈者自身の相続財産として、受贈者の相続税課税の対象になるだけ、ということですね。流石に、この場合に持ち戻り課税があるというのは、理解を得られないでしょうから、割り切ったということなのでしょう。

濱田●ところで、相続前3年以内の贈与額の加算とこの制度との関係を確認しておきたいのですが。

白井●まず、信託設定時においては、贈与税は非課税とされており、この時点の贈与については、信託設定直後に贈与者が死亡したとしても、3年内加算の対象となりません。

内藤●契約終了時において、贈与税を課される場合、つまり、先の受贈者が30歳になって終了する場合と口座残高がゼロ円で合意終了させる場合で、贈与者が生存しているときには、この3年内加算の対象となり得ます。

213

第2編　実践Q&A

北詰●契約期間中については、この３年内加算は生じないということでよいのですか。

岡野●そうです。いわば、契約終了時までは、別世界に行っていると思っていいです。契約終了時に、いきなり残額が天から降ってくるイメージです。

村木●実際には、相続時に財産を取得していない限り、３年内加算の対象外ですから、みなし相続財産を取得している場合などを除けば、孫への贈与については、ほとんど気にする必要はないでしょうね。

北詰●ところで、父方の祖父から750万円、母方の祖父から750万円もらった場合のように、贈与者が２名以上いる場合、この残高への贈与税計算はどのように行われるのですか。

濱田●別に贈与者が複数いても、贈与税は受贈者ベースで計算しますので、特に内訳を求める必要はないですよね。

内藤●いえ、そんなことはありません。たとえば、先に話の出た３年内加算の対象になる贈与とそうでない贈与を区別する意味がありますね。

白井●計算方法は、それぞれの贈与者が拠出した額が非課税拠出額全体に占める割合を残額に乗じます。たとえば、上記の例で、残額が200万円であれば、

$$200万円 \times \frac{750万円}{(750万円＋750万円)} ＝100万円$$

で、100万円ずつそれぞれの祖父母から贈与を受けたものとして、計算します。

岡野●この点は、贈与税の中身が暦年贈与と相続時精算課税の両方がある場合にも生きてきますね。

村木●さらに細かい話ですが、連帯納付義務の判定においても、贈与者が

誰でいくら貰ったかの問題が生じますね。目的外支出があれば、怖い論
点です。

④　注意事項と使い方

濱田●今までに説明した点と、文科省のＱ＆Ａで分かる教育資金の範囲以
外に、他に何か注意事項はありませんか。

白井●時々ある話で、８月１日に信託を設定したが、その前の４月に振り
込んだ入学金・授業料について払い出しができるか、というのがありま
す。これはアウトです。払い出しの対象となる教育費は、信託設定日以
後のものに限ります。

北詰●教育資金の範囲から漏れてしまった場合には、どうしたらいいので
しょうか。

内藤●その場合は、信託から出せないので、その都度贈与で対応する方法
がありますね。追加で資金を出すことになりますが。

岡野●たとえば、外国の大学に留学させる場合に、入学金や授業料は教育
資金の範囲に入るとしても、下宿費用は対象外になってしまいます。こ
の場合には、その都度、必要な額を贈与すれば、非課税扱いにできると
いうことですね。

村木●つまり、使い方のポイントとしては、この教育資金一括贈与だけで
なく、その都度贈与をいかに組み合わせるか、という話になるわけです。

濱田●教育資金一括贈与信託を用いるべき場合というのは、どういう場合
ですか。

白井●まず、贈与者である祖父母が病床に伏せっており、相続が近づいて
いる場合などには、非常に有力な相続税の節税手段となります。

濱田●余命宣告されるなど、自分の相続の時期は近い。そのようなときに
孫曾孫10人に教育資金一括贈与を実行すれば、最大１億５千万円の遺産

第2編　実践Q&A

圧縮効果があります。これを実行することには問題ないでしょうか。

村木●長寿の時代ですから若いうちの積極的な贈与には自分の老後資金に不安が出ますが、死期が見えたらそのような心配も不要です。

岡野●問題はないでしょうね。実行の時期が相続に近いというだけですし、資金は信託銀行に管理されますので贈与の事実認定の問題も生じません。

白井●むしろ一切提案せず、後から知った納税者から苦情をいわれることも心配です。少なくとも制度の説明は必要でしょう。

内藤●ただし、当然のことながら、贈与実行の時期において、目も口も頭もはっきりしている、字もちゃんと書けるという状態が大前提です。意識不明や認知症の状態で信託銀行の人間を病院に連れて行っても、困りますと言われるだけでしょう。

濱田●最近は、病院で数ヶ月後の死亡告知を受けていても、見かけは健康な人と変わらないなどという例も増えました。実際に、言われた通りの時期に亡くなるので、現代医学の進歩だなと思います。

北詰●そのような場合であれば、信託契約を締結するのに問題はなさそうですね。我々司法書士も、契約締結能力が当事者にあるのかは、非常に気を遣います。

白井●司法書士業界では懲戒が厳しいと聞きます。税理士業界も、懲戒内容が国税庁サイトで公開される時代です。我々も、それなりに襟を正しておかないといけないのでしょうね。

内藤●孫や曾孫が生まれた場合に、祖父母が喜びを表現する手段としても、有益ですよね。

岡野●何よりも、教育資金に使途が限定されているというのが大きいですよね。親に無駄遣いをされる恐れもない。

6 子供や孫のための信託

村木●さらに、親の生活資金を間接的に助けているという効果があります
　よね。それによって、消費を拡大させたいというのが、政府の意図です
　が。

北詰●逆に、使ってはいけない場合、あるいは、使う際に特に配慮すべき
　点はないのでしょうか。

濱田●やはり、贈与者である祖父母自身の生活を守るという視点ではない
　でしょうか。自分の生活を脅かしてまで、贈与をする意味はないでしょ
　う。

白井●早めに贈与してしまうと、その後の扶助がなくなるという話もあり
　ますので、親や孫達の顔を見ながら贈与額を決めていくという選択肢も
　あるでしょう。一気に1,500万円枠を使わなければならないわけではな
　いのですし。

内藤●資金の捻出方法も、投資資金など余裕資金があれば、それを取崩す
　ということが大切ですね。

岡野●次に配慮すべきは、バランスの問題だと思います。孫が複数いる場
　合には、孫の間というか、親の間でもめ事になる恐れもあります。この
　あたりは、よくよく考えておくべきだと思いますね。

北詰●なるほど。ところで、この本では信託を用いることを勧めていますね。

村木●一番大きな理由は、目的外支出を減らしたいということです。本人
　が浪費することを避けるだけでなく、親に使われてしまうことも避けら
　れます。この辺は信託の一番大きなメリットです。ただし、先にも述べ
　たように、信託であっても、目的外支出となる場合が生じ得るのは注意
　点ですね。

濱田●学校以外への教育費支出で500万円を超えてしまう場合でしたね。
　実務では、金融機関が管理してくれない場合もあるでしょうから、自分

217

第2編　実践Q&A

で管理できるのか、少々不安は残りますが、やむを得ないのでしょうね。

2　結婚・子育て支援信託

白井●平成27年度税制改正により、直系尊属からの結婚・子育て資金一括
贈与の非課税制度が創設されています（措法70の2の3）。

岡野●平成27年4月1日から平成31年3月31日までの間に、20歳以上50歳
未満の子や孫が、父母や祖父母から結婚・子育て資金に充てるために信
託など所定の手法を通じて一括贈与を受けた場合が対象になります。一
般には信託方式を利用します。限度額は1,000万円ですが結婚資金につ
いては300万円となります。

村木●教育資金一括贈与の場合と大きく異なる点が、贈与者死亡時の残金
が相続税の対象になることです。ただし、受贈者に2割加算の適用はあ
りません。

濱田●子供の結婚を期待する親の想いの表明手段として利用されているよ
うです。しかし贈与者死亡時の残金が相続税の対象となることが不利益
と認識されていることもあり、利用はあまり進んでいないようです。

3　特定障害者扶養信託

白井●では、次に特定障害者扶養信託についてです。これは、特別障害者
などを受益者とする信託で、信託銀行が受託者となり、一定の要件を満
たすことで、最大6,000万円までの信託財産への拠出が、受益者の贈与
税において非課税とされる制度です（相法21の4）。

218

6 子供や孫のための信託

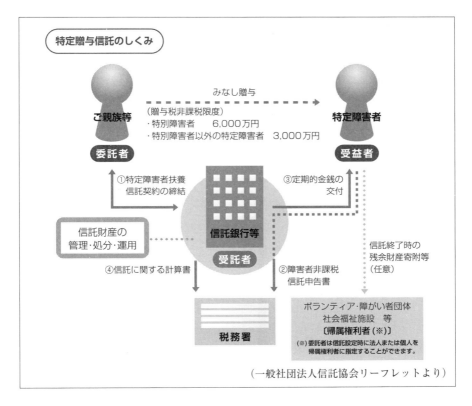

(一般社団法人信託協会リーフレットより)

内藤●これが非課税とされるのは、あくまでも当初の信託財産の組み入れ時におけるみなし贈与の贈与税課税の問題だけですね。これも受益者等課税信託ですので、その後の信託財産からの収益について、所得税の非課税が受けられるわけではありません。

岡野●この制度は、平成25年度の改正によって、それまでの特別障害者のみを対象とした制度から、精神的な障害を持っている人達をも対象にすることができるようになりました(相令4の4、4の8、所令10①)。ただし、その場合の非課税枠は3,000万円までとされています。

村木●最近は、精神的な障害を抱えていると判断される子供達が増えてきているようです。親や祖父母が子供の将来を案じる場合に、この制度が

使える可能性はあるでしょう。税理士としては、知っておくべき制度だと思います。

濱田●これも、教育資金一括贈与信託と同様、非課税申告の手続は信託銀行任せですね。税理士としては、信託財産から生じる収益に対する所得税の申告を行うだけになります。

4　使えそうな信託商品に注目

白井●では、次に「ずっと安心信託」を確認しましょうか。「ずっと安心信託」は三菱UFJ信託銀行の信託サービスの商品名であり、金銭信託の一種です。2012年に日経の優秀製品・サービス賞を受賞して注目されましたが、どのような商品なのでしょうか。

内藤●端的にいえば、当初は自益信託で、自分の死後は他益信託になる普通の信託なのですが、通常は敷居の高い信託銀行を利用した信託を普通の人が比較的少額な資金で利用できるところにメリットがあります。

岡野●たとえば、自分の死後の財産処分を決める遺言代用信託としての使い方もできますし、自分の意思能力に不安が生じた場合に自分に対して一定額の年金給付を行うようなことも可能です。

村木●つまり、ずっと安心信託を使えば、信託で可能なことはたいていできるのですね。委託者の意思を凍結するような使い方もできるので、自分の意思能力が衰えた時に、自分の財産を放蕩息子に使い込まれる心配もいらなくなるわけです。

濱田●信託を利用するには、良き受託者を得ることが肝要だというのはよくいわれることですが、実務では苦労することが少なくありません。しかし、この商品を使えば、比較的簡単に信託としてのメリットを享受できるわけですね。

6 子供や孫のための信託

白井●そうです。通常の信託をカスタム・オーダーだとすれば、これはいわばイージー・オーダーの信託だと理解すればよいでしょう。

内藤●具体的には、受取り方法として、次の3つのいずれか、あるいはその組み合わせが選択できます。
　　①　自分が定期的に定額を受取る方法
　　②　家族が一時金を受取る方法
　　③　家族が定期的に定額を受取る方法

岡野●子供のための信託としての利用方法ですが、自分の余命がわずかだと分かり、後の面倒を見てくれる人間がいない場合に、自分の子供達に毎月の生活資金を確保するなどの使い方が典型例でしょうか。ここでは、子供に大金を一度に渡してしまわないところがポイントです。

村木●さらに今のような高齢化社会では、子供が高齢で判断能力を低下させてしまうことすらありますね。自分の死後に争いをおこさせないよう、生前に対策しておく手段としても非常に意味があるのではないでしょうか。

濱田●この信託の課税関係を確認させてもらえますか。

白井●これも教育資金一括贈与信託と同様、集団投資信託なので、受益者段階課税での受領時課税ですね。分配を受けた段階で、受益者に利子所得が生じ、源泉分離課税で終了しますので、所得税の申告は不要です。

内藤●ちなみに、信託設定時には自益信託なので、課税関係は生じません。

岡野●相続税申告における財産評価も確認しておきましょうか。この場合は、信託財産の評価ですが、結局は預貯金の評価と同様になります（財基通202(1)、203）。

村木●元本と収益の受益者が同一なので、収益受益権としての割引評価は行わないということですね。

221

第2編　実践Q&A

濱田●最近は、ほかにも利用できそうな信託商品が充実しています。例えば三菱UFJ信託銀行の「暦年贈与信託おくるしあわせ」は、信託銀行が110万円の暦年贈与を代わりに実行してくれます。

内藤●毎年贈与契約書を作成し忘れず実行するのは面倒だという場合には使えます。

岡野●祖父母が資金を信託しておき、毎年信託銀行が受贈者に送金してくれる仕組みですね。

村木●①信託銀行が、毎年定期的に「贈与の依頼書（原稿）」を祖父母に郵送し、②贈与者は、受贈者と金額を書き込んだ「贈与の依頼書」を信託銀行に返送。③信託銀行が、受贈者に「意思の確認書」を郵送し、受贈者が、それを返送するという手続きになります。

白井●課税関係はどうなりますか、祖父母が信託した段階で一括で贈与税が課される心配はありませんか。贈与が予定されていれば、孫は定期金給付契約に関する権利（相法24）を取得したことになります。いわゆる連年贈与のリスクです。

岡野●大丈夫です。そのようなリスクを避けるために、祖父母は、毎年「意思の確認書」を郵送するのです。

内藤●「東京国税局　事前照会に対する文書回答事例　暦年贈与サポートサービスを利用した場合の相続税法第24条の該当性について」で、贈与の都度意思確認をするのであれば、たとえ決まった期間に毎年贈与をおこなわれることが想定されるものであっても、信託契約時の贈与税課税はないとの見解が公表されています。

白井●逆に言えば、祖父母が認知症になると暦年贈与はストップするということです。

濱田●ほかにも、三井住友信託銀行の「セキュリティ信託」は使えそうで

222

す。

村木●同意者の同意がないと引き出せない信託です。これは必要な方には待望だった商品かもしれません。

内藤●片方が勝手に引き出せない連名口座があれば便利ですが日本にはそのような制度はありません。これを信託で実現するわけですね。

岡野●高齢の親を持つと、認知症まで行かなくても、判断能力の衰えが生じてきます。「生活資金が必要だが、まとめて自宅においておくと盗難が怖い」「自分で降ろしに行くようにすると、振り込め詐欺も怖い」と、子はいろいろと心配事が出てきます。

濱田●親子が遠方で離れていれば、なおさらです。そして、子が思う以上に、親本人だって、不安なのです。

> **セキュリティ型信託（三井住友信託銀行）**
> 「セキュリティ型信託は、お預け入れいただいた金銭信託から同意者の同意を得た上でお支払いする商品です。また、日々の生活に必要な資金などを定期的に受け取っていただくこともできます（この場合は、同意者の同意は必要ありません）。」

内藤●一時払い方式で、支払いが必要な都度、同意者による同意を得るか。あるいは、同意なしで、定時定額払い方式とするかを選択できます。ただ、信託期間が５年しかないのが物足りませんが。

濱田●解約や支出に制限がある点で類似した信託商品に三菱UFJ信託銀行の解約制限付信託「みらいのまもり」があります。契約者自身でさえ簡単には解約できない厳重に資金を守れる信託口座です。

内藤●老後に必要な資金や、将来、老人ホームの入居一時金など大きな資金が必要になった場合のみ引き出せますが、払い出し手続きが厳格に制限されています。

第2編　実践Q&A

岡野●具体的には「有料老人ホーム等施設の入居一時金」と「10万円以上の医療費」だけなのですね。そして本人だけでは解約できないようになっています。

白井●ほかにも、死亡保険金が信託口座に振り込まれ、定期定額で受取人に振り込まれる生命保険信託など、生命保険契約と組み合わせる信託も登場しています。

濱田●信託の認知度が高まってきていますので、これからも便利な信託商品が発売されるでしょう。税理士は常にアンテナをはっておく必要があります。

5　放蕩息子信託

濱田●次に、放蕩息子信託について確認しましょう。これは、具体的にこのような名前の商品やスキームが制度化されているというわけではないのですよね。

白井●人格者の息子が人格者とは限らないように、世の中には子供の問題で悩んでいる方が少なくないように思います。小さい頃ならともかく、もはや立派な大人の年齢になっても、社会人として不適格だったり、あるいは犯罪に手を染めてしまう場合など、問題があるが、親子の縁は切れないので、どうしようかという悩みです。

内藤●ここでポイントになるのは、子供には一定の生活保障を与えてやりたいけれど、自由に財産処分をすることはできない状態にしておく必要があるということですね。まさにこの局面で使うべき信託です。

村木●実は、他の相続人を放蕩息子から守るという目的もあります。親の財産を食いつぶしたりするようなことがないよう、放蕩息子の生活費を確保するのです。

224

6 子供や孫のための信託

岡野●たとえば、アパートを信託財産として長女に信託譲渡して、受益者である浪費癖のある長男のために管理を行わせるわけですね。アパートから生じる収益については、必要経費等を差引いて長男の銀行口座に毎月振り込みます。

村木●この場合、受益者等課税信託なので、長男の所得として申告する義務がありますが、詳細はP86を参照して下さい。

第2編　実践Q&A

7　受益者連続型信託はどこまで使えるか

Question

　信託を使えば、自分が死んだ後でも、相続人が取得する自分の財産について、次の移転先を指定しておくことが可能と聞きました。どのような信託なのか具体的に教えてください。

Answer

　受益者連続型信託といって、信託設定時点から最長で30年先の相続の場面においても自分の財産の行き先を指定する信託を活用することができます。

ポイント

(1)　受益者連続型信託を利用すれば、希望する複数の受益者を連続して受益者とすることができる。

(2)　受益者が亡くなる度に、受益権が相続税の対象となる。

(3)　受益者連続型信託を利用することで、遺言では解決できなかった相続に関する諸問題について、解決の可能性が広がる。

226

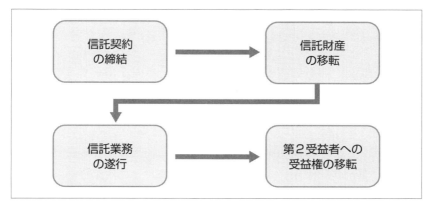

(税務上の諸手続)

① 信託契約書の作成
② 信託の調書の提出(翌月末日期限)
③ 信託計算書の提出(翌年1月31日期限)
④ 所得税の確定申告(翌年3月15日期限)
⑤ 相続税の申告(前受益者死亡後10か月期限)

解説

1 制度の概要

濱田●ここからは、受益者連続型信託について議論していきたいと思います。まずは、受益者連続型信託とはどのような内容の信託なのかを簡単にご説明いただけますか。

白井●平成18年の信託法改正によって新たに登場した信託の類型で、受益者が死亡するとその受益者が所有する受益権が消滅し、新たに他の者が受益権を取得する旨の定めがある信託のことです。法制上は、各受益者が取得する信託受益権は、直前の受益者から移転するのではなく、あくまでも信託設定時の委託者から各受益者へ移転するものとされています。

内藤●この受益者連続型信託は、いわゆる「後継ぎ遺贈型」とも呼ばれる

もので、当初の受益者が死亡した後、複数の受益者が連続して受益者となることができるようになりました。

岡野●遺言では、自分の相続時にのみ財産の行き先を指定することができますが、信託を利用すると、自分が死んだ後でも、受遺者のさらに次の自分の財産の行き先を生前に決めることができるようになるのですね。

村木●ただし、未来永劫無制限に財産の行き先を決定できるわけではありません。信託法第91条によると、信託した時から30年を経過した後に最初に発生する相続までしか指定することができないことになっています。

> **（受益者の死亡により他の者が新たに受益権を取得する旨の定めのある信託の特例）**
> 第91条　受益者の死亡により、当該受益者の有する受益権が消滅し、他の者が新たな受益権を取得する旨の定め（受益者の死亡により順次他の者が受益権を取得する旨の定めを含む。）のある信託は、当該信託がされた時から30年を経過した時以後に現に存する受益者が当該定めにより受益権を取得した場合であって当該受益者が死亡するまで又は当該受益権が消滅するまでの間、その効力を有する。

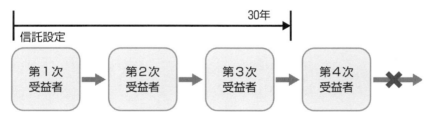

※第4次受益者は、信託設定から30年経過時点で既に出生しているものとします。

濱田●上の図でいうと、信託設定時から30年経った時点で第3次受益者までの相続が終了しています。

白井●この場合、第4次受益者までは受益権の移転が可能であり、第4次受益者が死亡するか、もしくは受益権が消滅することにより、信託契約が終了となるのですね。

2　活用事例

内藤●この受益者連続型信託はどのような場面で活用できるのでしょうか。

村木●例えば、後妻との間に子がおらず、先妻との間には子がいるという
ケースで、自分が死亡した場合は、後妻に財産を渡しておいて、後妻が
死亡したときには、残った財産を先妻の子に渡すというようなことが可
能になります。

濱田●なるほど。信託を利用しない場合には、後妻が亡くなると、後妻が
養子縁組してくれるか、遺言を作成してくれない限り、先妻の子に財産
を渡すことは不可能ですね。必然的に、後妻の相続人に自分の財産が渡
ってしまうことになりますね。

岡野●確かに、通常の遺言書では、自分の相続についての遺言は可能です
が、自分の相続人が亡くなった場合にまで、自分の意思を反映させるこ
とはできませんからね。

白井●受益者連続型信託は、一見すると良いことずくめのようですが、委
託者の意思がそのまま30年間固定された信託の内容が実行されていくリ
スクも考慮するべきです。30年の間に、信託設定時には思いもよらなか
った出来事が発生し、本来財産を渡さなければならない相手に、財産が
渡らないというような事態も想定できるからです。

村木●もし、30年先の相続まで委託者が指定しようとする場合には、様々
なケースを想定して、臨機応変に対応できるような信託契約を緻密に設
計しておく必要があるのかもしれませんね。たとえば、孫が生まれてい
れば孫に、孫がまだ生まれていなければ甥にというように条件を付けて
おくわけです。

白井●未来は予測できませんので、それでも対処できない事態は起こり得
ます。その場合は信託法第164条にしたがい、委託者と受益者の合意で

第2編　実践Q&A

信託を終了することになります。ただ、委託者がいない信託も考えられるので、受託者と受益者の合意で終了できる信託の内容にしてもよいでしょう。また、受託者が欠けたり、信託の目的が達成できなくなったような場合は信託の終了事由になります（信託法163①）。

内藤●後妻から先妻の子へ財産を渡すケースと同様に、子のいない夫婦で、先祖代々の財産を持っている夫が、自分の相続後に妻に財産が渡るのは良いが、妻の死亡後に、妻の親族に自分の財産が渡るのを何とか阻止できないかという相談にも、信託が利用できそうですね。

濱田●第1次受益者を妻、第2次受益者を甥や姪といった自分の血族を受益者に指定する受益者連続型信託を利用するわけですね。

白井●先祖代々受け継がれてきた財産を配偶者の親族に持って行かれるのを嫌がる資産家は確かに多いですね。信託法が改正されるまでは、手の打ちようがなかったということでしょうが、今後は、解決策として信託を利用する機会が増えてくるのかもしれません。

村木●以前、私のお客様で優良企業のオーナーが若くして亡くなったことがありました。相続によって、奥様とその子が会社の株式を取得することになったのですが、相続人は会社の経営には無関心でした。そこで、死亡した元オーナーの兄弟が株式を買い取ることになったのですが、多大な資金を準備する必要があり、会社を存続させるのに大変な思いをしたことがあります。

内藤●そのようなケースでも、信託を利用すれば、事業承継をスムーズに行えたかもしれませんね。つまり、生前に、オーナーの持株全部を信託財産として信託する方法です。信託設定時には、受益者を委託者であるオーナーとしておいて、オーナーに相続が起こった場合には、受益権を妻と子に相続させ、議決権の指図権をオーナーの兄弟に取得させます。
　妻と子が亡くなった場合には、孫を受益者として指定しておき、指図

230

権も孫に戻すというようなスキームも考えられるでしょう。

岡野●なるほど、アイデア次第でいくらでも問題解決が可能となるのですね。これからの税理士業務には信託の知識が欠かせませんね。

3　遺留分の減殺請求

濱田●今までのお話しを聞いてきて、ふと疑問に思ったことが遺留分との関係です。上記の活用事例で、オーナーが亡くなった際には、信託受益権が後妻に相続される訳ですが、この信託受益権は遺留分算定の基礎財産に算入されるのでしょうか。

村木●算入されると解されているようです。改正民法が施行された後の遺留分侵害額請求の対象、相手方とその効果は次の表の通りです。

対象	信託行為　①受託者への財産権の移転 　　　　②受益者による受益権の取得
相手方	受託者・受益者の双方
効果	受託者を相手方とする場合 ・・・遺留分侵害額に相当する金銭債務を負担する。 受益者を相手方とする場合 ・・・遺留分侵害額に相当する金銭債務を負担する。

白井●平成30年の民法相続編の改正により、遺留分侵害額請求があった場合には、遺留分義務者には金銭債務が生じ金銭で負担することになるのですね（改正後民法1046①）。遺産は共有状態にはならずこれまでのように現物の返還義務は負いませんので念のため申し添えておきます。また、相続人への生前贈与については無制限に遡るのがこれまでの最高裁の考え方でしたが、民法改正により相続の10年前までとなりました（改正後民法1044③）。このあたりは実務を変えることになるでしょう。

濱田●では、後妻が亡くなり、信託受益権が先妻の子に移転する場合には

231

第2編　実践Q&A

いかがでしょうか。このときも、信託受益権が後妻の遺留分算定基礎財産に算入されることになるのでしょうか。

内藤●後妻が亡くなった場合の先妻の子によるその信託財産の取得は、遺贈に類すると評価されないため、後妻の遺留分算定基礎財産に算入されないものと考えられます。

白井●ここは、明確な答えが出ていないというのが現状ではないでしょうか。受益者連続型信託では、受益権が後妻に帰属し、その後、受益権が先妻の子に承継されるところから、後妻の両親は遺留分侵害額請求が可能だとする考え方と、当初の委託者である実父の指定に基づく受益権の帰属であり、後妻の財産処分ではないので、これを不可とする考え方があり得ます。

内藤●このように、信託と遺留分の関係については前例の蓄積がなく、信託の絡んだ遺留分侵害額請求の事例が今後、積み重ねられて、取扱いが明確になっていくものと思われます。

4　受益者連続型信託の課税関係

岡野●受益者連続型信託の課税関係はどのようになっていますか。

白井●その前に、税務上の受益者連続型信託とは、法制上のそれとは範囲を異にしています。税務上は、次の通り、法制上よりも広い範囲で受益者連続型信託を定義しています。

7 受益者連続型信託はどこまで使えるか

【相続税法第９条の３第１項（受益者連続型信託の特例）】

1　受益者連続型信託（信託法（平成18年法律第108号）第91条（受益者の死亡により他の者が新たに受益権を取得する旨の定めのある信託の特例）に規定する信託、同法第89条第１項（受益者指定権等）に規定する受益者指定権等を有する者の定めのある信託その他これらの信託に類するものとして政令で定めるものをいう。以下この項において同じ。）に関する権利を受益者（受益者が存しない場合にあっては、前条第５項に規定する特定委託者）が適正な対価を負担せずに取得した場合において、当該受益者連続型信託に関する権利（異なる受益者が性質の異なる受益者連続型信託に係る権利（当該権利のいずれかに収益に関する権利が含まれるものに限る。）をそれぞれ有している場合にあっては、収益に関する権利が含まれるものに限る。）で当該受益者連続型信託の利益を受ける期間の制限その他の当該受益者連続型信託に関する権利の価値に作用する要因としての制約が付されているものについては、当該制約は、付されていないものとみなす。ただし、当該受益者連続型信託に関する権利を有する者が法人（代表者又は管理者の定めのある人格のない社団又は財団を含む。以下第64条までにおいて同じ。）である場合は、この限りでない。

2　前項の「受益者」とは、受益者としての権利を現に有する者をいう。

【相続税法施行令第１条の８（受益者連続型信託）】

法第９条の３第１項に規定する政令で定めるものは、次に掲げる信託とする。

一　受益者等（法第９条の２第１項に規定する受益者等をいう。以下この節において同じ。）の死亡その他の事由により、当該受益者等の有する信託に関する権利が消滅し、他の者が新たな信託に関する権利（当該信託の信託財産を含む。以下この号及び次号において同じ。）を取得する旨の定め（受益者等の死亡その他の事由により順次他の者が信託に関する権利を取得する旨の定めを含む。）のある信託（信託法（平成18年法律第108号）第91条（受益者の死亡により他の者が新たに受益権を取得する旨の定めのある信託の特例）に規定する信託を除く。）

二　受益者等の死亡その他の事由により、当該受益者等の有する信託に関する権利が他の者に移転する旨の定め（受益者等の死亡その他の事由により順次他の者に信託に関する権利が移転する旨の定めを含む。）のある信託

三　信託法第91条に規定する信託及び同法第89条第１項（受益者指定権等）に規定する受益者指定権等を有する者の定めのある信託並びに前２号に掲げる信託

233

第２編　実践Q&A

　　　　以外の信託でこれらの信託に類するもの

濱田●税制上は、信託法第91条の受益者連続型信託に限らず、受益権が転々と移転する旨の定めのある信託を受益者連続型信託と呼び、移転する度に贈与税又は相続税を課すことになっています。

内藤●第１次受益者だけでなく、第２次以後の受益者も委託者から受益権を取得しますが、税制では、第２次以後の受益者は、その手前の受益者から遺贈又は贈与により受益権を取得したものとみなして相続税又は贈与税が課されるのですね。

【相続税法９条の２（贈与又は遺贈により取得したものとみなす信託に関する権利）】

2　受益者等の存する信託について、適正な対価を負担せずに新たに当該信託の受益者等が存するに至った場合（第４項の規定の適用がある場合を除く。）には、当該受益者等が存するに至った時において、当該信託の受益者等となる者は、当該信託に関する権利を当該信託の受益者等であった者から贈与（当該受益者等であった者の死亡に基因して受益者等が存するに至った場合には、遺贈）により取得したものとみなす。

白井●受益者連続型信託では、委託者が、複数の受益者について、一度に財産処分を決めてしまえますが、当事者の認識と異なり、二度、三度の課税が生じてしまいます。

村木●これは、相続法理を飛び越えて行う資産の処分を規制したものなのでしょうね。ところで、受益者連続型信託の受益権の評価はどうなりますか。受益者の平均余命による定期金の評価で行うことになるのでしょうか。

岡野●受益者連続型信託の受益権については、期間制限のない受益権を相続したものと考え、信託財産の評価額で受益権を評価します。この考え方は、第２次、第３次の受益者についても同様です。

234

濱田●そうすると、財産を処分する権利を持たない受益者については過大な評価となりますね。仮に元本受益権と収益受益権の総和が信託財産の評価額と一致すると考えるならば、収益受益権のみを相続する受益者に対し、元本受益権部分にまで相続税を課してしまうことになるのですね。

5　信託の手続

岡野●次に、受益者連続型信託の一連の手続について確認しておきましょう。

白井●まずは、信託行為が必要になる訳ですが、受益者連続型信託であれば、遺言により信託を設定することになるのでしょうか。

村木●遺言のほか、遺言代用信託によることも可能でしよう。生前において、委託者自身を受益者とする自益信託を設定しておきます。委託者が亡くなった場合には、次の受益者を指定しておき、その後の受益者の死亡による受益権の移転先も信託契約の中に盛り込んでおく訳です。

濱田●なるほど。ただ、信託の終了時期に違いが出てくる可能性がありそうですね。つまり、受益者連続型信託の有効期間については、信託法第91条で、「当該信託がされた時から30年を経過した時以後に現に存する受益者が当該定めにより受益権を取得した場合であって当該受益者が死亡するまで又は当該受益権が消滅するまでの間」と定められています。

　信託設定期間の始期が信託設定日となっているので、遺言代用信託を利用した場合には、信託がされた時から「30年を経過した時」が、遺言による信託の設定よりも早く到来してしまうことになるのですね。

内藤●信託の設定日をいつにするかは慎重に判断する必要がありそうですね。

岡野●さて、話は変わって、信託を設定した場合の届出書等の確認をしたいと思います。信託を設定したら、最初にどのような手続が必要でしょ

235

第2編　実践Q&A

うか。

白井●どの信託でも共通ですが、信託を設定したときには、受託者が所轄
の税務署長に、信託設定日の翌月末日までに信託の調書を提出しなけれ
ばなりません（相法59③）。書面のひな型等につきましては、「**5**子供へ
の贈与・名義預金対策としての信託の利用」をご参照ください。

内藤●それだけでなく、受託者は毎年分の信託の計算書を該当年の翌年1
月31日までに所轄税務署へ提出しなければなりません。両調書の提出を
怠った場合には、罰則規定も用意されていますので、きちんと対応しな
ければなりません。

村木●信託財産が果実を生むものであれば、受益者は所得税の確定申告が
必要になります。毎年の収支を該当年の翌年3月15日までに所轄税務署
へ申告しなければなりません。

濱田●さらには、受益権を取得した各受益者は、納税義務がある場合には、
相続税の申告を行わなければなりません。

岡野●法制上は委託者から各受益者への財産移転だとしても、税制上は直
前の受益者からの財産移転と擬制しているため、受益権が移転する都度、
相続税の計算を行わなければならない訳ですね。

6　受益者連続型信託の問題点とその解決策

岡野●受益者連続型信託は、受益者の移転の度に課税されるなど税務では
使いづらい面がありますね。

濱田●その解決策として、負担付遺贈を用いることが考えられます。
　穂積重遠博士（法学博士、東京帝国大学法学部長）は、「受遺者甲が
受ける財産上の利益がある条件が成就しまたはある期限が到来した時か
ら乙に移転するという遺言」を後継ぎ遺贈とし、「停止条件付遺贈・解
除条件付遺贈・始期付遺贈・終期付遺贈が場合によりまた財産の性質に

応じて行われ得る。ある時期までまたはある事実の発生までは甲が受遺者となりその後は乙が受遺者となる、……不能ではあるまい。」と説明しています（「第９章受益者連続信託の検討」星田寛より（「信託取引と民法法理」道垣内弘人・大村敦志・滝沢昌彦編　所収））。

　さらにこの後継ぎ遺贈について、最高裁（昭和58年３月18日判決）は次の３つが考えられるとして、負担付遺贈との解釈の余地を認めています。

①　遺贈不動産所有権の移転債務を第１次取得者に負担させた負担付遺贈

②　第１次取得者死亡時点で不動産所有権を第２次取得者に移転する趣旨の遺贈

③　第１次取得者の死亡を不確定期限とする遺贈

内藤●負担付遺贈を利用する場合、先妻の子に貸付不動産を取得させ、代償債務として後妻の生存中は賃貸不動産の利益を給付させます。そして、先妻の子が負う代償債務は、定期金に関する権利の評価における終身定期金として評価します。

【相続税法第24条（定期金に関する権利の評価－（給付事由が発生しているもの））】

１　定期金給付契約で当該契約に関する権利を取得した時において定期金給付事由が発生しているものに関する権利の価額は、次の各号に掲げる定期金又は一時金の区分に応じ、当該各号に定める金額による。

～中　略～

　三　終身定期金　次に掲げる金額のうちいずれか多い金額

　　イ　当該契約に関する権利を取得した時において当該契約を解約するとしたならば支払われるべき解約返戻金の金額

　　ロ　定期金に代えて一時金の給付を受けることができる場合には、当該契約に関する権利を取得した時において当該一時金の給付を受けるとしたならば給付されるべき当該一時金の金額

　　ハ　当該契約に関する権利を取得した時におけるその目的とされた者に係る余命年数として政令で定めるものに応じ、当該契約に基づき給付を受けるべき

第2編　実践Q&A

　　金額の1年当たりの平均額に、当該契約に係る予定利率による複利年金現価
　　率を乗じて得た金額

岡野●この結果、委託者の相続人である後妻と先妻との子には、委託者の
　死亡時に相続税が課されます。負担付遺贈なら一度の課税で済むので、
　信託よりも有利といえます。

8 不動産管理会社としての一般社団法人と信託の活用事例

Question

個人所有の賃貸マンションを不動産管理会社に移転して、所得税・住民税の節税を図りたいと思っています。一般社団法人や信託を利用した効率の良い運営方法があると聞きました。不動産の移転方法から管理・運営方法まで具体的に教えてください。

Answer

不動産の所有権を移転する場合には不動産取得税や登録免許税といった流通税が生じます。そこで、信託受益権を売買の対象とすることで、流通コストを抑えながら、節税目的を達成することが可能です。また、不動産の受け皿会社に一般社団法人を利用するケースがありますが、平成30年度税制改正により、一般社団法人に対する相続税課税制度が導入されているため、節税目的で利用する場合には注意が必要です。

ポイント

(1) 不動産管理会社を節税対策に利用する場合、不動産を直接所有する方法が最も効果が高い。

(2) 信託受益権を売買すると、不動産取得税が課税されない。

(3) 平成30年度税制改正により創設された理事死亡時の一般社団法人への相続税課税制度には要注意。

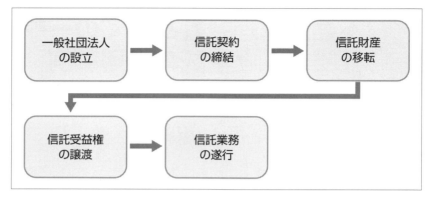

(税務上の諸手続)

① 法人設立時の諸届出書の提出
② 信託契約書の作成
③ 信託受益権の譲渡
④ 信託の調書の提出（翌月末日期限）
⑤ 信託受益権の譲渡の対価の支払調書の提出（翌年1月31日）
⑥ 信託の計算書の提出（翌年1月31日）
⑦ 譲渡所得税の確定申告書の提出（翌年3月15日期限）

解説

1 法人設立のメリットと注意点

濱田●個人で不動産を所有していて、所得税と住民税の負担が重いからと法人成りを検討するオーナーさんは少なくありません。

内藤●不動産から生じる収益は、その所有者に帰属するのが原則ですから、収益物件を多数所有しているオーナーさんは必然的に所得税率が上がってしまうことになります。

白井●所得を分散するため不動産管理会社を設立して、そこに不動産管理料を支払うとの節税策も良く見聞きするところです。

村木●税務調査では、同族会社に支払う不動産管理料が適正か否かは必ず確認されますので注意が必要ですね。

岡野●適正な不動産管理料の目安というものはあるのでしょうか。

内藤●第三者である不動産管理会社に管理を依頼する場合には、賃貸料の５％前後が相場だと思います。一括借り上げの場合だと満室時の賃貸料の10〜15％程度というところでしょうか。

否認事例	管理物件	管理方式	否認された管理料率	改定された管理料率
平成14年４月24日裁決	マンション	転貸	34.39%	14.36%
大阪地裁平成17年（行ウ）第229号	駐車場	転貸	34.85%	7.78%
東京地裁平成10年（行ウ）第251号	貸店舗・貸事務所	転貸	58.21%	9.97%
東京地裁昭和63年（行ウ）第10号	貸ビル，駐車場	管理委託	50%	6.26%
平成４年11月19日裁決	建物	管理委託	35.91%	6.71%
福岡地裁平成元年（行ウ）第19号	病院	管理委託	31.97%	7.33%

濱田●ただ、同族会社に管理料を支払えるのは、管理の実態がある場合に限られますね。当然と言えば、当然ですが、外部業者に管理を委託しているにもかかわらず、同族会社にも別途に管理料を支払っているとの事案も散見されます。平成18年６月13日の裁決は、一括借上を委託している外部業者がいる中で、同族会社にも10％の管理料を支払っていた事案ですが、審判所は同族会社への管理料全額を否認しています。

内藤●同族会社に支払う管理料が、不動産オーナーの経費として認められるか否かは、(1)同族会社とオーナーの契約内容と外部業者との契約内容に重複がないか、(2)同族会社に管理業務を委託する客観的必要性があっ

241

第2編　実践Q&A

たのか、⑶賃貸料の口座などの実際のお金の流れがどうなっているのか、⑷看板や広告の募集人の名義は誰か、などがポイントとなります。

村木●仮に、上記のポイントを全てクリアしたとしても、個人から法人へ移転出来る収入は、賃貸不動産から上がってくる収入金額の5〜10%程度なのですね。それなら、大した節税効果は見込めないのではないですか。

白井●おっしゃるとおりです。一括借り上げの場合でも、15%程度が限界だと思います。もし、空室率が15%を超えてしまうと、賃借人が支払う家賃以上の収入が、法人から個人へ移転してしまうことにもなり得ます。

　　例えば、満室時の賃貸料収入が月額100万円の場合に、不動産管理会社に一括借上料として15万円を支払うケースを想定してみてください。満室がキープ出来ている間は、本来個人に帰属すべき15万円の賃貸料収入を法人に付け替えることが可能です。しかし、空室率が20%になった場合には、個人に帰属する賃貸収入は80万円しかなかったはずなのに、一括借上契約を結んでいることにより、85万円の賃貸料収入が個人に帰属してしまうことになるのです。

　　これだと、一括借り上げしなかった方が、個人所得が少なくて済んだとの結果になりかねず、節税のための不動産管理会社が逆に徒となってしまいます。

岡野●なので、不動産管理会社が賃貸物件を直接所有する方法が最も優れた方法だと言えます。賃借人からの家賃収入が全て不動産管理会社に入りますから、節税効果も大きいと考えられます。

2　一般社団法人の利用

濱田●なるほど。ところで、不動産管理会社は株式会社で運営する場合が多いのでしょうか。

内藤●ケースバイケースですが、会社名が外部に出ることが少ない、不動

産賃貸業のみの会社であれば、株式会社ではなく、設立コストが安い合同会社を利用するケースはあるようですね。

村木●株式会社の場合には、20万円程度の法定費用がかかるのに対し、合同会社の場合には、6万円で設立が可能です。その他、株式会社と比べると、決算公告義務がない、役員の任期がない、剰余金の分配制限がないなどのメリットもあります。

白井●最近では、出資持分がないという特徴を活かして、一般社団法人を不動産の受け皿会社とするオーナーさんも増えてきたようですね。

岡野●親族経営が前提になるので、法人税については全所得課税となる1階法人を選択せざるを得ませんが、一般社団法人が所有する財産に対しては相続税課税を受けないというメリットが一番の魅力だったようです。そのほかにも、倒産隔離の効果があることや、株主を決める必要がないことなども、一般社団法人を選択する理由となっているようです。

白井●平成30年4月以後、同族理事が死亡したときの一般社団法人への相続税課税制度（相法66の2）がはじまっています。同族で理事を固める一般社団法人は、特定一般社団法人等に該当することになります（「第1編　制度基礎解説　**2**平成30年度税制改正による一般社団法人に対する相続税課税制度の創設」参照）。

村木●出資持分が存在しないことによる相続税の節税効果はなくなります。今後、不動産管理会社に一般社団法人を選択する事例は減少するでしょうね。

濱田●では、すでに一般社団法人を不動産管理会社にしている場合、どのような対策が考えられますか。

岡野●一般社団法人を今後も存続させるのであれば、理事が給料を取るようにして、純資産が蓄積しないようにするとよいでしょう。子供が理事

になって役員報酬を受け取れば、親の資産が増加することはありません。もちろん、子供の役員報酬が否認されないようしっかり働いてもらうことが必要です。

内藤●平成30年4月に存在する既存法人については、経過措置によって、平成33年4月1日以後の理事の相続から適用されます。一般社団法人は不要と判断するのであればこの間に解散すればよいでしょう。

白井●外部理事を入れて理事の同族割合を半分以下にする場合も経過措置が準備されています。本来は、相続前5年間のうち、同族理事が過半数を占めていた期間がトータルで3年以上あれば特定一般社団法人等に該当します。しかし、平成30年4月に存在する既存法人については、経過措置によって、平成30年3月以前は同族過半数支配はなかったものとされます。つまり、平成33年4月までに外部理事を入れることができれば、特定一般社団等には該当しなくなるというわけです。

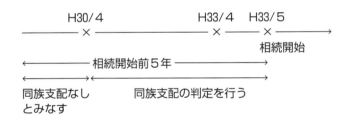

濱田●ただ、本稿のテーマは家族の不動産管理を目的にする一般社団法人ですから、外部理事を入れるというのは現実的ではありません。また、別に経営する同族会社の従業員に理事になってもらっても、同族理事にカウントされてしまいます。

岡野●相続税の節税効果はなくなるとしても、一般社団法人の資産は、個人から法的に独立しているわけですから、個人の倒産から隔離される効果がありますし、遺産分割の対象にもなりません。財産管理や財産防衛の観点から、出資持分がないという特徴を活かした利用は今後も有効で

す。

濱田●しかし、出資持分という概念がないので、事業自体を承継させるのが難しいという側面はないでしょうか。

村木●株式会社等の持分を有する会社の場合だと、発行済株式総数の過半数を持つ株主がその会社の所有者ということになりますが、一般社団法人の場合には、出資持分が存在しません。よって、最高意思決定機関である社員総会を牛耳ることによって、事実上のオーナーの地位を維持するということになります。

濱田●持分の定めのない医療法人という実例が既に機能していることなども一般社団法人運営の参考になるのかもしれません。

内藤●事業承継を考えた場合には、現オーナーが次の新オーナーを決定し、亡くなる前に社員に任命しておく必要があるのでしょうね。

白井●設立時の社員は２人以上必要とされていますが、設立後は、社員数が１人になっても解散事由とはなっていません。なので、少なくとも現オーナーが生きている間に、次の新オーナーを社員に就任させておいて、社員２人体制で経営を行っていくのが安全と言えます。

岡野●ちなみに、一般社団法人の設立費用はどれくらい必要なのでしょうか。

村木●公証役場の定款認証料が５万円と登録免許税で６万円かかりますから、最低で11万円が必要です。

3　不動産を移転する際の流通税の節税

濱田●不動産管理会社を株式会社にするか、合同会社にするか、はたまた一般社団法人を利用するのかは、設立費用はもちろんのこと、将来の事業承継や相続税のことも視野に入れて、現オーナーが慎重に判断しなけ

245

第2編　実践Q&A

ればなりませんね。

岡野●そういうことですね。受け皿会社を設立した後は、個人から法人への不動産の所有権移転ということになります。

白井●不動産の所有権を移す場合には、譲渡所得課税の問題や、不動産取得税と登録免許税等の移転コストを考慮する必要があります。

濱田●個人が不動産管理会社へ資産を移転する際の不動産取得税や登録免許税はいくら位かかるのでしょうか？

内藤●売買を原因とする建物の所有権移転では、登録免許税は、固定資産税評価額の2％課税されるのが原則です。平成31年3月31日までの土地の売買に関しては、1.5％の軽減税率が適用されますが、建物は対象外です。

　次に、不動産取得税です。こちらも課税標準額は固定資産税評価額です。税率は、4％が原則ですが、平成31年3月31日までに取得した土地及び建物のうち住宅については3％の軽減税率が適用されます。以上をまとめると、次のとおりですね。

	土　　地	建　　物
登録免許税	2％（注1）	2％
不動産取得税	4％（注2）	4％（注3）

（注1）平成31年3月31日までは、1.5％。
（注2）平成31年3月31日までの取得については、3％。
　　　　また、宅地評価土地については課税標準額の$\frac{1}{2}$が課税の対象
（注3）平成31年3月31日までの住宅の取得については、3％。

濱田●仮に、固定資産税評価額が1億円の賃貸物件を個人から法人へ移転させた場合には、登録免許税が200万円（1億円×2％）と不動産取得税が400万円（1億円×4％）の合計600万円の移転コストがかかるということですね。

246

4　移転不動産の時価について

岡野●建物を売却する個人側の課税関係はどうなりますか。

白井●当然、移転する建物の時価で売買を行ったものと考えますので、時価と取得費との差額を、譲渡所得又は譲渡損失として認識することになります。このとき、時価をどのように算定するかとの論点がありますね。

内藤●原則とすれば、不動産鑑定を行う必要があるのでしょうけれど、課税上弊害がなければ、残存簿価を時価として譲渡手続を行うのが実務でしょう。法人税の基本通達にも、未償却残額を時価として認める規定が存在しますし。

【法人税基本通達９−１−19（減価償却資産の時価）】

　法人が、令第13条第１号から第７号まで《有形減価償却資産》に掲げる減価償却資産について次に掲げる規定を適用する場合において、当該資産の価額につき当該資産の再取得価額を基礎としてその取得の時からそれぞれ次に掲げる時まで旧定率法により償却を行ったものとした場合に計算される未償却残額に相当する金額によっているときは、これを認める。

(1) 法第33条第２項《資産の評価換えによる評価損の損金算入》　当該事業年度終了の時

(2) 同条第４項《資産評定による評価損の損金算入》　令第68条の２第４項第１号《再生計画認可の決定等の事実が生じた場合の評価損の額》に規定する当該再生計画認可の決定があった時

(注) 定率法による未償却残額の方が旧定率法による未償却残額よりも適切に時価を反映するものである場合には、定率法によって差し支えない。

濱田●そうは言っても、固定資産税評価額の方が未償却残額を上まわっている場合などは、本当に未償却残額を売買時価として良いのか悩ましい場面も少なくないですね。

白井●確かに、法定耐用年数を過ぎた建物を、備忘価額の１円で売買をす

第2編　実践Q&A

るというのは認められそうにありませんね。

内藤●我々税理士がアドバイスする場合には、未償却残額を基礎として、場合によっては、不動産鑑定を実行するなど慎重な対応が求められそうですね。

村木●仮に、未償却残額を時価とする以上は、譲渡損益は生じないとの理解でよろしいですね。そうすると、売却側で考慮する必要があるのは、消費税の問題だけでしょうか。

岡野●賃貸不動産を売却した者が、課税事業者であれば、消費税の負担が生じますね。居住用家屋の賃貸を主な収入としている不動産オーナーであれば、消費税の免税事業者の可能性が高いですね。ただ、建物の売却代金が1,000万円を超える場合には、2年後に課税事業者となりますので、その点は注意が必要かも知れませんね。

5　その他の注意点

濱田●他に留意する点はないでしょうか?

村木●賃貸不動産のうち、土地も一緒に移転させることになるのでしょうか。

白井●移転コストを出来るだけ抑えるために、移転する資産は建物だけに限定するケースが多いと考えられます。

村木●その場合、借地権の問題が生ずることになりますが、どのように対処すべきですか。

内藤●権利金を支払わない場合でも、相当の地代を支払うことにすれば借地権の認定課税を避ける事が出来ます。しかし、個人から法人へ収入を移転させようとする当初の計画から逆行することになりかねません。

岡野●法人から個人への収入移転を抑えるために、無償返還届出書を提出

248

して借地料を無償にするとの契約もあり得ます。この場合は、借地権の認定課税もありませんし、借地期間中も課税関係が生じないことになります。ただ、相続税評価では自用地評価となるため、相続税の節税効果はないと考えられます。

白井●使用貸借契約としてしまうと、土地の固定資産税が家事費となり、必要経費化出来ないことになります。なので、無償返還届出書を提出して、通常の地代を支払うとする契約の方がより効果的のような気がします。

岡野●ところで、アパート・マンションを法人に移転する際には、預り敷金も当然承継で移転することになります。以前は判例で認められていただけですが、債権法改正で条文化されました。

村木●不動産の信託譲渡とは別個に、預り敷金を現金で、委託者から受託者に渡すことになるのですね。時々、失念している人がいるようですので、注意しておきたいところです。

6 流通税を節約する方法

濱田●譲渡した個人側の課税関係は、あまり問題とはならないようですが、建物を取得した法人側での登録免許税及び不動産所得税の負担は馬鹿になりませんね。これらの負担を回避する方法はないのでしょうか。

内藤●売却側が法人であれば、会社分割を使った手法が利用出来るかも知れません。個人の場合は、組織再編成は利用出来ませんが、信託を利用すれば、移転コストの問題をクリア出来そうです。

濱田●信託の場合、具体的には、どのようなスキームでしょうか？

内藤●委託者を不動産オーナー、受益者を不動産管理会社とし、受託者を例えば子とする信託契約を結びます。このとき、不動産管理会社は受益権を有償で取得することとします。

249

第2編　実践Q&A

岡野●信託においては、受益者が信託財産を所有しているものとみなして
課税関係を整理するのが原則ですね（所法13①、法法12①、消法14①）。
そして、受益権の譲渡が行われた場合にも、その権利の目的となってい
る信託財産を譲渡したものと考えることになるので、譲渡側の課税関係
は現物財産を譲渡した場合と全く同じになるとの理解でよろしいですね。

**【法人税法第12条（信託財産に属する資産及び負債並びに信託財産に帰せら
れる収益及び費用の帰属）】**

1　信託の受益者（受益者としての権利を現に有するものに限る。）は当該信託の
　信託財産に属する資産及び負債を有するものとみなし、かつ、当該信託財産に
　帰せられる収益及び費用は当該受益者の収益及び費用とみなして、この法律の
　規定を適用する。ただし、集団投資信託、退職年金等信託、特定公益信託等又
　は法人課税信託の信託財産に属する資産及び負債並びに当該信託財産に帰せら
　れる収益及び費用については、この限りでない。

**【所得税法第13条（信託財産に属する資産及び負債並びに信託財産に帰せら
れる収益及び費用の帰属）】**

1　信託の受益者（受益者としての権利を現に有するものに限る。）は当該信託の
　信託財産に属する資産及び負債を有するものとみなし、かつ、当該信託財産に
　帰せられる収益及び費用は当該受益者の収益及び費用とみなして、この法律の
　規定を適用する。ただし、集団投資信託、退職年金等信託又は法人課税信託の
　信託財産に属する資産及び負債並びに当該信託財産に帰せられる収益及び費用
　については、この限りでない。

【消費税法第14条第1項（信託財産に係る資産の譲渡等の帰属）】

1　信託の受益者（受益者としての権利を現に有するものに限る。）は当該信託の
　信託財産に属する資産を有するものとみなし、かつ、当該信託財産に係る資産
　等取引（資産の譲渡等、課税仕入れ及び課税貨物の保税地域からの引取りをい
　う。以下この項及び次条第1項において同じ。）は当該受益者の資産等取引と
　みなして、この法律の規定を適用する。ただし、法人税法第2条第29号（定義）
　に規定する集団投資信託、同条第29号の2に規定する法人課税信託又は同法第
　12条第4項第1号（信託財産に属する資産及び負債並びに信託財産に帰せられ

る収益及び費用の帰属）に規定する退職年金等信託若しくは同項第2号に規定する特定公益信託等の信託財産に属する資産及び当該信託財産に係る資産等取引については、この限りでない。

【所得税基本通達13－6（信託の受益者としての権利の譲渡等）】
受益者等課税信託の受益者がその有する権利の譲渡又は取得が行われた場合には、その権利の目的となっている信託財産に属する資産及び負債が譲渡又は取得されたこととなることに留意する。

【消費税法基本通達4－3－3（信託の受益者としての権利の譲渡）】
受益者等課税信託の受益者等が有する権利の譲渡が行われた場合には、その権利の目的となる信託財産の譲渡が行われたこととなるのであるから留意する。

白井●そのような理解でよろしいかと思います。受益権を取得した不動産管理会社では、次のような仕訳を切ることになり、あたかも信託財産を直接所有しているかのように取り扱うことになります。

建物（信託受益権）×××／現預金　×××

濱田●登録免許税や不動産取得税の負担も生じることになるのでしょうか。

村木●不動産管理会社は、不動産を取得していませんから、登録免許税も不動産取得税も課税されません。登記上は、受託者が不動産の所有者ということになりますが、これは形式上の所有権移転であるため、受託者に対する課税も生じないことになります。

【登録免許税法第7条（信託財産の登記等の課税の特例)）】
　信託による財産権の移転の登記又は登録で次の各号のいずれかに該当するものについては、登録免許税を課さない。
一　委託者から受託者に信託のために財産を移す場合における財産権の移転の登記又は登録

第２編　実践Q&A

> 【地方税法第73条の７（形式的な所有権の移転等に対する不動産取得税の非課税）】
>   道府県は、次に掲げる不動産の取得に対しては、不動産取得税を課することができない。
> 三　委託者から受託者に信託財産を移す場合における不動産の取得（当該信託財産の移転が第73条の２第２項本文の規定に該当する場合における不動産の取得を除く。）

内藤●ただ、その不動産が信託財産であることを第三者に対抗するには、信託の登記をすることが要件とされています。つまり、不動産を信託した場合には、所有権移転登記とその不動産が信託財産であることを示す信託登記の二つの登記が必要となるということです。

　ここで、信託の設定による不動産の所有権移転登記については、課税関係が生じないのですが、信託の登記については、固定資産税評価額に対し原則として0.4％の登録免許税が課せられます。（平成31年３月31日までに行われた土地の信託登記については0.3％）

濱田●仮に、固定資産税評価額が１億円の賃貸物件を信託した場合には、40万円の登録免許税だけで課税関係が終了するってことでしょうか。

岡野●信託設定時点では、そのような課税関係になりますよね。あとは、信託終了時に信託財産の帰属をどうするのかということですが。

白井●信託が終了した場合には、不動産の所有権が受託者から残余財産受益者もしくは帰属権利者に移転することになります。この時点では、形式的な所有者から実質的な所有者へと所有権が移転しますので、取得者に対して登録免許税と不動産取得税の課税が行われることになります。

濱田●税率は、現物不動産を取得した場合と同じってことでしょうか。

白井●そういうことになります。つまりは、次の表のとおりです。

252

	土　　地	建　　物
登録免許税	2％	2％
不動産取得税	4％（注1）	4％（注2）

（注1）平成31年3月31日までの取得については、3％

（注2）平成31年3月31日までの住宅の取得については、3％

　また、細かい話ですが、信託の抹消登記も行う必要がありますが、このときに、登録免許税が不動産一個につき1,000円課税されることになります。

村木●残余財産受益者は不動産管理会社とするのですよね。最終的に、収益受益権が不動産所有権に転換するようなイメージですね。

内藤●そうすると、信託設定時には課税されていない登録免許税や不動産取得税が、信託終了時点に課税されることになるので、移転コストの節約というよりも、課税の繰り延べのスキームというのが正しい表現になるのでしょうね。

岡野●ただ、信託財産を建物とした場合には、信託終了時点を基準に評価することになるので、課税標準額である固定資産税評価額を低減させることは可能です。新築したばかりの賃貸マンションを不動産管理会社に移転するような場合には、現物財産を移転するよりも、信託受益権を譲渡して、耐用年数経過後に信託契約を終了させれば、移転コストは抑えられることになるでしょう。

7　受益権の譲渡契約書

濱田●今回のスキームを実行する場合には、信託契約書と受益権の売買契約書を締結することになるのですね。

白井●そうなりますね。信託契約書は、委託者と受託者との契約で、受益権の売買契約書は、委託者と受益者との契約です。

253

第2編　実践Q&A

村木●ちょっと待って下さい。今回、紹介しているスキームは、委託者を不動産オーナー、受益者を不動産管理会社とし、受託者を例えば子とする信託契約ですよね。

　今のお話しだと、委託者である不動産オーナーさんと受益者である不動産管理会社とで受益権の売買契約書を締結するとのことですが、上記の信託契約だと委託者には売買の対象となる受益権が発生していないことになりませんか。

内藤●なるほど、確かにそうですね。委託者が受益権を一旦所有しようとすれば、まず、自益信託で自ら受益権を所有する必要があるのでしょうね。

岡野●つまり、委託者と受益者が不動産オーナーで、受託者を子とする信託契約を締結して、委託者がこの信託契約で得た受益権を不動産管理会社に売却するとの流れにする訳ですね。

濱田●当初から、受益者を不動産管理会社とする他益信託を実行している場合には、受益権の売買契約が結べません。そのような場合には、どのような対応をすれば良いのでしょうか。

村木●例えば、「受益権の付与に対する対価の支払いに関する契約」なんてものを委託者と受益者で交わしておけば良いのではないでしょうか。

北詰●一例として、次のような契約書が考えられます。

8 不動産管理会社としての一般社団法人と信託の活用事例

受益権の付与に対する対価の支払いに関する契約書

　一般社団法人○○○（以下「甲」という）と山田太郎（以下「乙」という）は、平成30年5月2日付不動産管理処分信託契約書（委託者：山田太郎、受託者：山田一郎、受益者：一般社団法人○○○）に基づく受益権（以下「本件受益権」という）の付与に対する対価の支払いについて、次のとおり契約を締結する。

　（目　的）
第1条　乙は、本件受益権を甲に付与し、甲は、これに対する対価を乙に支払う。

　（対　価）
第2条　本件の受益権の対価は、金＿＿＿＿＿＿＿＿＿＿＿＿＿＿＿円　とする。

　以上のとおり契約したので、本書2通を作成し、甲及び乙が署名押印のうえ、各1通を保有するものとする。

　　平成30年　5月　2日

　　　　住　所

　　　　　甲＿＿＿＿＿＿＿＿＿＿＿＿＿＿＿＿＿＿＿＿＿

　　　　住　所

　　　　　乙＿＿＿＿＿＿＿＿＿＿＿＿＿＿＿＿＿＿＿＿＿

第2編　実践Q&A

北詰●委託者と受託者との不動産管理処分に関する信託契約書については、例えば、次のような内容で作成します。

不動産管理処分信託契約書

　山田太郎（以下「委託者」という。）と山田一郎（以下「受託者」という。）は、以下の条項により不動産管理処分信託契約（以下「本契約」という。）を締結した。

第1条（信託の目的）

　委託者は、一般社団法人○○○○（本店：大阪府大阪市中央区×××）に信託不動産に係る受益権を取得させることを目的として、信託不動産の管理・運用・処分（当該信託の目的の達成のために必要な行為を含む。以下同じ）をすべきものとして受託者に信託し、受託者はこれを引き受けた。

第2条（信託不動産の所有権の移転及び信託の登記）

　1　信託不動産の所有権は、信託設定日に、委託者から受託者に移転する。

　2　委託者及び受託者は、信託不動産の所有権移転の登記及び信託の登記を本契約設定後に行うものとする。

第3条（信託財産の管理、運用及び処分）

　1　受託者は、受益者又はその代理人（以下「受益者等」という）の指図に従い、信託不動産を管理、運用及び処分するものとする。

　2　受託者は、信託不動産の売却に係る受益者等の指図があった場合は、当該指図に従い信託不動産を売却処分するものとする。

　3　受託者は、受益者等の指図に従って信託不動産の処分を行う限り、善管注意義務を尽くしたと看做される。

　4　受託者は、受益者等の指図に従い、善良なる管理者としての注意をもって信託事務を処理する限り、当該信託事務によって生じた信託財産の価値の下落又は信託財産にかかる収支の悪化その他の損害について、その責を負わない。

第4条（信託の終了）

　1　信託期間

　　本契約に基づく本信託期間は、平成30年4月1日から平成31年3月31日までとする。但し、受益者及び受託者の書面による信託の終了の合意がない限り、期間

満了から1年間自動更新するものとし、その後も同様とする。

2　信託の終了及び信託財産の交付等

(1)　本信託は、信託期間満了のとき、本契約の定めるところに従い本契約が解除されたとき、又は受託者が信託不動産の全部を売却処分したときに終了する。

(2)　本信託が終了したときは、受託者は最終計算を行い、受益者の承認を求める。この場合、最終計算期間より前の収支計算は記載を省略することができる。

(3)　受託者は、前項の承認を得た後、信託終了日の翌営業日以降、次の方法にもって信託財産を受益者に交付する。

　ア　信託不動産については、本契約に定める場合を除き、本信託の登記の抹消及び受益者への所有権移転の登記を申請し、現状有姿でこれを受益者に引き渡す。なお、受託者が当該登記申請に必要な書類の全部を受益者に引き渡したときに信託不動産の所有権が受益者に移転するものとする。この場合、信託不動産にかかる賃貸借契約における受託者の貸主たる地位は当然に受益者に移転するものとする。

第5条（その他の信託条項）

1　受益証書

本信託において、受益証書はこれを発行しない。

2　受益者の代理人

(1)　受益者は、本契約に定める受益権の指図権の行使について、受託者の承諾を得て、代理人を選任することができる。

(2)　前項の代理人が選任された場合、受託者は当該代理人のみの指図に従うものとし、本契約に基づく受益者に対する請求、催告、協議、報告及び債務の履行（信託元本及び収益配当の交付を除く）については、代理人のみを相手として行えば足りる。

3　受益権の譲渡、承継、質入

(1)　受益権は、受託者の事前の書面による承諾を得なければ、受益権を譲渡又は質入することができない。

(2)　受益権の譲渡又は承継により受益者が変更となった場合、受益者変更の手続きに要する費用は、本契約に定める場合を除き、受益権の譲受人又は承継人の負担とする。

(3)　受益権の譲渡又は承継により受益権を取得した者は、本契約上の受益者及

第2編　実践Q&A

び委託者としての権利及び義務を承継する。

(4)　本信託の受益権は、これを分割し又は放棄することができない。

(5)　本契約においては、委託者は、信託法の規定による委託者としての権利を有しない。

4　追加信託

　受益者は、受託者が信託事務を行うにあたり必要があると認めるときは、受託者との協議に基づき、金銭の追加信託を行うものとする。

5　信託事務処理に必要な費用

　信託事務処理に必要な費用は、受益者の負担とする。受託者は、信託事務処理に必要な費用を信託財産から支弁するものとし、信託財産からの支弁で不足する場合には、受益者に支払いの都度もしくは予め請求することができる。

6　本契約の解除

(1)　受託者は、次の各号に掲げる事由が生じた場合には、受益者に対して通知を行うことにより、本契約を解除することができる。この場合、受益者に対する損害賠償の請求を妨げない。

　ア　受益者が解散し、又は受益者に破産手続開始、民事再生手続開始、会社更生手続開始、もしくは特別清算開始の決定がなされた場合

　イ　受益者に支払停止又は手形交換所の取引停止処分がなされた場合

　ウ　受益者に仮差押、保全差押又は差押の命令、通知がなされ、20営業日以内にかかる仮差押、保全差押又は差押の命令が解除されない場合

　エ　その他、本契約を継続し難い重大な事由が発生した場合

(2)　受託者は、委託者又は受益者において、本契約の条項に違反する重大な事由が生じた場合又は本契約成立時に存在していたことが発覚し、かつ受託者の通知が受領された日より5営業日が経過したにも拘わらず、かかる違反事由が治癒されない場合には、受益者に対して通知を行うことにより、本契約を解除することができる。この場合、委託者又は受益者に対する損害賠償の請求を妨げない。

(3)　受託者は、次の各号に定めたる事由が生じた場合には、本契約を解除することが出来る。

　ア　受益者から受託者に対し、受益権譲渡の承諾に対する請求がなされたものの、受益者と受託者の協議が調わなかった場合

(4)　受託者は、受託者が信託事務処理に必要な費用の立替を要するおそれがあると認めた場合で、追加信託を受託者が受益者に求めても2週間以内に受益者より追加信託が行われない場合には本契約を解除することができる。

7 信託目的の達成不能による解除

(1) 信託不動産の全部又は主要な部分の滅失又は損壊、その他天災地変、経済情勢の変化等、受託者の責に帰すべからざる事由により信託目的の達成又は信託事務の遂行が不可能もしくは著しく困難になったと受託者が認めたときは、受託者は、受益者に対して通知をなすことにより本契約を解除することができる。

(2) 前項の解除によって生じた損害については、受託者はその責を負わない。

8 本契約の変更又は修正

本契約の条項は、受託者及び受益者の合意によってのみ変更又は修正することができる。

第6条（信託の元本、信託の収益）

1 本契約における信託の元本は、以下のものとする。

(1) 信託不動産

(2) 信託不動産の売却代金

2 本契約における信託の収益は、以下のものとする。

(1) 信託不動産の賃貸により得られる賃料及び共益費

(2) 信託財産に属する金銭の運用から得られる収益

第7条（信託の費用等）

以下の各費目は信託財産の負担とし、受託者は、これを信託財産から支出又は収受する。

(1) 信託財産に属する公租公課

(2) 損害保険料

(3) 信託報酬

(4) 敷金・保証金の返還金

(5) 信託不動産の維持管理、修繕、保存又は改良費用

(6) その他信託事務の処理に必要な諸費用

(7) 受託者が信託事務の処理に際し、過失なく被った損害

第8条（誠実協議）

本契約の解釈につき疑義を生じた場合又は本契約に定めのない事項については、各当事者が誠実に協議して解決するものとする。

第2編　実践Q&A

　本契約の成立を証するため本契約書2通を作成し、委託者及び受託者がそれぞれ記名押印の上、各1通を保有する。

　　　　　　平成　　年　　　月　　　日

　　　　　　　　　委託者

　　　　　　　　　受託者

信託不動産
　　　所　　　　在
　　　家　屋　番　号
　　　種　　　　類
　　　構　　　　造
　　　床　面　　積

8　信託の手続

岡野●最後に、信託のスキームを使った場合の一連の手続の流れを概観しておきたいと思います。

村木●まずは、委託者と受託者との信託契約の締結からスタートするのですね。契約締結後に、信託財産を受託者に移転するという流れです。信託財産が不動産の場合には、所有権の移転登記と信託登記が必要になってきます。

濱田●信託を設定した際には、税務上の手続として、信託の効力が生じた日の翌月末日までに、受託者の事務所等の所在地の所轄税務署長に対して「信託に関する受益者別（委託者別）調書」とその「合計表」を提出しなければなりません（相法59③）。

内藤●さらに、受託者は、その後毎年の作業として、信託の計算書を提出しなければなりません。この計算書は、毎翌年1月31日までに受託者の事務所等の所在地の所轄税務署長に提出することになっています。

白井●一方、受益者は、事業年度毎の所得を申告する作業が必要になります。今回のスキームでは、法人受益者を想定していますので、法人の決算期後2か月以内に法人税等の確定申告書を提出しなければなりません。

村木●所得計算時の注意点として、法人受益者の場合にも信託損失の規制があるという点を留意しておくべきです。ただし、法人の場合には、個人と異なり、損失額が切捨てになることはありませんが（措法67の12）。

濱田●そうですね。信託期間中に生じた損失のうち、信託財産の帳簿価額を超える部分の金額は繰延べになり、後に信託財産から収益が生じた時点、あるいは、信託が終了した時点で損金に計上できることになります。これは、法人の場合、個人と違い、所得区分の違いを利用する租税回避行為の懸念がないためですね。

岡野●ただ、法人の場合には、個人の場合と異なり、損失規制の対象とされるのは、不動産賃貸業に限りません。仮に、有価証券を信託財産とした信託についても、信託財産の帳簿価額を超える損失が生じれば、損失計上は翌期以降に繰り延べられます。

内藤●規制対象額を、信託により生ずる損失全額でなく、信託財産を超過する損失だけとしているのは、通常、受益者が信託財産以上の責任を負わないことに対応するためです。

261

第2編　実践Q&A

9 議決権を確保するための一般社団法人と信託の組合せ

Question

　信託を使えば、種類株式を利用しなくても、経営する会社の議決権を集約し、あるいは分散しないように確保することができると聞きました。また、信託を利用する場合、後継者への株式の生前贈与と比較するとどのような利用法になるのですか。

Answer

　株主が自社株式を信託して、指図権を株主自身に留保することで、種類株式同様に、自社株式を後継者や第三者に移転しつつ、議決権の実質的な確保が可能になります。生前贈与で自社株式そのものを渡してしまうことによる、後継者が若年で死亡した場合の株式の一族外への流出や、後継者の資質の見極めの失敗リスクに備えることができます。

　さらに、多数の株主が存在する場合や、信託が長期にわたるような場合、経営者が支配する一般社団法人を受託者とすることを検討すべきです。

ポイント

(1)　種類株式と同じく、議決権を確保する効果が期待でき、柔軟な運用が可能。

(2)　種類株式に比べ、出口戦略でも有利な場合が多い。

※　■一般社団法人の設立と運営（P96参照）

262

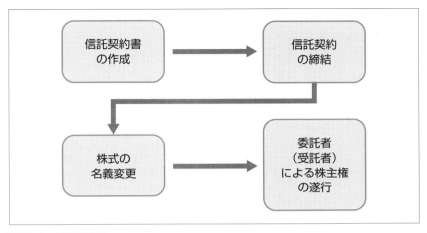

(税務上の諸手続)

① 株主名簿への記載
② 信託の調書の提出（翌月末期限）
③ 信託の計算書の提出（翌年1月末）

解説

1 信託と事業承継

(1) 事業承継と議決権の確保

白井●歴史のある会社では、複数回の相続によって株式が分散しています。また過去に上場を目指していたような会社や、地域に根ざした活動をする会社は、積極的に株式を従業員や取引先、金融機関などに放出していることもあります。さらに、過去に経営の窮地にあったような会社が増資によって多数の株主に株式を発行しているというケースもあります。

　こうした会社では、経営をスムーズに行うために、株式を経営者やその後継者に集中し、議決権を確保することが重要です。議決権の確保という視点から信託の利用を検討してみたいと思います。

第2編　実践Q&A

村木●中小企業の事業承継における自社株式の移転では、会社支配のために解決する必要があるのが、議決権の確保です。一方で、議決権を確保するためには、自社株式を集中する必要があるのですが、他の相続人に与えるだけの十分な財産がない場合には、遺留分の問題が生じることになります。この議決権の確保と遺留分の問題の両方を考慮しながら、議決権の集約を進めていく必要があります。

内藤●信託を利用すれば、議決権の確保と遺留分の問題を解決する事業承継が可能です。事業承継のための株式の対策には2通りありますね。

　1つは、株式が相続などで分散しないようにする対策。もう1つが、分散してしまった株式を集約する対策です。実務ではその両方を実行していくわけです。

白井●どちらも信託が利用できるというわけですね。従来、議決権の確保という対策には、種類株式が利用されてきました。

北詰●たとえば、オーナーの株式のうち後継者以外の相続人に取得させる株式を議決権のない種類株式にしておくという方法です。遺言書で無議決権株式を後継者以外の相続人に相続させれば、議決権を保有する後継者が会社を支配できます。

　主な財産が同族会社の株式しかないという場合でも、後継者だけに株式を相続させると、他の相続人から遺留分侵害額請求を受けてしまいますが、この手法であれば遺留分を侵害することなく後継者だけに議決権を承継させることができます。

岡野●オーナーが所有する株式の一部を拒否権付種類株式にしておき、判断力があるうちは支配権を留保する手法もよく提案されますね。

村木●拒否権付種類株式を登記している会社というのはやはり、事業承継が上手くいっていないのではないかと思われてもしかたありませんし、現経営者が後継者を信頼していないことが見えてしまいます。

264

濱田●拒否権付種類株式の事例がほとんどないのはそのあたりの理由からでしょうね。

白井●種類株式は、上場企業においても、ほとんど導入事例がありませんね。伊藤園などごく一部が配当優先株式を発行しているくらいでしょうか。

　中小企業では節税対策や、事業承継に様々な手法が考えられますが、現実にはまだ種類株式が普及しているとはいえないのが実情ですね。

村木●税務上の取扱いが不明な場合が多いことも一因になっているでしょう。特に一般的な種類株式の評価が不明ですので、多様な種類株式を発行することは現状では難しいですね。

内藤●種類株式の評価は、配当優先株式、無議決権株式、社債類似株式、拒否権付株式の４つについて、国税庁が文書回答事例で評価方法を公表しています。しかし、これ以外の多様な種類株式の一般の評価方法は明らかになっていません。

濱田●そうすると、４つ以外の種類株式に対しては、現状では通常の原則評価が行われる可能性が高いと考えないといけないでしょうね。

北詰●登記が必要になることも、ネックになっているでしょう。また、無議決権株式であっても種類株主総会での議決権を完全になくすことはできません。

白井●問題のある相続人がいるからと完全無議決権株式を発行しても、種類株主総会の招集通知や開催は避けられないというわけですね。

村木●種類株式は、将来の買取りなど、出口を必ず想定する必要があります。種類株式の導入事例はありますが、将来的なリスクや出口戦略まで想定しないままとりあえず発行しているケースも見受けます。問題の先送りに過ぎない対策になってしまっています。

(2) 議決権を確保するための信託

白井●そこで、信託を利用する手法が考えられるということですね。

岡野●信託を利用し、受託者に株式を信託譲渡します。議決権行使の指図権は、当初委託者兼受益者であるオーナーが保持するのです。生前は会社を支配しますが、自分が亡くなった後は、受益権を相続人に与えることで財産価値は平等に承継させるのですが、議決権行使の指図権は後継者だけに与えるという手法が典型的です。

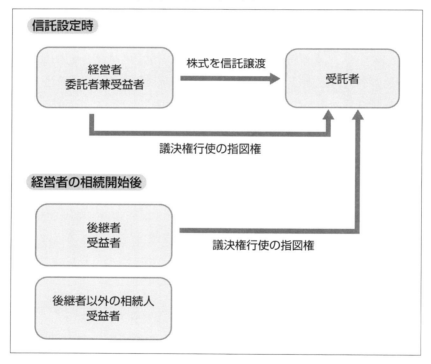

村木●後継者以外の相続人は、株式を信託財産とする受益権を相続時に取得しますが、議決権を行使することはできませんので、無議決権株式を取得したのと同様の効果があるわけです。

9 議決権を確保するための一般社団法人と信託の組合せ

白井●議決権行使の指図権を持つ委託者と実質的な株主である受益者が分かれることで、株式の共益権と自益権が分離してしまうことについては、会社法の問題はないのですか。

北詰●会社から見れば、株式の所有権も株主権の行使を行うのも形式的には受託者ですから共益権と自益権が分離する問題は生じないでしょう。そのような解説も存在します（平成20年9月1日中小企業庁「信託を活用した中小企業の事業承継円滑化に関する研究会における中間整理」）。

白井●信託を利用することで、経営権の集中と遺留分の問題を解決することができるのですね。

内藤●当初は委託者が受益者となり、委託者死亡後は後継者が受益者になる場合は、遺言代用信託（信託法90）です（「**4**遺言代用信託の活用法」参照）。当初の受益者は現経営者である委託者ですが、後継者は、委託者の死亡と同時に受益者になります。

■**信託契約書の一部**

第5条　受益者
　この信託の受益者は、委託者生存中は委託者である山本一夫とし、委託者　山本一夫死亡後は、長男　山本晴也とする。

岡野●種類株式を利用する場合は、普通株式を後継者に、無議決権株式を非後継者である相続人に取得させる遺言を利用する必要がありますが、遺言は常に書き換えられる恐れがあります。信託なら将来の受益者の変更を禁止することも可能です。

内藤●原則的には、遺言代用信託は遺言と同様に、委託者がいつでも委託者死亡後の受益者を変更できます。ただし、別段の定めを設けることは可能です。そこで、委託者が受益者を変更できない旨を信託契約で定めておくわけですね。

267

第2編　実践Q&A

■信託契約書の一部

第5条　受益者

①この信託の受益者は、委託者生存中は委託者である山本一夫とし、委託者　山本一夫死亡後は、長男　山本晴也とする。

②委託者山本一夫は、山本晴也の合意がない限り、委託者生存中においては、委託者死亡後の受益者を変更することはできない。

白井●「遺言代用信託」で検討した撤回不能信託ですね。後継者は確実な事業承継が期待でき、後継者としての経験を積むことに集中できるというわけですね。

濱田●撤回不能信託にしておくことで、経営者に認知症などで判断能力が低下した場合でも、受益者が変更される心配はなくなりますし、遺言とは異なり遺言執行手続きが不要なので、経営者の死亡と同時に、当然に受益権を取得します。経営の空白期間が生じることがないのも信託のメリットです。

北詰●信託契約の変更権限については、後継者が取締役を外れたときは、委託者が単独で受益者を変更できるようにするなど、条件を付けておけば、状況の変動に応じて柔軟な事業承継スキームを実行できます。

村木●なお、株式を信託財産とする場合は、株主名簿にその旨を記載しないと会社や第三者に対抗することができないとされています（会社法154の2）。そのため、株主名簿は受託者名義になりますが、信託口と記載し、信託財産であることを明記することになります。

9 議決権を確保するための一般社団法人と信託の組合せ

【会社法第154条の２】

　株式については、当該株式が信託財産に属する旨を株主名簿に記載し、又は記録しなければ、当該株式が信託財産に属することを株式会社その他の第三者に対抗することができない。

　２　第121条第１号の株主は、その有する株式が信託財産に属するときは、株式会社に対し、その旨を株主名簿に記載し、又は記録することを請求することができる。

　３　株主名簿に前項の規定による記載又は記録がされた場合における第122条第１項及び第132条の規定の適用については、第122条第１項中「記録された株主名簿記載事項」とあるのは「記録された株主名簿記載事項（当該株主の有する株式が信託財産に属する旨を含む。）」と、第132条中「株主名簿記載事項」とあるのは「株主名簿記載事項（当該株主の有する株式が信託財産に属する旨を含む。）」とする。

　４　前３項の規定は、株券発行会社については、適用しない。

---

(3)　自己信託による議決権の確保

村木●信託の最大の課題は財産を預けることのできる受託者を見つけることです。最近では、事業承継のための信託の受託者を引き受ける信託会社もあります。例えば、りそな銀行では「自社株承継信託（遺言代用型）」という信託商品が発売されています。

内藤●経営者が委託者兼受益者となり、りそな銀行に自社株式を信託します。そして、委託者が議決権の指図権を行使して会社を支配しますが、委託者の死亡によって信託が終了し、後継者に株式が交付される内容です。

白井●しかし、金融機関などに受託者になってもらう場合、多様な場面を想定した柔軟な信託内容にすることは期待できませんね。

第2編　実践Q&A

濱田●まだ議決権を与えるには若いが、後継者となることは既に決まっているという場合、経営者の生前に受益権を後継者に取得させることもあります。信頼できる受託者が見つからない場合、自己信託で設定することも考えられます。

内藤●リーマンショックなどで株価が下がり、この機会に株式を贈与したいが、まだ議決権は経営者が保持しておきたい、というようなケースですね。この場合に信頼できる受託者が見つからないのであれば、自己信託とするわけです。

白井●まず、自己信託でスタートしておいて、後継者が一人前になれば信託を終了します。信託が長期になる場合は、受託者を引き受ける人物を探すことも考えないといけないでしょうね。

北詰●自己信託は、信託宣言ともいわれます。委託者と受託者が同一人物なので、単独で信託の設定が完結してしまいます。そこで、信託が行われた事実を、対外的に明確にする趣旨から公正証書によって行わなければなりません。

9 議決権を確保するための一般社団法人と信託の組合せ

【自己信託設定公正証書の記載例】

第1条　信託の設定
　委託者である山本一夫は、自己を本信託の受託者として、委託者が所有する第3条記載の信託財産を次の条項によって信託する。

第2条　信託の目的
山本産業株式会社の株式にかかる各種株主権の行使

第3条　信託財産
山本産業株式会社の株式

第4条　信託期間
次の事由が生じたときまでとする。
①　受益者が死亡したとき
②　受益者が代表取締役に就任したとき
③　山本産業株式会社が解散したとき

第5条　受益者
①　委託者の長男
②　受益者は、受益権を譲渡または質入その他の処分をすることができない。

第6条　信託の終了
①　第4条記載の事由が発生したとき
②　信託法に定める信託の終了事由に該当したとき

第7条　信託終了の際の帰属権利者
①　受益者
②　受益者が死亡しているときは、受益者の子とし、相続人の子がいないときは委託者の次男

第8条　その他条項
　（省略）

　　　　平成30年10月25日

　住所　京都府京田辺市○丁目△番□号
　　　　委託者　山本一夫

271

第2編　実践Q&A

白井●たしかに、株式を自己信託するのは簡単に実行でき便利ですが、対税務署との視点で見た場合、簡単に認められるとも思えないのですが。なにしろ、株主は委託者のままなのに、財産価値は贈与することになります。後の相続税申告の際に、問題になりませんか。

内藤●信託を設定した場合、「**5**子供への贈与・名義預金対策としての信託の利用」で検討したように、信託の調書を提出しますが、ここで受益者を明かにしておくことになります。これを課税庁との間でも信託設定の事実を積極的に明らかにしておく手段と考えることができます。当然、贈与税の申告も行うわけです。

(4)　課税関係

白井●株式を信託する場合の課税関係はどうなりますか。

村木●(2)の事例は、信託設定当初は自益信託ですので、課税関係は生じません。遺言代用信託ですので、委託者の相続発生時に株式の相続税課税が生じます。

内藤●後継者は通常、同族株主に該当しますので、株式を相続したものとみなして（相法9の2①）、原則評価することになります。

村木●(3)の自己信託の事例では、信託設定の時点で後継者が受益者になりますので、設定年度に贈与税を申告することになります。

白井●個人が受託者となり、委託者が指図権を行使して会社を支配する場合、議決権の評価が必要になりませんか。つまり、当初委託者の相続発生時には、後継者が議決権行使の指図権を取得するのですから、指図権あるいは議決権が相続税の対象にならないかという疑問です。

村木●議決権自体は独立した財産ではありませんので、相続税の対象となる財産にはならないでしょう（「信託法（第4版）」新井誠　P340、342（有斐閣））。また、議決権が受益権になるわけではありません。議決権を持

つのはあくまで、受託者であり、指図権者である委託者の指示によって受託者は議決権を行使するという仕組みです。

白井●たしかに、株式を原則評価した上で、議決権を別途評価するのはおかしいですね。議決権は評価の対象にならないということですね。

(5) 信託による節税効果

岡野●経営者が当初委託者兼受益者となり、後継者が、経営者死亡後の受益者となる信託の場合は、株式を相続する場合と課税関係は同じですので、節税にはなりません。

それに対し初めから受益権を後継者に与える他益信託の場合、あるいは自己信託の場合は、議決権を確保しつつも、経営者の生前に、後継者や相続人に受益権を取得させます。そのため、例えば、多額の退職金が生じたなどの理由で一時的に株価が大きく下落したような場合に、受益権を後継者に取得させてしまうことで節税効果が生じます。

内藤●子が相続時精算課税を選択して受益権を取得すれば、価額固定効果が期待できますね。議決権の指図権は経営者が保持しておくことで、財産価値のみを承継できるわけです。

白井●なるほど。その後株価が回復すれば、将来の相続税課税の対象となる評価額は、低く固定されます。信託を利用すれば後継者が若くても、議決権を経営者に留保したまま、節税目的の生前贈与を実行することができるわけですね。

濱田●一旦受益権を与えてしまうと、信託の変更には受益者の同意が必要になりますし、贈与税の課税関係が生じることになりますので、なかったことにはできません。節税のためだけに信託を実行することには慎重になるべきです。

第2編　実践Q&A

2　一般社団法人を受託者にする

(1)　個人が受託者になる場合のリスクと法人受託者

白井●なんといっても、信託の一番の課題はよき受託者を見つけることで
　す。そこで、法人が受託者になるという発想が生まれます。
　　家族の財産管理や事業承継の視点から法人が受託者になることを検討
　したいと思います。

濱田●そうですね。信頼できる受託者がいない場合、自己信託を考えると
　思いますが、自己信託の代わりに、一般社団法人を設立して受託者とし
　た上で、自分が理事になることも検討の余地があります。そうすれば、
　自己信託と効果は同じです。

北詰●それに、個人が受託者になる場合、どうしてもリスクを伴います。
　個人が受託者になる場合の大きなリスクは、受託者が死亡することです。
　受託者が死亡しても信託は終了しませんが、受託者の地位は相続されま
　せんので、新たに受託者を引き受けてもらえる人を探す必要があります。

白井●信託行為に新受託者の指定があれば、利害関係人が、指定された人
　に対し、期間を定めて、就任を承諾するかどうかを確答すべき旨を催告
　することができますね（信託法62②）。

岡野●しかし、引き受けるかどうかは本人の自由ですので、やはりリスク
　があります。確答しないときは承諾しなかったものみなされます（信託
　法62③）。

北詰●受託者に指定された人が辞退すると、新たな受託者を選任するまで
　死亡した受託者の相続人が財産を管理しなければなりません（信託法60
　②）。しかし、受託者が欠けたまま新受託者が就任しない状態が1年間
　継続したときは信託が終了してしまいます（信託法163三）。

274

白井●緊急避難的に委託者が受託者になるとしても、長期的にはやはり、安定的に株式を預けておくことができる受託者が必要ですね。そこで、経営者一族が運営する法人が受託者になると。

北詰●子供たちによる共同経営を希望するなら、子供たちが社員、理事となる一般社団法人を受託者にするのがよいでしょう。

　共同経営が困難になっても、理事を辞任するだけですから、解消も簡単です。

内藤●個人の受託者を複数にしておくということも考えられますが、法人にする方が安定感がありますね。

北詰●個人が受託者を引き受けることには、財産の管理面でのリスクもあります。とくに、信託財産を個人が1人で全て管理することには不安があります。信託法上は、分別管理義務など厳格な義務が課されていますが、法律上の話はともかく、受け取った配当金を私消しないという保証がありません。

濱田●現金の使い込みのリスクがいかに大きいかは、成年後見制度における後見人の横領の報道が後を絶たないことからもわかります。

北詰●法人が信託を引き受ける場合、定款の目的に「信託の引受け」を掲げる必要があります。法人は定款の目的以外の行為はできませんので。株式会社は、営利を目的とする存在ですから、受託者は、一般社団法人が適任です。一般社団法人を前提に検討しましょう。

【定款の目的の記載例】

（目的）

第3条

　当法人は、山本一夫を委託者、当法人を受託者として、委託者が保有する山本産業株式会社の株式を信託財産として受託し、次の事業を行う

第2編　実践Q&A

> ①　山本一夫から山本産業株式会社の株式を信託財産として信託を受けること
> ②　信託を受けた山本産業株式会社の株式に関しての各種株主権の行使
> ③　その他信託の目的を達成するために必要な事業

白井●同族経営の一般社団法人でも受託者になることは可能なのですね。ただ、信託業法が気になるところです。

北詰●信託の引受けが「営業」に該当すれば信託業法の対象になり、内閣総理大臣の免許が必要です。この場合の「営業」とは、不特定多数の委託者から反復継続して信託を引き受けることをいいます。したがって、自らの事業承継目的に限定した信託については、信託業法の問題はないと考えます。

白井●一般社団法人の機関設計については、経営者や後継者が理事に就任するのですね。

岡野●一般社団法人は、株主として議決権を行使するわけですから、事業会社の経営者が理事に就任することになります。そして、後継者をどのタイミングで理事にするかを判断すればよいのですね。

白井●株主権の行使を信託の目的にしておけば、事業に関与しない相続人に受益権を取得させても、会社の支配に影響はでないということですね。

岡野●経営者と後継者で事業会社を共同で支配し、経営者が理事を辞任すれば事業承継が完了することになります。さらに、一般社団法人のメリットは、仮に後継者が何らかの理由で会社を経営しないことになったような場合には、理事を辞任してもらい、新たな後継者を理事にすればよいことになります。

北詰●社員の資格についても、世襲とすることを定款で定めておき、相続されるようにしておくとよいでしょう。

白井●なるほど。信託と一般社団法人の確実性と柔軟性を最大限に活かすことができるわけですね。

岡野●登記などの手続きはありませんし、最も簡単に実行できる事業承継スキームとしての信託ですね。

(2)　従業員の雇用を守るための信託

白井●今、後継者がいない時代です。残された従業員の雇用を守るための信託は考えられますか。

濱田●たとえば、規模が大きく、優良企業だが、創業一族からは後継者がいないようなケースだとどうでしょう。そのままだと相続人がM＆Aに応じて、会社を売却してしまうかもしれない。しかし、経営者の思いとしては、相続人の財産承継に配慮しつつも、従業員のためにM＆Aはさせたくない。そのような場合に、経営者の意思を承継させるための信託も考えられます。

白井●なるほど。現経営者としては幹部社員に会社を経営してもらい、雇用を永続的に守ってあげたいという気持ちがあるでしょうね。

濱田●そこで、経営者は、遺言代用信託で、親族外の幹部社員が運営する一般社団法人を受託者にして、株式を信託譲渡します。
　　定款の目的は、株式の信託譲渡を受けることと、株主権の行使です。

白井●しかし、受益者が自分の意思で信託を終了してしまえば、株式は受益者に引き渡されますね。

村木●信託は、委託者と受益者の合意で終了させることができるのが原則ですが（信託法164①）、信託契約で別段の定めを設けることができます（信託法164③）。仮に、信託の終了には受託者である一般社団法人の同意が必要であると定めておけばよいわけです。

第2編　実践Q&A

内藤●長期にわたる信託になりますから、受益権を換金したいという希望があれば、信託を解除して株式を受益者に交付し、自己株式として会社が買い取るなどすればよいのですね。

白井●なるほど、現経営者の一族が会社経営を続けるためではなく、従業員の雇用を死後も確保するための信託、という視点なのですね。

濱田●このように長期間にわたる信託の場合は、受託者が安定していることが不可欠です。やはり一般社団法人が受託者になることが必要だというわけですね。

(3)　平成30年度税制改正の影響はない

白井●平成30年度税制改正で、同族理事が過半数を支配する一般社団法人には理事死亡時に相続税が課されることになりました。課税対象は純資産です。一般社団法人が受託者になっている場合、この制度の対象になってしまうのですか。

村木●受託者は信託財産の名義人になりますが、信託財産は純資産の算定から除かれます。

内藤●純資産額の具体的な計算方法が相続税法施行令34条で規定されています。

岡野●相続税評価による資産の合計から下記1〜4を控除した残額とされます。このとき、一般社団法人が信託の受託者になっている場合の信託財産と、被相続人から遺贈で取得した資産を除きます。

純資産額＝相続評価した資産から1〜4を控除した残額

　　1　債務（信託債務を除く）
　　2　未納税金（相続開始前に納税義務が成立しているもの）
　　3　被相続人への死亡退職金
　　4　基金

278

資産	債務	
	未納税金	
	死亡退職金	
	基金	
	純資産	… 課税対象となる純資産
遺贈財産 信託財産	信託債務	

白井●なるほど。信託財産は受益者が所有するものとみなすわけですから当然の取り扱いですね。

濱田●なお、遺贈で取得した財産も除かれるのは相続税法第66条第4項の対象になるからですね。

岡野●一般社団法人は信託の受託者として活用されることが多いので、受託者になった場合の計算方法が明確になっているのですね。具体例としては、一般社団法人が受託者として信託による収益物件とその修繕費の未払金を計上している場合、純資産には影響させません。

白井●一般社団法人に資産を直接保有させる手法は、理事死亡時の相続税課税を考えると、2階法人もしくは同族理事割合が半分以下でないと使いづらくなりました。その点信託の受託者として活用するについては改正の影響はないことが確認できました。

3 事例検討

(1) 株式分散してしまっている会社での信託の利用

白井●歴史のある会社で、相続が繰り返され株主が既に分散し、多数の親族が株式を保有しているような会社があります。この場合にも信託と一般社団法人の組合せは活用できますか。

内藤●すでに株式が分散している会社でも、信託と一般社団法人を組み合わせた手法は可能です。

　具体的には、創業一族の各々の株主に、株式を信託譲渡してもらい、経営者に議決権を集中するという狙いです。

白井●なるほど。ここまで検討してきた事例は、現経営者の株式を議決権と財産価値に分け、議決権だけは経営者が保持し、会社支配に影響することを避けるための対策でしたが、既に株式が分散した事例でも信託がつかえるのですね。

内藤●そうですね。基本的なスキームに変わりはありません。現経営者や後継者が理事となっている一般社団法人が受託者となる自益信託です。

■信託による議決権の集約スキーム

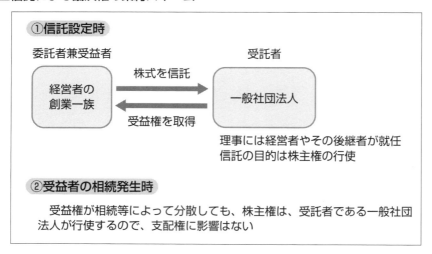

濱田●つまり、経営者主導で、多数の親族株主に委託者兼受益者となってもらい一般社団法人が受託者になるわけです。

内藤●信託契約をしてもらうわけですから、かなりの影響力のある経営者でないと難しいでしょうね。

9　議決権を確保するための一般社団法人と信託の組合せ

白井●一度に実行するのは難しいでしょうから、長期的視点が必要なのでしょうね。受託者となる一般社団法人を設立しておき、時間をかけながら特別決議が可能となるだけの株式を信託してもらえばよいと思います。

村木●旧来の手法であれば、既存株主の保有する株式を、株主全員の同意で無議決権株式にすることも考えられますが、種類株式のデメリットは、1の(1)で検討したとおりです。信託なら、登記の必要がありません。

北詰●議決権を集中するために、後継者などが株式を買い取る場合と違って、買取資金は不要です。

岡野●まとめると、信託設定後は、一般社団法人が株主権を行使するので、会社の支配権が経営者によって一元的に確保できることになります。受益権が相続等により分散しても支配権は揺るぎません。資金を使わずに、分散した株式を集中させたことになりますね。

(2)　実例の検討

村木●上記(1)の実例として、上場企業の例ですが、カルビーの創業一族で実行している「一般社団法人幹の会」の事例があります。

北詰●「一般社団法人幹の会」が受託者となり、創業者一族から信託を受けています。大量保有報告書で公表されています。

村木●カルビーの筆頭株主でもありますね。安定株主の確保のために受託者が株式を保有しているわけですが、やはり、財産価値から議決権を切り放し、受託者に議決権を集中させておくことが目的なのでしょう。

北詰●「一般社団法人幹の会」の定款における目的は次のようになっています。

281

第2編　実践Q&A

　　当法人は、カルビー株式会社の創業者一族を委託者、当法人を受託者とし、カル
　ビー株式会社の株式を信託財産として委託者から受託し、創業者株主会の円滑な運
　営を図ることを目的として、次の事業を行う。
　1　カルビー株式会社の創業者一族からカルビー株式会社の株式の信託を受けるこ
　　と
　2　カルビー株式会社の創業者一族から信託を受けたカルビー株式会社の株式にか
　　かる各種株主権の行使
　3　前各号に掲げる事業に附帯又は関連する一切の事業

内藤●創業者一族の議決権行使は、受託者に集中させながらも、受益者が
　　換金するときは、柔軟に対応できますね。
　　　カルビーは上場企業ですから、株式を譲渡したい受益者は、信託を解
　　除すれば、株式の交付を受けることができますし、その際には自益信託
　　なので課税関係は生じません。

岡野●中小企業の場合には、上場株式と違い簡単には換金化できませんね。
　　どうするのでしょう。

村木●その点は、次に検討しましょう。

4　出口戦略

白井●信託が便利といっても、やはり、最終的には受益権が換金できるよ
　　うにするなど、出口の想定が必要です。非上場会社で実行する場合でも、
　　場面に応じた処理ができますね。

内藤●現経営者が、自益信託としてスタートすれば、いつでも信託を解除
　　して株式を取り戻すことができますね。状況が変わればいつでも、予定
　　を変更できるのは信託の魅力です。

岡野●事業を承継しない相続人に受益権を取得させた場合でも、信託を解
　　除して株式を交付し、会社が自己株式として買い取るなどの出口が考え

282

られますが、好きに解除されるのも困りますね。

村木●分散した株主に委託者になってもらい、株式を信託譲渡してもらう場合もそうですが、受益者だけの意思による信託の解除は禁止することも必要でしょう。信託の解除は、受託者の合意を必要としておきますが、やはり長期的には信託財産である株式を買い取ることになります。

濱田●会社の支配に必要な議決権を確保できれば、一部の委託者との信託を解除して株式を交付してもよいわけですね。

追 補

平成31年度税制改正大綱

追補

1　教育資金の一括贈与非課税措置の見直し

【平成31年度税制改正大綱】
教育資金の一括贈与非課税措置の見直し
　直系尊属から教育資金の一括贈与を受けた場合の贈与税の非課税措置について、次の措置を講じた上、その適用期限を２年延長する。
⑴　信託等をする日の属する年の前年の受贈者の合計所得金額が1,000万円を超える場合には、当該信託等により取得した信託受益権等については、本措置の適用を受けることができないこととする。
　(注)　上記の改正は、平成31年４月１日以後に信託等により取得する信託受益権等に係る贈与税について適用する。
⑵　教育資金の範囲から、学校等以外の者に支払われる金銭で受贈者が23歳に達した日の翌日以後に支払われるもののうち、教育に関する役務提供の対価、スポーツ・文化芸術に関する活動等に係る指導の対価、これらの役務提供又は指導に係る物品の購入費及び施設の利用料を除外する。ただし、教育訓練給付金の支給対象となる教育訓練を受講するための費用は除外しない。
　(注)　上記の改正は、平成31年７月１日以後に支払われる教育資金について適用する。
⑶　信託等をした日から教育資金管理契約の終了の日までの間に贈与者が死亡した場合（その死亡の日において次のいずれかに該当する場合を除く。）において、受贈者が当該贈与者からその死亡前３年以内に信託等により取得した信託受益権等について本措置の適用を受けたことがあるときは、その死亡の日における管理残額を、当該受贈者が当該贈与者から相続又は遺贈により取得したものとみなす。
　①当該受贈者が23歳未満である場合
　②当該受贈者が学校等に在学している場合
　③当該受贈者が教育訓練給付金の支給対象となる教育訓練を受講している場合
　(注１)　上記の「管理残額」とは、非課税拠出額から教育資金支出額を控除した残額のうち、贈与者からその死亡前３年以内に信託等により取得した信託受益権等の価額に対応する金額をいう。
　(注２)　上記の改正は、平成31年４月１日以後に贈与者が死亡した場合について適用する。ただし、同日前に信託等により取得した信託受益権等の価額は、上記（注１）の信託受益権等の価額に含まれないものとする。
⑷　教育資金管理契約の終了事由について、受贈者が30歳に達した場合においても、

その達した日において上記(3)②又は③のいずれかに該当するときは教育資金管理
契約は終了しないものとし、その達した日の翌日以後については、その年におい
て上記(3)②若しくは③のいずれかに該当する期間がなかった場合におけるその年
12月31日又は当該受贈者が40歳に達する日のいずれか早い日に教育資金管理契約
が終了するものとする。
（注）　上記の改正は、平成31年７月１日以後に受贈者が30歳に達する場合につい
て適用する。
(5)　その他所要の措置を講ずる。

(1)　孫への所得制限の導入

白井●教育資金一括贈与についてはかねてから制度の期限延長だけでなく、
所得制限等の厳格化についても報道されていました。平成31年度税制改
正大綱が公表されましたが、まず、平成33年３月31日まで延長され、要
件や利用範囲が厳しくなりました。

濱田●信託方式による場合で、贈与者つまり委託者が祖母、受贈者つまり
受益者が孫の前提で改正内容を検討しましょう。

岡野●孫の所得制限が入りました。平成31年４月１日以後は、前年の合計
所得が1,000万円超であれば教育資金一括贈与制度を利用することはで
きなくなります。

内藤●1,000万円を超える所得のある孫は通常いません。そう考えると制
度の趣旨に沿って子供家族の教育費の支援として利用する限りにおいて
は影響はないでしょう。

村木●そうですね。あくまで孫の所得制限であって、親（祖母からみれば
子）や祖母の所得制限ではありません。

濱田●医者や経営者で多額の役員報酬をもらっているような孫は使えなく
なると。

追補

岡野●この制度は祖父母の財産を圧縮して相続税を節税する目的で利用されています。所得制限は、教育資金を実際には必要としない子供や孫に教育資金を贈与するという節税利用を規制するための措置ですね。

⑵　祖母の相続開始時に年齢制限を導入

村木●所得制限で入り口に制限を設けたとすれば出口でも規制がかかりました。

白井●祖母が死亡した場合ですね。この場合に課税関係が生じます。ここでは孫の年齢制限による3年縛りを入れました。これも節税目的の利用を禁止するためですね。

信託設定時
＝孫に所得制限

祖母死亡時
残金があれば
遺贈があったとみなす

岡野●改正前であれば、祖母が死亡しても、その時点の教育資金の残金は相続税の課税対象になりませんでした。この点を利用してたとえば高齢の祖父母が10人の孫・曾孫に教育資金を贈与すれば、最大1億5,000万円は仮に使わなくても相続時の課税はありませんので相続税の節税が可能でした。

村木●これを規制するために過去の3年縛りが導入されました。贈与者が死亡する前の過去3年以内に信託等を実行した場合には、祖母死亡時の残金が相続税の対象になります。つまり残金を贈与者から受贈者に相続・遺贈したものとみなされます。

白井●余命宣告された祖母が相続の直前に実行した場合は節税効果がなくなるのですね。

濱田●ただし、制度の趣旨に沿った利用まで課税すべきではありませんの

288

で、①受贈者が23歳未満の場合、②受贈者が学校に在籍している場合、③受贈者が教育訓練給付金の対象になる教育訓練を受けている場合には３年縛りが発動せず残金は課税対象になりません。

白井●たとえば祖母が亡くなる５年前に教育資金一括贈与信託を設定し500万円を贈与した。２年前に1,000万円の追加信託を行っている。この場合も追加信託は３年縛りが適用されるのでしょうか。

濱田●されるでしょう。そうしなければとりあえず信託を設定して枠取りだけして、相続直前に追加信託で贈与することができてしまいます。

白井●残金（管理残額）の計算はどうなりますか。５年前に500万円、２年前に1,000万円を贈与し、その後400万円を授業料で使ったような場合です。過去の分を優先的に充当したことになるのか按分計算をするのでしょうか。

内藤●先入れ先出し計算でしょう。追加信託の1,000万円は残金として相続税の対象になるはずです。具体的な計算は政令が出てみないとわかりませんが。

村木●この改正は、平成31年４月１日以後の贈与者の死亡から適用されます。また同日 前に取得した信託受益権等には適用されません。駆け込みの適用が予想されるところです。

(3) 教育資金の範囲の年齢制限

村木●また、今回の改正では教育資金の範囲が絞られました。受贈者が23歳になった翌日以後の支払いのうち、教育に関する役務提供に対する支払い、スポーツ・文化芸術の指導料の支払い、これらに関連する物品購入費用や施設利用料がこの制度の対象にならなくなります。

岡野●ただし学校等への支払いや教育訓練給付金の対象となる教育訓練受

追補

講費は上記の支払いに該当しても教育資金として認められます。

⑷　教育資金管理契約の終了事由を緩和

白井●教育資金管理契約の終了事由についても改正があります。こちらは信託の利用期間を延長する改正です。

岡野●改正前だと、孫が30歳に達したときは残金があっても終了していました。その時点での残金は贈与税の対象です。改正後は、イ受贈者が学校に在籍している場合、ロ受贈者が教育訓練給付金の対象になる教育訓練を受けている場合には終了しないことになりました。

濱田●ではいつ終了するかというと、イまたはロに該当しなくなった年の12月31日あるいは受贈者が40歳になった日のいずれか早い日に終了します。この改正は平成31年12月31日以後に受贈者が30歳に達する場合について適用されます。

白井●30歳になれば強制的に終了することはなくなりました。大学院や、教育訓練給付金で専門学校に通うような場合には終了しないわけですね。

2　結婚・子育て資金の一括贈与非課税措置の見直し

【平成31年度税制改正大綱】

結婚・子育て資金の一括贈与非課税措置の見直し

　直系尊属から結婚・子育て資金の一括贈与を受けた場合の贈与税の非課税措置について、次の措置を講じた上、その適用期限を2年延長する。

⑴　信託等をする日の属する年の前年の受贈者の合計所得金額が1,000万円を超える場合には、当該信託等により取得した信託受益権等については、本措置の適用を受けることができないこととする。

⑵　その他所要の措置を講ずる。

　(注)　上記の改正は、平成31年4月1日以後に信託等により取得する信託受益権等に係る贈与税について適用する。

■ 平成31年度税制改正大綱

白井●直系尊属から結婚や子育て資金の贈与を受けた場合の非課税制度ですが、この制度も教育資金信託の非課税制度と同様、平成33年3月31日まで延長されました。

村木●教育資金信託の非課税制度と同様に、受贈者の1,000万円所得基準が導入されています。

内藤●この改正は平成31年4月1日以後の信託等による贈与について適用されます。

岡野●この制度は、教育資金一括贈与信託とは異なり、贈与者の死亡時に必ず残金が相続税の対象になります。また子供からすると「早く結婚しろ」と親からプレッシャーをかけられている気分になるでしょう（笑）。

濱田●そういうこともあり、あまり利用されていませんでしたね。期限をもって廃止されるという話もありましたが結局は延長されました。

◆参考文献◆

掛川雅仁『自社株評価の実務』FICセミナーレジメ（H25.6）

関根稔責任編集『一般社団法人 一般財団法人 信託 活用と課税関係』ぎょうせい

新公益法人制度研究会編著『一問一答 公益法人関連三法』商事法務

加古宜士・出塚清治編著『新版 やさしい公益法人会計』公益法人協会

朝長英樹監修『平成20年度税制改正完全対応 公益法人税制』法令出版

森文人編著『法人税基本通達逐条解説（八訂版）』税務研究会出版局

神崎満治郎『新・法人登記入門』テイハン

日本司法書士会連合会登記制度対策部商事法務ワーキングチーム編集『モデル定款・規定集―
　各種法人関係』新日本法規

神崎満治郎『一般社団法人設立登記書式集〜ビジネスからボランティア活動まで』リーガル

◆執筆者の略歴◆

■大阪勉強会グループ

　　京都・愛知・大阪・広島・熊本の税理士と司法書士が月に何度か大阪に集まって行っている税法及び税理士実務についての研究会グループ。平成22年4月、グループ法人税制の勉強会を契機に発足。

●主要共著

　『法人税の純資産』中央経済社

　『むずかしい税法条文』中央経済社

　『実務目線からみた事業承継の実務』大蔵財務協会

　『税理士が押さえておきたい　民法相続編の改正』清文社

　『最新の判決例から学ぶ　役員給与の税務完全理解』日本法令

　などのほか、現在、週刊税務通信・月刊税務弘報で連載中。

■白井　一馬（しらい　かずま）

　税理士

　　昭和47年6月11日　大阪府藤井寺市生まれ

　　平成22年2月　白井税理士事務所　開設

●事務所　〒610-0343　京都府京田辺市大住責谷17-2

　　　　　　TEL：0774-63-0181

●大阪勉強会グループ共著以外の主な著作

　　『顧問税理士のための相続・事業承継スキーム 発想のアイデア60』中央経済社

　　『顧問税理士のための　相続・事業承継をクリエイティブにするための方法60』中央経済社

　　『組織再編税制をあらためて読み解く　立法趣旨と保護法益からの検討』中央経済社

■内藤　忠大（ないとう　ただひろ）

　税理士

　　昭和45年6月2日　静岡県湖西市生まれ

　　平成13年10月　内藤忠大税理士事務所開設

平成16年9月　愛知県豊橋市に事務所移転

●事務所　〒441-8117　愛知県豊橋市浜道町管石3番地の11

　　　　　TEL：(0532) 38-5726

●大阪勉強会グループ共著以外の主な著作

　『会社分割実務必携』(法令出版)

　『平成30年度版　税制改正の要点解説』清文社

■村木　慎吾（むらき　しんご）

　税理士

　　昭和55年11月21日　大阪府八尾市生まれ

　　平成17年5月　税理士登録

　　平成21年9月　税理士法人トーマツ（現デロイトトーマツ税理士法人）退
　　　　　　　　　社後村木税理士事務所開設

●事務所　〒541-0048　大阪府大阪市中央区瓦町3-5-7 NREG御堂筋ビル4階

　　　　　TEL：(06) 6121-2207

●大阪勉強会グループ共著以外の主な著作

　『国際的二重課税排除の制度と実務外国税額控除制度・外国子会社配当益
　金不算入制度』法令出版（共著）

■濱田　康宏（はまだ　やすひろ）

　税理士・公認会計士

　　昭和41年11月29日　広島県福山市生まれ

　　平成6年7月　太田昭和監査法人退所後濱田康宏公認会計士事務所開設

　　平成19年1月　濱田会計事務所所長就任

●事務所　〒720-0034　広島県福山市若松町5-23　濱田会計ビル3階

　　　　　TEL：(084) 921-3654

●大阪勉強会グループ共著以外の主な著作

　『個人間利益移転の税務』大蔵財務協会（共著）

　『最近の難解税制のポイントと実務の落とし穴』清文社（共著）

　『法人税の最新実務Q&Aシリーズ　役員給与』中央経済社

■岡野　訓（おかの　さとる）

　税理士

　　昭和44年 7 月21日　熊本県天草生まれ

　　平成14年 6 月　岡野会計事務所開設

　　平成20年10月　税理士法人熊和パートナーズ設立

　　　　　　　　　代表社員就任

　　平成27年10月　税理士法人さくら優和パートナーズへ商号変更

　●事務所　〒860 - 0862　熊本市中央区黒髪 1 丁目11-10　TOKOビル 2 階

　　　　　　TEL：（096）341-1555

　●大阪勉強会グループ共著以外の主な著作

　　『事業承継とその税務対策』金融経済新聞社

　　『税務訴訟と要件事実論』清文社

■北詰　健太郎（きたづめ　けんたろう）

　司法書士

　　昭和59年10月 5 日　岐阜県岐阜市生まれ

　●事務所　司法書士法人Ｆ＆Partners所属

　　　　　　〒540-0026　大阪市中央区内本町一丁目 1 番 1 号　OCTビル

　　　　　　TEL：（06）6944-5335

　●大阪勉強会グループ共著以外の主な著作

　　『少額債権の管理・保全・回収の実務』（商事法務）

改訂増補 相続贈与・資産管理・事業承継対策に役立つ！

実践／一般社団法人・信託 活用ハンドブック

2019年1月29日　発行

著　者	白井 一馬／内藤 忠大／村木 慎吾 © 濱田 康宏／岡野 訓 ／北詰 健太郎

発行者　　小泉 定裕

発行所　　株式会社 清文社

東京都千代田区内神田1-6-6（MIF ビル）
〒101-0047　電話 03(6273)7946　FAX 03(3518)0299
大阪市北区天神橋2丁目北2-6（大和南森町ビル）
〒530-0041　電話 06(6135)4050　FAX 06(6135)4059
URL http://www.skattsei.co.jp/

印刷：廣済堂

■著作権法により無断複写複製は禁止されています。落丁本・乱丁本はお取り替えします。
■本書の内容に関するお問い合わせは編集部までFAX（06-6135-4056）でお願いします。
＊本書の追録情報等は、当社ホームページ（http://www.skattsei.co.jp）をご覧ください。

ISBN978-4-433-63008-9